HEYNE BIOGRAPHIEN

Zum Autor

BERNDT W. WESSLING, geboren 1935 in Bremen, international bekannt geworden durch Romane (»Spatzen im Kanonenrohr«, »Die Töchter Zions«), Biographien (»Alma Mahler«, »Gustav Mahler«, »Wilhelm Furtwängler«, »Meyerbeer«, »Max Brod«, »Carl von Ossietzky« etc.), Lyrik und Theaterstücke. Lebt in Hamburg. Die hier vorliegende Biographie ist als Manuskript 1988 fertiggestellt worden.

Berndt W. Wessling

WILHELM BUSCH

Philosoph mit spitzer Feder

**Wilhelm Heyne Verlag
München**

HEYNE BIOGRAPHIE
12 /233

ISBN 3-453-06344-9

Inhalt

Niemand holt sein Wort wieder ein

Wilhelm Busch

Für Doris Gallart
und Herbert Bötticher

Vorbemerkungen

»Frisia non cantat«, sagten die alten Römer. Und sie meinten damit, daß die Bewohner zwischen Nordsee und deutschem Mittelgebirge keine Art hätten, Gefühle und Erkenntnisse in Musik oder Poesie umzusetzen. Wo sich heute das Bundesland Niedersachsen erstreckt, vermutete um die Wende zum 19. Jahrhundert die ebenso geistreiche wie spektakuläre Madame de Staël-Holstein ein »peuple sauvage nommé Heidschnucken«, also ein wildes Volk, Heidschnucken genannt, das offenbar – trotz Lichtenberg in Göttingen, Lessing in Wolfenbüttel und Leibniz in Hannover – seit den Zeiten der antiken Besetzung nichts hinzugelernt hatte, feine Kunstformen verschmähte und weder ins Überregionale wirkende Musiker noch Poeten hervorgebracht zu haben schien.

Als mißtrauisch, einsilbig und introvertiert beschrieb der aus Westpreußen zugereiste Hermann Löns, der mit seinen naiven und banalen Liedern zum niedersächsischen Nationaldichter avancierte, jenen konservativen, unromantischen und materiell denkenden Menschenschlag, der, zäh in seinen Gewohnheiten, weder lautstark Geselligkeit übt noch großes Interesse für technischen Fortschritt zeigt. Den Begriff Kunst verbindet er zumeist mit der in bäuerlichen Kreisen viel genutzten Vokabel Dünger, und anstatt sich feinzumachen und auf der Szene in den Groß- und Residenzstädten was herzuzeigen, sitzt er lieber »achtern Oben und brodt Snodder«, was unser Dichter in der sehr viel courtoiser klingenden Zeile zusammenfaßt: »... wo unter weichen Wogebusen man schön warm beisammensitzt«.

Wegen dieses heimeligen und zu nichts verpflichtenden Warmbeieinandersitzens kümmert sich der Hannoveraner »keinen Pimperling« um das, was hinter dem Deister geschieht, einer Landhöhe, die das Hannoverland sozusagen auch geistig von der übrigen Umwelt trennt. Wer »über den Deister« geht, ist eigentlich der Gesellschaft verlorengegangen. Wer nicht in die Versuchung kommt, »über den Deister« zu gehen, züchtet in seiner Freizeit eifrig Bienen, baut Zuckerrüben und Kartoffeln an, geht einmal im Jahr auf die Treibjagd und sitzt des Abends vor dem »Puschenkino«, ein paar »lüttje Lagen« (Schnaps und Bier) stemmend oder mit Muttern die einzige Politik betreibend, die hierzulande wirklich ernst genommen wird: die Heiratspolitik.

Man braucht nicht Eulenspiegel oder Münchhausen zu heißen, um sich diebisch darüber zu freuen, wenn dem Nachbarn was schiefgeht oder er eins ausgewischt bekommen hat. Zum wilden Volk im Sinne der Madame de Staël-Holstein werden die Niedersachsen lediglich, wenn es gilt, landauf, landab Schützenfeste zu feiern. Dann werden die speckigen Lodenmäntel für ein bis zwei Wochen in den Rauchfang gehängt, und man zeigt sich in schmucken Paradeuniformen, auf die gelegentlich der Britzsaft knackiger Brägenswürstchen oder des ingwerscharfen Celler Ratzeputzes spritzt.

Zu der Zeit ist man ungemein »reisefiert«, läßt fünfe gerade sein und »pflegt« die Tradition, die in Huldigungen an das angestammte Fürstenhaus, die Welfen, besteht (mit immer noch leichter Animosität gegen die Preußen, die 1866 das Königreich Hannover wie in einem Schildbürgerstreich annektierten), in nicht enden wollenden Saufgelagen und dem ständigen Absingen der Landeshymne (»Wir sind die Niedersachsen...«). Lange nach den römischen Überfällen und zwei Generationen nach der spitzfindigen Germaine de Staël-Holstein erwuchs dem Hannoverland endlich der langersehnte Poet und Philosoph, den man als von bodenständigem Geblüt vorzuzeigen in der Lage war und der sich ein Renommee zusammenschrieb, wie es bisher noch keinem Niederdeutschen vergönnt gewesen: Wilhelm Busch, gern als der »Weise von Wiedensahl« apostrophiert (Albert Einstein: »Der beste deutsche Stilist neben Lichtenberg!«)[1], so nach dem Dörfchen geheißen, in dem er am 15. April 1832 das Frühjahrslicht der nördlichen Hemisphäre erblickte.

Wiedensahl, ein Örtlein im Windschatten von Duodez, nicht weit von Stadthagen gelegen, der zweiten Stadt im Minifürstentum Schaumburg-Lippe, das, von jeher auf Souveränität bedacht, nie etwas mit den hannöverschen Welfen gemein haben wollte und noch heute unter der Zwangsverklammerung leidet, die es mit Oldenburgern, Braunschweigern, Pyrmontern und Hannoveranern zum Bundesstaat Niedersachsen zusammenschweißt. Schaumburg-Lippes Hauptstadt, auch nur einen Katzensprung von Wiedensahl entfernt, heißt Bückeburg. Hermann Löns ließ in seinem Pamphlet »Duodez« durchblicken, daß die Ortsbezeichnung auch so etwas wie eine Haltung offenbaren könne.

Wilhelm Busch hat diese Haltung früh überwunden. An ihm war nichts Kriecherisches, betont Devotes oder Bigottes. Wenn er auch aus dem Gebreit sein Leben lang nicht recht herauskam. Wiedensahl, Hattorf, Ebergötzen, Mechtshausen..., das liegt im gleichen Klüngel. Vertrat er sich – sehr gelegentlich – mal anderswo die Füße, zog es ihn immer wieder rasch zurück in den »kleinen Heimatwinkel weit draus in der Vorstadt der großen Welt«.

In den alten, brüchigen Gemäuern ländlicher Pfarrhäuser und Pfarrwitwenkaten lebte und sinnierte er lieber als in den großstädtischen Salons, deren Atmosphäre ihn anwiderte. Er war ein Landmann, der über Einsaat und Ernte Bescheid wußte, der sich um die Sorgen und Nöte der tagelöhnernden Nachbarn bekümmerte, der aus dem Mißgeschick eines dörflichen Räuberhauptmanns eine Geschichte zusammenflunkerte, der den »kleinen Dingen« des Lebens nachspürte und aus ihnen seine poetischen und zeichnerischen Offenbarungen schöpfte.

Der Niedersachse mit dem obligaten Schlapphut, der Zigarre zwischen den Gelbfingern (zweimal hatte er eine lebensbedrohende Nikotinvergiftung), den schon seine Zeitgenossen als Misanthropen, Nöckergreis, Eigenbrötler und nörgelnden Zyniker beschrieben, bekannte bereits in seinem Mittelalter, daß der Hang zur Einsamkeit »wie zur Glatze« immer größer zu werden scheine. War er (höchst selten) in München oder Frankfurt unterwegs, behagte ihm das Laute und Emanzipierte, das »Gewese«, überhaupt nicht. Er trank seinen Rotspon lieber im stillen Winkel.

Als er einundfünfzig geworden war, teilte er der Umwelt mit, daß er nun »in die Jahre der bequemen Hausschuhe« gekommen sei: »Hier passiert nichts Neues. Der Winter ist wieder einen Schritt zurückgetreten, der Boden in Dorf und Feld ist vom Regen erweicht, die letzten Feuer und Kuhhirten von den Wiesen in der Ebene sind verglommen, nur hier und da knarrt noch ein Pflug und die nächste Neuigkeit wird der Schnee sein.«[2]

Nichts von hereditärer wilhelminischer Politik, nichts von der sozialen Lage an der Arbeiterfront, nichts aus Berlin oder Paris, London oder Sankt Petersburg. Das alles scheint ihn unberührt gelassen zu haben. Was ihn interessierte, war Wiedensahler oder Mechtshausener Waldmeisterbowlengeschwätz. Hier lebten Max und Moritz, die fromme Helene, Hans Huckebein, Plisch und Plum, und selbst den erzkatholischen heiligen Antonius sieht man eher auf den Fluren zu Füßen des Schaumburger Waldes wandeln als im ewigen Rom oder an sonstigen Weihestätten der alleinseligmachenden Kirche.

Nicht die pompösen Gründerzeitmenüs bei Banketten und Staatsanlässen interessierten ihn. Er machte sich lieber über ein halbes Dutzend gefüllter Krammetsvögel her oder verteilte »Häringskartoffel«-Rezepte. Auch herzhafte Kohlsuppen verschmähte er nicht, ungeachtet der Magenkatarrhe, die ihm die fette Hausmannskost bescherte.

Er hatte das Zeug zum Biedermann und war es doch wieder nicht, denn seine lebenslange Spottlust und Rabulistik ließ ihn jene satirischen Volten schlagen, die ihn so populär machten und die jener Vorstellung widersprechen, Busch habe allein der Idylle gelebt und seine Eingebungen sozusagen zwischen Bohnenacker und Erdbeerschlag erhalten. Er wußte »mit der Welt Bescheid«, ließ sie aber nicht an sich heran. Kaum ein anderer Vertreter der schreibenden Zunft in seiner Zeit hat sich so rigoros abgeschottet und den Blick auf die Privatwelt verstellt wie Busch.

Es ist denn auch genug gerätselt worden über sein Sosein, wie es denn mit Ethik und Moral bei ihm bestellt gewesen, mit Erotik und Sinnlichkeit.

Ringelnatz, der sich gern als geistiger Nachfahre des Wiedensahlers sah und seine Conférencen oft mit dem Satz begann: »Wie schon mein Ahnherr Wilhelm Busch feststellte...«, nannte ihn den »Mann ohne Dualismus«, der an seinem eigenen Schatten geklebt und es nie vollbracht habe, sich von der Autokratie seines Egos zu befreien. Ein Egozentriker, der sich – wie die ihm »wahlverwandten« Kant und Schopenhauer – nicht abnabeln konnte von den einseitig autoerotischen Erfahrungen der Jugend und nur zu einer »Liebe par distance« fähig war. Der perfekte Onkel, der als geschlechtliches Neutrum herhalten muß und dem man bestenfalls eine vage Anbändelei mit einem niederländischen Blaustrumpf (Maria Anderson) zubilligt.

Der Einsiedler hat weder von sich noch von anderen ein positives Bild: »Kein Ding sieht so aus wie es ist. Am wenigsten der Mensch, dieser lederne Sack voller Kniffe und Pfiffe. Immer wenn man was wissen will, muß man sich auf die zweifelhafte Dienerschaft des Kopfes verlassen und erfährt nie recht, was passiert ist.«

Ein Pessimist, ein Misanthrop, der die Gesellschaft und sich selber ausgrenzt und verschwiegen seinem Tagwerk nachgehen will: »Wenn ich mit meinem Shakespeare in den Wald spaziere, wenn ich mein Skizzenbuch aufschlage und zeichne eine Pflanze oder eine Brücke – zih – da singt eine kleine Stechmücke. Ich führe keine Korrespondenz, außer hie und da mit Verwandten. Ich will ungestört meiner idyllischen Neigung folgen. Ich will meine Ruhe haben – zih! – singt die Stechmücke.«[3]

Was Busch hier in einem Brief mitteilt, ist gleichsam Wort gewordene Bildergeschichte. Er denkt stets in Bildern; sie sind meist eher da als das Wort. Er lebt unter dem Zwang des Sehens, ist ein Voyeur mit Röntgenblick, der die Realität des Erspähten oft mit Skepsis betrachtet, so, als könne er die Wahrheit hinter den Dingen nur schwer ertragen. Karl Krolow schreibt von dem »beinahe bösen Blick« Buschs und verweist in diesem Zusammenhang auf den von Schopenhauer »erlernten« Pessimismus, der dem Menschen Busch gewiß abträglich war und seiner Kunst gelegentlich etwas Tückisches beimengte.

Meist nahm er seine eigenen »Nücken« aufs Korn, das Alltägliche, das er an sich feststellte. Je komischer ihm etwas vorkam, desto behaglicher fühlte er sich in der Thematik. Er verweilte lange, wo andere nur Harmloses und Nebensächliches ausmachten. Und hatte er sich an einer Idee festgebissen, ließ er nicht locker, ehe sie auf Papier zu Ende gedacht, ehe sie Form und Anspruch geworden.

Dem Bilderdenker entging dabei nichts, als stünde er unter dem Zwang, den Kampf mit dem geringsten Detail aufzunehmen, alles zu enttarnen und kriminalistisch zu durchsuchen.

Wer so »pingelig« zu Werke geht, ist auch in seinem Umgang mit dem Nächsten meist recht widerborstig. So berauscht er auch über das Verhalten ausgemachter Nichtigkeiten sein konnte, so sehr mißfiel es ihm nach und nach, daß der sich wie weiße Mäuse vermehrende Schwarm seiner Verwandten zweiten, dritten und vierten Grades rasch begriffen hatte, welches Geschäft sich mit dem Ansehen des »Onkels Wilhelm« machen ließ. Sie klaubten jeden Abfallwisch zusammen, um ihn (postum) als teure Reliquie zu verhökern, sie waren bestrebt, seine Tugenden zu kolportieren und ihn als einen Säulenheiligen darzustellen. Was er von diesem Treiben noch mitbekam, entsetzte ihn maßlos. Er biß um sich und trumpfte auf und erklärte, er werde alle Erben beim Coupon-schneiden an der Hannöverschen Landesbank übersehen und sein stolzes Guthaben christlichen Stiftungen vermachen.

Wilhelm Busch im Kreise seiner Familie

Das Henrietten- und Friederikenstift in Hannover profitierten, nach der Vorstellung seiner diversen Neffen und Nichten, ohnehin schon horrend von den Einkünften Buschs. Was zu seinem siebzig-sten Geburtstag an klingender Münze einging, leitete er unbesehen an die Hospitäler weiter. Der Familienklan schäumte. Ansonsten geizte der Onkel Wilhelm mit seinen stattlichen Einkünften, die sich bei seinem Ableben zu rund 200 000 Goldmark angehäuft hat-ten. Geschenke? Wozu? Da steckt er eher dem Nachbarsbuben ein paar Kluntjes zu und freut sich und reibt sich an dessen infantilen Verhaltensweisen:

»Das Interessanteste, das ich hier sehe, ist der neunjährige Sohn meines Nachbars, der gerad unter meinem Fenster den Tummel-platz seiner jugendlichen Spiele hat. Dieser junge Mensch macht

13

sich in dem engen Kreis seiner Wirksamkeit das Leben so angenehm wie möglich. Ißt er sein Morgenbutterbrod, so versäumt er
sich nicht, einem hungrigen Hund jeden Bißen erst vor die Nase zu
halten, ehe er ihn selber in's Maul schiebt, wodurch er sich, nebst
der Annehmlichkeit, die der Genuß eines Butterbrods schon an
sich zu gewähren pflegt, auch noch das Vergnügen verschafft,
einen Andern das entbehren zu sehen, was er selber genießt. – Sobald die Mistpfütze bis oben mit Jauche gefüllt ist, zieht er seine eigenen Stiefel aus und seines Vaters Stiefel an, um darin herumzu-
patschen. – Muß er sich schneutzen, so schmiert er den Schleim
ohne Frage auf den Türdrücker oder an den Pflugstiel, denn dadurch verschafft er sich erstens Luft, und zweitens die Genugtuung zu sehen, wie ein Andrer hineintappt. – Gackelt irgendwo ein
Huhn, gleich schleicht er hinterher, nimmt das warme, kaum zur
Welt gebrachte Ei sofort in Empfang und vertauscht es im Laden
des Krämers gegen die Süßigkeit des Candiszuckers. – Ja, sogar aus
dem Bedürfnisse des Schiffens weiß sich dieser erfinderische Kopf
eine Quelle des Vergnügens zu schaffen. Indem er nämlich den
Schlauch vorne zusammenkneift, treibt er so den Strahl mit Heftig-
keit bald steil in die Luft, bald in Parabeln und Hyperbeln und
allen Kurven der höheren Geometrie auf den Schnee, oder in die
Astlöcher der Balken und Bretter, und wehe der unglücklichen
Spinne, die, durch den nahenden Frühling hervorgelockt, in ir-
gendeiner Spalte sich blicken läßt: Rückzug, schleunige Flucht,
oder der bitterste Tod: das ist die Alternative.«[4]

Dieser Junge, der da von Busch porträtiert wird, hat zwar sein Eigenleben, ist aber zum Gutteil auch wieder der Bilderdenker selber,
der sich mit dem zu »beschreibenden« Objekt identifiziert und den
leicht sadistischen Unterton nicht läßt, den all seine Geschichten an
sich haben. Schadenfreude ist nun mal für ihn die allerbeste Freude, und ehe er vor Wonne in Briefen oder Versen ausruft: »Oh,
was'n Gefühl!«, muß schon etliches zu Bruch gegangen sein. Sein
Detaillismus ließ ihn ziemlich direkt werden, weswegen ihn Tier-
schützer blutrünstiger Tierquälereien zeihen. Und einer (Friedrich
Theodor Vischer) warf ihm, nach dem Erscheinen des *Heiligen Antonius*, einen »pornographischen Strich« vor. Anno 1881 hatte er
sich gewehrt: »Ich habe ja meine Nücken, doch einen reizenden
Strich hätte ich mir niemals zugetraut. Entweder sah der Mann mit

Proletenaugen oder mit bösen. Nie habe ich ein Wort mit ihm gesprochen, sah ihn nur einmal in Jung-München, wo er, zum allgemeinen Erstaunen über den Ästhetiker, höchst schweinerne Anekdoten kolportierte.«[5]

Ein warm beieinanderhockender Bienenfreund als Pornograph? Das geht wohl schwerlich zusammen, zumal die Sinnenfreuden bei Busch nicht eben üppig auftauchen und kredenzt werden. Immer nur so dezent, wie er es, sagen wir: Damen gegenüber war, die gern etwas mehr als Bonhomie von ihm gewünscht hätten. Zum Beispiel Mutter und Töchter Keßler zu Frankfurt, die er gelegentlich heimsuchte, mit denen er, der Misogyn, freilich nie auf Tuchfühlung kam. Ihm fehlte der Klebstoff zum anderen Geschlecht; er hatte aber auch keine homophilen Neigungen (wie manche Chronisten andeuten).

Er war in Sachen Eros ziemlich »dröge« und hielt sich in diesbezüglichen Anwandlungen fürchterlich bedeckt. Da er vor seinem Tode alle Briefschaften »ausmistete«, die anderen nicht in die Hände fallen sollten, entbehren wir auch jener Dokumente (wenn es sie denn überhaupt gegeben hat), die uns ein wenig Aufschluß über Buschs Intimleben hätten vermitteln können. So ist denn auch nicht ein Gran überliefert, das gelegentlich die Regenbogenpresse aufrütteln möchte, etwas über das Liebesleben des »Onkels Wilhelm« zusammenzuspinnen. Er hat allen Schnüfflern die Tür vor der Nase zugeschlagen und sie restlos darüber im unklaren gelassen, wie er wirklich war. Über sein Dasein können wir lückenlos berichten, nicht aber über sein Sosein.

Busch hat sich freilich nicht nur im erotisch-intimen Bereich zurückgehalten und sich hinter banalen Ausflüchten verschanzt, er hat seinen gesamten Intellekt fein behütet und sich weder in der Politik noch in der Ethik in die Karten blicken lassen, geschweige denn seine Art von Ästhetentum dazu genutzt, von sich reden zu machen. In *Eduards Traum* bekennt er: »Mit der Politik gab ich mich nur so viel ab, als nötig, um zu wissen, was ungefähr los war.«

Darum wäre es auch falsch, ihn – wie es einige Forscher in den letzten Jahren getan haben – als politischen Antisemiten einzustufen. Er kämpfte und zeterte nicht gegen das Judentum, schloß es aber auch in seinen Karikaturen nicht aus. Der gesamte Liberalismus des 19. Jahrhunderts, wie er von Busch vertreten wird, war durchsetzt von antisemitischen Verhaltensweisen, die keineswegs immer Ideologie zum Ausdruck brachten. In seinem Umkreis gab es auch jüdische Antisemiten wie den Dirigenten Hermann Levi, der sich einer Karriereschmad (Taufe) unterzogen hatte, um im konservativen Bayreuth reüssieren zu können. Levi als Kronzeugen dafür herhalten zu lassen, daß Busch keinen eigentlichen Judenhaß in sich erzeugt haben könne, taugt eben deswegen nicht viel, weil wir es hier mit einem ziemlich erbärmlichen Assimilanten zu tun haben, der gegen die eigene »Mischpoche« Front machte.

Ähnliches könnte man über den »Entlastungszeugen« Paul Lindau aussagen, der ebenfalls oft als Zeuge für Buschs Judenfreundschaften angeführt wird.

Es ist fad, nach Ausreden suchen zu wollen. Busch hat Juden (»den« Juden) aufs Korn genommen (siehe *Schmulchen Schievelbeiner*) und damit, ungewollt, den Rechtsradikalen in die Hand gespielt, die seine »Judenstellen« denn auch kräftig ausnutzten, um daraus völkisches und rassistisches Kapital zu schlagen.

Die Wilhelm Busch-Gesellschaft zu Hannover bietet nahezu alle Jahrbücher seit Gründung der Vereinigung zum Kauf an mit Ausnahme jener aus der Zeit des Nationalsozialismus, in denen Buschs Werk bis ins letzte Detail für die braune Propaganda ausgeweidet wurde.

Peinlicherweise hatten völkische Literaturstrategen noch jahrelang Sitz und Stimme in den Gremien der Gesellschaft, wie denn auch jene »Schriftleiter« immer wieder mit Beiträgen zum Zuge kamen, die sich bereits im *Völkischen Beobachter* oder im *Stürmer* der Nationalsozialisten als Busch-Kundige zu Wort meldeten.

Die Kehrtwendung, die solche Leute nach 1945 ziemlich halbherzig vollzogen, hat die Antisemitismus-Diskussion auch im Falle Buschs nicht kanalisiert, hat nicht eine halbwegs objektive Analyse eingebracht, sondern das Ganze ad absurdum geführt und das Lager endgültig gespalten: Die einen halten Busch (siehe Levi und Lindau) für einen Judenfreund, der es sich erlauben konnte, die »Semiten« zu verulken, wie er auch Katholiken und Traditionalisten aufs Korn nahm, ohne damit Pogromstimmung zu erzeugen; die anderen vertreten offenbar nationalsozialistische Thesen weiter und stempeln Busch zum ausgemachten Judenfeind ab.

Ob Christ, ob Jude – da Busch ein ausgemachter Glövenix war, den lediglich zu guter Letzt sentimentalisch-transzendente Anwandlungen überkamen, waren sie ihm gleich viel wert. Was ihn an beiden »Sorten« faszinierte, waren weder rassische Merkmale noch ethische Verhaltensweisen. Hauptsache, sie waren originell; dann konnten sie ihm gut Freund sein: der Levi, der Lindau, der Kremplsetzer wie der Bassermann oder die schrullige Jungfer Anderson.

Denn Wilhelm Busch, so zynisch und skeptisch er sich auch gebärden mochte, war ein Menschenfreund, der den Homo sapiens zum Akteur seiner Kunst machte und, wie Schopenhauer, bekennen mochte: Menschsein heißt auch, sich zu den Fehlern des Menschen zu bekennen.

Als Wilhelm Busch am 9. Januar 1908 gestorben war, galt er längst als »Klassiker des deutschen Humors«. Gerhart Hauptmann verehrte ihn als eine der köstlichsten Emanationen deutschen Wesens. Busch hatte mit seinen Bildergeschichten eine Volkstümlichkeit wie kaum ein zweiter in diesem Genre erreicht. Als Maler freilich war er kaum anerkannt, da er sich so schwer einem »Ismus« beiordnen ließ und seine Gemälde in vielerlei Hinsicht seinen zeichnerischen Produktionen in ihrer Aussage widersprachen. So ist denn der Meister der Palette ins Hintertreffen geraten und gilt eigentlich bis heute als Geheimtip für Liebhaber eines feinsinnigen, symbolhaften Impressionismus.

Große Maler waren sich früh bewußt, was sie von Buschs Malkunst zu halten hatten. Slevogt und Kubin haben sich in ausführlichen Laudationes über diesen Teil der Arbeit Buschs geäußert. In seinen Malereien, die oft wie Improvisationen wirkten, wie flüchtige Farbnotizen, habe er sich erst konkret manifestiert. Hier begegnet uns – im Gegensatz zum Gehalt der Zeichnungen – eine sonderbar entstofflichte, abstrahierte Welt (*Mondlandschaft in Grün, Hügelige Wiesenlandschaft mit roter Figur*), in der auf Kontur und festigende Struktur weithin verzichtet wird. Busch war gefangen von der sich auflösenden, zerfließenden Romantik und Idylle. In den Malereien ließ er sich, der sonst so akkurate und formbewußte Gestalter, gänzlich los.

Doch das alles hatte Grenzen. Die große Wende in der Malkunst deutete sich an, die Sezessionen verfielen in einer Art von Public-relations-Bewußtsein des Wilhelminismus, der Schritt zur gänzlichen Abstraktion mußte getan werden. Hier streikte Busch. Er war einen Weg mit zu Ende gegangen, der in eine Sackgasse geführt hatte. Weit genug hatte er sich vorgewagt; doch er war ein Geist des frühen 19. Jahrhunderts und dessen Bannkreis verpflichtet. Er verzichtete auf den Sprung ins Uferlose, hörte 1895 gänzlich unerwartet mit dem Malen auf und ließ seine Nachlaßpfleger darüber im unklaren, warum er so abrupt den Pinsel aus der Hand gelegt hatte. Womöglich fürchtete er, sich selbst mit seinem zeichnerischen Werk in Konkurrenz zu stellen, es als überholt und anachronistisch abzuwerten, wenn er den Revolutionären in der modernen Malerei folgte.

Das zeichnerische Werk war den meisten Zeitgenossen sakrosankt. Th. Th. Heine: »Auch Wilhelm Busch ist dem Schicksal nicht entgangen, von Literaten auf den kunstgeschichtlichen Seziertisch geschleppt zu werden. Die Resultate ihrer Forschung liegen sauber in Schubfächer verteilt und sind mit den vorrätigen Etiketten ver-

Wilhelm Busch: Kühe im Wald, erste Hälfte der neunziger Jahre

sehen: Deutsches Gemüt – Skeptizismus – Alogismus – Ethischer Optimismus – Niedersächsisches Bauerntum – Melancholie – Innere Religiosität – Pessimistische Philosophie usw. Ich vermisse nur ein Schubfach mit der Etikette: Zeichenkunst. Denn das ist die Hauptsache: die Zeichnungen Buschs sind etwas ganz Einziges.«[6]

Alfred Kubin fügte hinzu: »Schon in den Skizzenbüchern und -blättern setzt vor der Natur gleichsam ein Vereinfachungsprozeß ein. So ist für mich W. Busch in höchstem Maße Ausdruckskünstler – der sich selbst bestimmt und ausleben konnte – und alles richtig empfand als Leistung, was in der schöpferischen Tiefe an Gestaltungstrieb latent vorhanden war. Das Seelisch-Differenzierte wird man vielleicht in einigen Jahrzehnten kaum mehr verstehen, der Gehalt an Witz wie an Schopenhauerischem Erkenntnisgut – wie das Ganze uns sekundär interessierende Menschlich-Allzumenschliche der Persönlichkeit W. Buschs. Doch die in diesen unerhörten Linien gebannten Formkräfte werden, ein dauernder Spiegel derselben, bleiben – wie die Linien auf den Scherben griechischer Amphoren.«[7]

Nicht nur Th. Th. Heine und Slevogt, Liebermann und Kubin empfanden Busch als eigentlichen Erfinder der »zeichnerischen Kurzschrift«. Auch ausländische Maler und Zeichner wie Gulbransson wiesen immer wieder auf das »Fiktive und Eingedämmte« in den Zeichnungen Buschs hin. Heine summierte: »Ich weiß keinen Vorgänger, dem es gelungen wäre oder der auch nur versucht hätte, in so knappen Strichen das Leben einzufangen, durch einen einfachen Federzug so unerhört gesteigerte Bewegung, so unvergeßliche Typen mitsamt der ihnen zukommenden Umgebung auf einem kleinen Blättchen Papier hervorzuzaubern. Das ist die höchste Vollendung des Handwerks, daß kein Tropfen Schweiß an dem fertigen Werk zu kleben scheint. Ich zweifle nicht, daß diese Leichtigkeit nur durch viel Arbeit und gründliche Mühe erreicht werden konnte, so wie der Japaner einen fliegenden Vogel, einen Blütenzweig tausendmal beobachten und abbilden mußte, um ihn dann wie im Spiel mit dem Tuschpinsel entstehen zu lassen.«[8]

Kindheit und Jugend

Des Dichters Vater, Johann Friedrich Wilhelm Busch (1801–1868), besaß zu Wiedensahl, zwischen dem schaumburgischen Stadthagen und dem hannöverschen Kloster Loccum gelegen, einen kleinen Krämer- und Hökerladen. Zeit seines Lebens überwand er es nicht, unehelich geboren worden zu sein, ein absoluter gesellschaftlicher Makel, vor allem in der dörflichen Gemeinschaft. Von diesem Makel wurde er auch nicht dadurch befreit, daß sich der Landwirt Johann Hinrich Wolrat Emme zur Vaterschaft bekannte und später die ledige Mutter freite. Zu einer Adoption führte diese Ehe nicht, so daß Johann Friedrich Wilhelm den Mädchennamen seiner Mutter behielt.

Wilhelm Busch: »Nach meinem Vater«. (Vermerk auf der Rückseite der in den sechziger Jahren entstandenen Bleistiftzeichnung)

Die Mutter

Der Dichter hat seinen Erzeuger als »klein, kraus, rührig, mäßig und gewissenhaft; stets besorgt, nie zärtlich; zum Spaß geneigt, aber ernst gegen Dummheiten«[1] beschrieben. Ein Puritaner, wie er im Buche steht, nicht ganz ohne Ehrgeiz, auf jeden Fall ein bedenkender Geschäftsmann, der aus dem von der Schwiegermutter übernommenen Hökerladen etwas herausschlug und mit seinen schwerverdienten Pfunden wucherte. Jeden Überschuß legte er in Grundstücke an, die damals wohlfeil waren, so daß er um seine Kate herum einiges an Ackerland, Wiesen und Weiden besaß, deren Erträge allein die Familienmitglieder einzubringen hatten.

Darum sehen wir des Dichters Mutter – durch ihn selber so geschildert – auch meist mit der harten Feldarbeit beschäftigt, Kartoffeln lesend oder Getreide schlagend.

Sie, die Mutter, war die Tochter des Wiedensahler Wundarztes Johann Georg Kleine, der zu seinen Vorfahren den Reformator Antonius Corvinus zählte, in dem kleinen Ort jedoch mehr das Geschäft eines Baders betrieb als das eines Mediziners. Henriette Dorothee Charlotte Busch (1803–1870) war, nach der Auskunft des Sohnes, »still, fleißig, fromm«[2]. Nur einmal hat Busch sie porträtiert. Die Zeichnung zeigt sie von rückwärts mit einem Enkelkind auf dem Arm. Sollte das heißen, daß sie für ihn »kein Gesicht« hatte?

Der Krämerladen und der »Hof« beanspruchten sie über die Maßen. Die Lasten des Alltags und reichlich viele Geburten hatten sie früh gebeugt und ausgelaugt. Bevor sie den Kaufmann Busch ehelichte, hatte sie schon drei Kinder zur Welt gebracht; ihm »schenkte« sie sieben. Heinrich Christian Wilhelm war das älteste aus der zweiten Verbindung.

Die Kinder duckten sich und kuschten unter der Knute eines Haustyranns, der sich zwar wacker durchschlug, aber im Grunde mit sich selber nicht fertig wurde. Seine Minderwertigkeitskomplexe setzte er in kleinkarierten Hausabsolutismus um. Nach außen hin lebte das Ehepaar »einträchtig und so häuslich, daß einst über zwanzig Jahre vergingen, ohne daß sie zusammen ausfuhren«[3], schreibt der Sohn, doch die Eintracht war ein erzwungenes Gerüst. Hinter der Fassade teilten zwei mürrische, grobe, einsilbige und zu wenig Liebe fähige Menschen ihr Los. Und die Kinder litten darunter, fanden nahezu keine Zuwendung. Zu ihnen gab es kaum

Buschs Geburtshaus von der Gartenseite aus

eine Beziehung, es sei denn die, deren Attribute Strenge, Gehorsam, Pflicht und Zucht heißen.

Nur sehr gelegentlich war es aus dem Vater herausgebrochen, in jungen Jahren, als er in ein Rezeptbuch gefühlvolle Gedichte schrieb, die sich mit Liebesleid und Ehstand befaßten oder sich gegen die Papisten richteten. Mag sein, daß aus dieser Richtung ein paar Gene auf den Sohn überkamen. Von der »trocknen« Mutter war dergleichen nie zu erwarten gewesen. Mehr als das hannöversche Gesangbuch und die Bibel wird sie nicht gekannt haben. Bestenfalls noch den Lutherischen Katechismus.

Wie weit sie Anteil an dem Geschick ihrer Kinder nahm, ist nicht überliefert. Der Dichter war karg mit Auskünften über seine Eltern, die ihm so wenig gegeben hatten und denen er auch kaum etwas verdankte. In seinen Selbstzeugnissen hat man den Eindruck, als habe er sie nur so eben erwähnen müssen, ganz am Rande, pflichtgemäß, weil sie zu einer Vita dazugehören. Er hat sie zwar nicht gehaßt, aber auch nicht geliebt.

Vor allem sein Verhältnis zur Mutter war von früh auf gestört, und möglicherweise hat diese Störung sein Verhalten zu Frauen ganz allgemein geprägt. Sobald er in ihnen »die« Mutter sah, wandte er sich voll Entsetzen ab.

Aber auch der Vater war ihm kein Ersatz. Im Wesen unterschied er sich von der herben Mutter nur wenig. Und ihm, dem Unehelichen (die Dorfbewohner machten aus »unehelich« gern »unehrlich«), kam es nur darauf an, daß aus den Söhnen was wurde. Das Geld, das er in ihre Ausbildung investierte, sollte Früchte tragen. Was ihm verwehrt gewesen, sollten die Söhne erleben und erledigen. Lediglich Sohn Adolf sollte den Laden übernehmen und mußte daher bei einem Kaufmann in die Lehre gehen. Hermann Busch studierte Mathematik und Naturwissenschaften und war Gymnasialprofessor in den niedersächsischen Städten Uelzen und Celle. Otto Busch konnte in Philosophie promoviert werden.

Da der Vater stets einen Sinn fürs Technische gehegt hatte und das technische Zeitalter voraussah, bestimmte er, daß Sohn Wilhelm in Hannover Maschinenbau studieren sollte, gleichgültig, ob jener dazu befähigt war oder nicht. Was zu geschehen hatte, legte der Patriarch fest, der sich zwischen Sauerkohlfaß und Kupfergeschirr sein eigenes, wenn auch beschränktes Weltbild entwarf.

Daß die Söhne auf keinen Fall in dem kleinen Wiedensahl das Geschäft mit den Wissenschaften erlernen konnten, wußte er nur zu genau. Und da es der Kinder ohnehin reichlich genug waren, schickte er sie früh aus dem Haus, an den Tisch seines Schwagers, des Pastors Georg Kleine zu Ebergötzen bei Göttingen. Ihn und auch seine Frau bekümmerte es wenig, ob und wie die Kinder die Trennung vom Elternhaus überstanden. Einerseits war er sie los, andererseits wußte er sie in guten Händen.

Als Wilhelm Busch nach Ebergötzen umziehen mußte, war er erst neun Jahre alt. Nestwärme hatte er wenig gekannt; dennoch fiel ihm der Abschied von zu Hause schwer. Die Trennung von Vater und Mutter hinterließ Narben. Doch die Bilder der »Lieben« verklärten sich zum Guten, je länger er fort war. Das häusliche

Geburtshaus Wiedensahl: alter Eckschrank mit Erinnerungsstücken

Spannungsfeld lag hinter ihm, bei »Pastors« herrschte ein anderer Ton. Zwar ging's auch hier spartanisch zu, doch man lebte in einer anderen Welt, der des Geistigen und Anspruchsvollen. Und die erweckte bald das Interesse des Buben.

Es ist Herbst, als Wilhelm auf den Treck nach Ebergötzen gehen soll. Der Vater stellt einen Leiterwagen bereit, auf den allerhand Hausrat geladen wird. Ganz obenauf kommt das alte Klavier, von dem sich der Knabe nicht trennen möchte. Auf den harten Brettersitzen haben die Mutter, die Großmutter, vier Kinder und ein Dienstmädchen Platz genommen, Wilhelm dazu. Knecht Heinrich soll das Gefährt sicher über die Weser- und Leineberge bringen. Zweimal muß man bei Bekannten übernachten, dann ist das Ebergötzener Pfarrhaus erreicht, wo Wilhelm schreiben, lesen, rechnen, Benimm und Konversation erlernen soll.

Busch: »Als ich neun Jahr alt geworden, beschloß man, mich dem Bruder meiner Mutter in Ebergötzen zu übergeben. Ich freute mich drauf; nicht ohne Wehmut. Am Abend vor der Abreise plätscherte ich mit der Hand in der Regentonne, über die ein Strauch von weißen Rosen hing, und sang Christine! Christine! versimpelt für mich hin.«[4]

Bereits am ersten Tag in Ebergötzen schließt Wilhelm Busch eine Freundschaft, die das Leben lang bestehen bleiben sollte, die mit dem Müllerssohn Erich Bachmann. Weihnachten 1841 – das erste Fest, seitdem er von zu Hause fort ist – darf Busch in der Mühle verbringen. Darüber schreibt H. Weimann: »... Onkel Kleine muß beim Obervogt in Radolfshausen ... ein Kind taufen und ist verhindert, sich um den Neffen zu kümmern. Die Puppenstuben der altehrwürdigen, rumpelnden Mühle, die Abenteuerlichkeit des vom Mühlenrad immerfort leise bebenden und schütternden Gemäuers und die sprichwörtliche Gastfreundschaft der Bachmannschen Familie, die sich in herrlichen Streusel-, Butter- und Pflaumenkuchen manifestierte, werden von eigentümlichem Reiz auf den kleinen Wilhelm gewesen sein. Nicht nur die Gruseligkeit der ratternden Mühlengestänge, der surrenden Riemen und saugenden Trichter und der unergründlichen Mehlkiste, nicht nur das vermooste Schaufelrad auf mannsdicker Eichenachse – sondern auch der immer tröpfelnde Holztrog, der, auf hohen Pfählen ruhend, das rauschende Wasser herleitet, und die muntere Tierwelt des zur

Mühle gehörenden Bauernhofes und die bunte Vielheit der kommenden und gehenden Mahlgäste – alles, alles ist Anreiz zum Malen und Zeichnen, zum Toben und Tollen, zum Schabernack, Vogelstellen, Forellenfischen. Erich und Wilhelm lebten wie Max und Moritz...«[5]

Nie wird ihm ein anderer Ort so vertraut werden wie Ebergötzen. An Maria Anderson schreibt er 1875:»Ich lese es wie ein Buch, wie 'ne Chronik, bei jedem neuen Besuch fang' ich ein neues Kapitel an.« Dort wohne der »liebste und beste Freund«, den er alljährlich besuche:»... und schlafe noch immer sehr gut beim Rumpumpeln des Mühlwerks ... Das Bett wackelte noch wie früher beim Getriebe der Räder, und das herabstürzende Wasser rauschte durch meine Träume.«[6]

In den Ebergötzener Jahren wächst die Freundschaft zu dem Müllerssohn, der auch später seinem berühmten Intimus keine Schnörkel, keine Etikette und keinen hohlen, hochtrabenden Seim abverlangt. Buschs Briefe an Bachmann sind originell, unkonventionell und recht oft ohne hohen geistigen Anspruch. Man könnte auch sagen: Sie sind stinknormal abgefaßt, und darum werden sie als »unergiebig« nicht selten von den Busch-Analytikern außer acht gelassen. Man vermißt den ironischen Unterton, den Hang zu Satire und tieferer Bedeutung. Die Briefe haben keinen »goût«, sind herzlich und unbefangen, eines Philosophen nicht würdig. Hat der Freund Magenkneifen und Appetitlosigkeit, schreibt ihm Busch: »Böse Träume kommen aus dem Magen. Und es ist ja nur zu gewiß, daß man, wenn dieser prosaische Hauptfaktor des Lebens nicht recht in Ordnung ist, nur zu geneigt ist, alle Dinge von der schwärzesten Seite anzusehen. Dagegen ist es aber auch ein Hochgefühl sondergleichen, wenn dieser alte Schlauch wieder anfängt, seine Schuldigkeit zu tun, und man dann so von innen heraus mit wirklicher Herzensfreudigkeit darauf ausgeht, die verlorenen Kräfte wieder zu ersetzen. Laß mich das bald von Dir hören.«[7]

Ist er auf Reisen, erfährt der Freund von seltsamen Erlebnissen: »Eine sonderbare Reisegesellschaft hatte ich, als ich neulich nach Hannover fuhr. Eine alte Dame saß mit im Kupee, die in einem Waggon hinter uns ihren toten Mann bei sich hatte. Sie waren kinderlos, hatten ihr Gut in Pommern verkauft und waren nach Italien gereist. Dort hatte sie, eine Holländerin und katholisch, ihren

Mann ebenfalls katholisch gemacht. Nach vier Wochen war er gestorben. Sie hatte ihn dann gehörig verpackt und mit nach Holland genommen. Dort war ihr eingefallen, daß er in Küstrin früher ein Begräbnis gebaut, wo er dermaleinst liegen wollte. Nun war er bis Berlin expediert. Aber unterwegs war ihr eingefallen, die protestantischen Verwandten möchten sie schlecht empfangen. Die Frau hatte ganz den Kopf verloren. Sie wollte nun wieder nach Salzbergen, einem Dorfe an der holländischen Grenze, wo sie mal einen Sommer verlebt. Ich ging deshalb mit ihr zum Bahnhofsinspektor, der dann auch den Waggon mit dem Toten auszuhändigen versprach. Sonderbar! Sonst können die Leute die Lebendigen nicht los werden! Die Frau war seit 14 Tagen in dieser Gesellschaft unterwegs, war nicht aus ihren Kleidern und seit Rom in keinem Bette gewesen. Ich muß offen sagen, daß es mir ein unbehaglicher Gedanke ist, wenn ich so nach meinem Tode als Gepäck in der Welt herum fahren müßte.«[8]

Erich Bachmann ist vor allem für den jungen, kindlichen Busch ein »seelenprägender« Weggenosse, der ihn der Steifheit und dem Konventionellen des Pfarrhauses Kleine entrückt, in dem es letztlich doch rundherum sehr pietistisch zugeht. Zur pietistischen Erziehung gehört eben ein gewisser Drill. Man hat seine alltäglichen Pflichten Gott zu Ehren zu absolvieren, und wenn der Glaube nicht ausreicht, den göttlichen Heilsplan zu durchschauen, hat man zumindest so zu tun, als frequentiere man ständig den heißen Draht nach oben. In Ebergötzen wird Busch zu einem Christen erzogen, freilich zu einem äußerst skeptischen, der – später – sogar mit den Haeckelschen Thesen liebäugelt und mit den Freigeistern sympathisiert, die jeglichen Dogmatismus ablehnen und einer Art pantheistischen Gnosis anhängen.

Immerhin ist Pastor Kleine, der Onkel und Erzieher, keiner von der autokratischen Sorte. So viel hat er von »moderner« Erziehung schon mitbekommen, daß man den Eleven auch gewisse Freiräume belassen muß. Und so beschreibt ihn Busch später auch recht behutsam als einen eher liebenswerten Vater-Stellvertreter: »Der Onkel (jetzt über 80 und frisch) war ein stattlicher Mann, ein ruhiger Naturbeobachter und äußerst milde; nur ein einziges Mal, wennschon öfters verdient, gab's Hiebe, mit einem trockenen Georginenstengel; weil ich den Dorftrottel geneckt.«[9]

Pastor Georg Kleine, Ölgemälde von Wilhelm Busch

Kleine, kein »Meister Druff«, hat durch seine weise Art der Erzie-
lung, durch sein beabsichtigtes und wirksames Laisser-faire wesentlich zur Charakterprägung Buschs beigetragen, der hin und
wieder – vermutlich nach dem Diktat des Onkels – den Eltern über
sein Ergehen berichtet. Die frühen Briefe klingen gedrechselt und

unecht. Da werden Vater und Mutter als »Theure Eltern« angeredet, und wie putzig klingt es, wenn der Neunjährige seinen Schrieb mit »Euer Euch liebender Sohn W. Busch« unterschreibt. Das ist altklug und aufgesetzt, gespielt: »Um Euch aber doch einen kleinen Beweis zu geben, daß ich in Ebergötzen nicht so dumm geblieben, als ich hingekommen bin, und daß ich meine Zeit nicht müßig hingebracht habe, schicke ich Euch diejenigen Bücher, die ich bisher vollgeschrieben habe. Aller Anfang ist schwer, das werdet Ihr auch an meinen schriftlichen Arbeiten erkennen; aber ich tröste mich mit dem Sprichworte: mit der Zeit bricht man Rosen, und verliere darum die Geduld nicht, wenn's auch langsam geht.«[10] Ist das die Sprache eines Neunjährigen?

Nun, die Erwachsenen wollen ihn so haben, und so werden die Eltern mit Genugtuung zur Kenntnis genommen haben, daß ihr Sohn auf rechter Bahn vom Schwager Kleine geleitet wurde.

Ebergötzen ist eben doch, nach damaligen Zeit- und Distanzvorstellungen, recht weit von Wiedensahl entfernt. Und so ergibt es sich, daß Busch die Seinen zum erstenmal nach drei Jahren wiedersieht. Natürlich hat er oft Heimweh gehabt, vor allem an den Festtagen; aber darüber spricht und schreibt man nicht. Das ist unmännlich. Busch wird sehr früh in die Erwachsenenrolle gedrängt, wie in seiner Jugend das Kind überhaupt noch keine Bedeutung in seinem Status hat. Pestalozzi ist den meisten fremd. Kinder werden wie Große behandelt und haben keine Chance, ihre juvenile Phase auszuprägen. Es gibt auch keine (Schutz-)Gesetze für Kinder. Wenn's drauf ankommt, kann man sie wie Sklaven ausbeuten.

Busch kehrt in freudigster Erwartung nach Wiedensahl zurück und hofft, mit offenen Armen aufgenommen zu werden. Am Dorfrand kommt ihm die Mutter entgegen, die gerade aufs Feld hinaus will. Busch: »Ich kannte sie gleich; aber sie kannte mich nicht, als ich an ihr erst einmal vorbei ging. So hatte ich mich verändert.«[11]

Anstatt der ersehnten liebevollen Wiederaufnahme die Verkennung. Hart trifft es den Zwölfjährigen. Die Szene ist von alttestamentlicher Strenge, und sie haftet an Busch sein Leben lang. Nie zuvor hat er gespürt, wie lieblos, wie empfindungsarm die Eltern, zumal die Mutter, waren. Wie ein Blitz kommt ihm die Erkenntnis: Du hast kein eigentliches Zuhause, du bist hier fremd, ausgestoßen.

Und doch trägt er der Mutter das abweisende Verhalten nicht nach. Er tadelt sie nicht, er wendet sich nicht ab. Er nimmt es hin, daß es so ist, wie es ist, und daß die beiden Alten aus ihrer Haut nicht herauskönnen. Denn anders ist sein viel später entstandenes Kettenreimgedicht auf die Mutter nicht zu verstehen:

O du, die mir die Liebste war,
Du schläfst nun schon so manches Jahr.
So manches Jahr, da ich allein,
Du gutes Herz, gedenk ich dein.
Gedenk ich dein, von Nacht umhüllt,
So tritt zu mir dein treues Bild.
Dein treues Bild, was ich auch tu,
Es winkt mir ab, es winkt mir zu.
Und scheint mein Wort dir gar zu kühn,
Nicht gut mein Tun,
Du hast mir einst so oft verziehn,
Verzeih auch nun.[12]

Auf das pubertäre Verhalten Buschs hat die mißliche Wiederbegegnung mit der Mutter großen Einfluß. Im pietistischen Pfarrhaus hat man ihm als eines der obersten Gebote die Verdrängung des Gefühls eingeimpft. Nur in Glaubensdingen darf man sich ergießen, sonst hat man der Umwelt Verschlossenheit zu zeigen, die man mit dem Begriff Distinguiertheit umschreibt. In Wirklichkeit werden hier scheußliche Verdrängungsmechanismen in Gang gesetzt, die zu überwinden dem Heranwachsenden große Mühen kosten. Doch Gott sei Dank ist Busch von Natur aus ein Rationalist, so daß er bald das durchschaut und verwirft, was ihm oktroyiert werden soll.

An Maria Anderson schreibt er 1875 zurückblickend: »In meinem elften Jahr verblüffte mich der Widerspruch zwischen der Allwissenheit Gottes und dem freien Willen des Menschen; mit 15 Jahren zweifelte ich am ganzen Katechismus.«[13] Zu der Zeit entdeckte Busch auch die Macht und die Wirkung des Humors und des Witzes. Er zog alles ins Lächerliche und triumphierte damit über die Engstirnigkeit und die Bigotterie der Erwachsenen. Ansätze seiner Lebensphilosophie werden sichtbar, sentimentalischen Auftrieb durch die Kraft des Humors zu ersetzen.

Die Mitteilungen an Maria Anderson stehen im Gegensatz zu manchen »Sprickern« (Gedankensplitter zu späterer Verwendung), denen zu entnehmen ist, er sei »durch die Kinderjahre hindurchgeprügelt«[14] worden. Womöglich ist das nur eine Umschreibung für die Zwänge, denen er ausgesetzt war, um den Wünschen der Erwachsenen nachzukommen, die ihm viel abverlangten und seine Zukunft zu entscheiden gedachten, denn oft genug hat er an anderen Stellen betont, daß der Vater nur selten »bakelte« – und wenn, dann verdientermaßen, zum Beispiel als er aus der »Droguenabteilung« des Krämerladens Schießpulver gestohlen hatte, um damit den großen alten Kirchenschlüssel zu füllen und das »Geschoß« dann anzuzünden, was eine fürchterliche Böllerei auslöste. Da setzte es eine gehörige Tracht. In *Von mir über mich* kommentiert er dazu: »Und sonderbar! Ich bin weder Jäger noch Soldat geworden.«[15]

Auch die gelegentlichen Hiebe vom Onkel Kleine mit der Georginenschwugse rechtfertigen nicht die Feststellung, er sei »durchgeprügelt« worden. Er verstand sich wohl eher als Prügelknabe des Schicksals, dem es – zunächst – nicht vergönnt war, sein Leben nach den eigenen Vorstellungen einzurichten. Wenig behagte ihm der Sonderstatus als Privatschüler Pastor Kleines. Viel lieber wäre

G. Kleine,
Past. z. Lüchow

Schnurrdiburr

oder

Die Bienen

von

Wilhelm Busch.

München

Verlag von Braun und Schneider.

er – mit Bachmann und Konsorten – in die Ebergötzener Dorfschule gegangen, dessen Schulmeister ihm durchaus sympathisch war (weil er ihm nichts anhaben konnte). Andererseits schuf ihm die Ausnahmestellung auch wieder großes Behagen, denn er konnte seinen Altersgenossen vormachen, was er schon alles konnte und kannte, Dinge und Handlungsweisen, von denen sie nicht einen blassen Schimmer hatten.

Der Onkel Kleine galt als rundum gebildeter Mann, dessen Stekkenpferd vor allem die Bienenzucht war. Er gab das *Bienenwirtschaftliche Centralblatt* heraus, in dem er sich vor allem mit der Fortpflanzung der Insekten befaßte. Nicht lange dauerte es, da hatte auch der Zögling des Pfarrers Gefallen an den Krabbeltieren gefunden. Mit der Imkerei befaßte er sich zeitlebens (*Schnurrdiburr oder die Bienen*), und in jungen Jahren überlegte er tatsächlich einmal, ob er nicht als Bienenzüchter und Imker nach Brasilien auswandern sollte, das damals als »Eldorado der Bienen« galt.

Wenn im Unterricht nicht die Rede von Bienen, Regeldetri, Grammatik und Fremdsprachen war, bot Kleine auch wohl mal einen Ausflug in das weite Land der Poesie an. Jung-Wilhelm mußte früh englische und französische Klassiker in der Originalsprache lesen. Nicht nur Inhaltsangaben hatte er abzuliefern, sondern auch dem Geheimnis von Metrik und Dynamik der Sprache auf die Spur zu kommen.

Die Grundkenntnisse, die ihm der Pastor in dieser Hinsicht vermittelte, hat er später als Dichtersmann weidlich ausbauen können. Er hat davon profitiert und den Onkel deswegen als seinen »geistigen Vater« gerühmt und gepriesen.

Wie zu Ebergötzen, so war auch im Pfarrhaus zu Lüthorst am Solling, wohin Kleine übersiedelte, der Bücherschrank, »das Schatoll«, ein magisches Anziehungsobjekt für den jungen Busch. Der geistliche Herr hielt sich, angeblich aus rein informatorischem Interesse, allerhand freisinnige Schriften neben den Theologica und den bienenwissenschaftlichen Werken, und er wußte, daß sein Neffe von diesen »teuflischen« Schriften häufig Gebrauch machte. Busch: »Zugleich fiel mir die *Kritik der reinen Vernunft* in die Hände, die, wenn auch damals nur spärlich durchschaut, doch eine Neigung erweckte, in der Gehirnkammer Mäuse zu fangen, wo es nur gar zu viel Schlupflöcher gibt.«[16]

Was beim Onkel nicht zu entdecken war, mochte der Wirt des Dorfes unter seinem Lesestoff besitzen. Das war nämlich ein Dreimalneunmalkluger, der in Politik und Geschichte »bannig« Bescheid wußte und seine »Ware« aus der freisinnigen Studentenbuchhandlung in Göttingen bezog. Wilhelm hatte sich mit ihm angefreundet: »Haarig bis an die Augen, hinein in den Hals – wieder heraus aus den Rockärmeln bis an die Fingernägel, in gelblich-grüner Joppe, ledernen Klappenpantoffeln, nie in einem Satz zu Ende sprechend, ein starker Schnupfer, ein geschmackvoller Blumenzüchter, dreimal vermählt, ein lieber, ergötzlicher Mensch!«[17]

In den sieben Jahren unter der Obhut des Onkels Kleine reifte Busch zu einem jungen Mann heran, der es wagen konnte, »der Welt etwas abzugewinnen«. Hinter ihm lagen am Ende der Zeit mannigfaltige Erlebnisse, die später in seinen Bildergeschichten und Gedichten wiederauftauchten. Das reicht von der Schießpulver-Episode (mit dem Kirchenschlüssel), die uns im *Maler Klecksel* wiederbegegnet, bis zu den Reminiszenzen an die Streiche mit Erich Bachmann in *Max und Moritz* und *Plisch und Plum*.

Wann immer von Bienen die Rede ist, taucht als »Vater der Immen« der Onkel Kleine auf. Busch speicherte ihn bewegende Eindrücke wie ein Computer, um sie dann abzurufen, wenn er sie zu verwerten gedachte. Was er irgendwo einmal gesehen hatte und was in ihm Ereignis war, das ließ ihn nicht mehr los – auch, wenn es erst Jahre später wieder in ihm aufstieß. Er ließ keine Idee und keinen Eindruck verkommen. Seine Größe bestand darin, aus dem Unscheinbarsten Effektvolles zu zaubern, das Detail zum Anlaß des Ausführlichsten zu nehmen. Wie ein Komponist, der aus einem kleinen Motiv eine ganze Symphonie entwickelt.

Als Busch Kleine verließ, hatte er durchaus schon Vorstellungen, wie sein ferneres Leben verlaufen sollte. Doch der Vater war strikt gegen jeglichen Plan, es mit den Künsten zu versuchen. Wilhelm sollte was Anständiges werden und zunächst einmal die Polytechnische Schule zu Hannover besuchen, um dann als Ingenieur oder Techniker Karriere zu machen.

Hannover

»Sechzehn Jahr alt, ausgerüstet mit einem Sonett nebst zweifelhafter Kenntnis der vier Grundrechnungsarten, erhielt ich Einlaß zur Polytechnischen Schule in Hannover«[1], berichtet Wilhelm Busch in einer seiner Selbstdarstellungen über seinen Wechsel von Lüthorst in die Welfenmetropole im Jahre 1847. Das Institut, bis dahin »Höhere Gewerbeschule« geheißen, sollte nun »die lodernde Fackel der Wissenschaft in die verschlungenen Gänge der gewerblichen Tätigkeit tragen, damit der Geist die Materie belebe und die Hand regiere«[2].

Die »Polytechnische« in Hannover um 1850

In der Schule an der Georgstraße regierte als Direktor der Wiener Karmarsch, und der war sich mit dem König und dem »Cultus« darüber einig, das Institut in den folgenden Jahren noch weiter aufzuwerten und eine Art technischer Landesuniversität daraus entstehen zu lassen. Der Plan wurde allerdings erst verwirklicht, als Hannover schon längst keinen König mehr hatte, da dieser 1866 von Bismarck verjagt worden war, und seine treue Gefolgschaft jeden preußischen Erlaß wie eine Strafexpedition hinnahm.

Generationen hindurch hatte die Residenz an der Leine im Dornröschenschlaf gelegen. Das Land war in Personalunion mit England verbunden, der britische Souverän zugleich Kurfürst von Hannover. Das hatte sich erst 1837 geändert, als Wilhelm IV. in England gestorben war und ihm dort Victoria, die »Queen«, folgte. Im Hannoverland jedoch war die weibliche Sukzession nicht vorgesehen, und so gelangte hier der Herzog von Cumberland als König Ernst August auf den Thron, jener Raufbold und Grobklotz, der in absolutistischer Manier regierte und dessen ehernes Reiterstandbild vor dem hannöverschen Hauptbahnhof noch heute die Ankommenden und die Abreisenden über die Absonderlichkeit des »niedersächsischen Genitivs« aufklärt, denn auf der Widmungstafel steht zu lesen: »Dem Landesvater sein treues Volk.«

Kaum hatte sich Rex Ernestus, in dessen »Pokerface« Bismarck arg kriminalistische Spuren zu entdecken glaubte, des Throns bemächtigt und seinen zerrütteten Haushalt auf Kosten der Steuerkasse saniert, da stieß er das seit 1833 bestehende liberale Staatsgrundgesetz um. Sieben Göttinger Professoren wagten gegen den Rechtsbruch zu protestieren. Etliche wurden darauf des Landes verwiesen. Ein Sturm der Entrüstung tobte durch die deutschen Lande.

Doch Ernst August bekümmerte das wenig. »I'm the king, you are the sheep!« erklärte er dem opponierenden Stadtdirektor Rumann, womit er sich offenbar der Meinung Madame de Staël-Holsteins anschloß, zwischen Weser und Aller lebe das Volk der Heidschnucken. Ihm zur Seite stand die Königin Friederike, Schwester der preußischen Königin Luise, eine etwas schludrige Landesmutter, die von ihrem durch Gottes Gnaden regierenden Gemahl Prügel bezogen haben soll, wenn sie nicht so wollte wie er.

Immerhin hatte Ernst August technisch-fortschrittlichen Sinn. Zwar wollte er in seiner Residenz, die der Baumeister Laves zu verschönen hatte, keine Fabrikschornsteine sehen, aber in dem benachbarten Linden durften die Techniker nach Lust, Laune und Vermögen experimentieren und planen. 1846 wurde mit dem Bau von Lokomotiven begonnen, und bald konnte man in den Straßen

Dampfwagen englischen Fabrikats bestaunen. Hannover mit seinen Randgemeinden und den angrenzenden Ortschaften wuchs sich zu einer wirklichen Metropole aus.

In dieses werdende norddeutsche Zentrum kam der junge Wilhelm Busch. Mutig stellte er sich zur Aufnahmeprüfung, die wohl recht dürftig ausfiel. Aber der Direktor meinte:»Wir wollen's versuchen«, und so konnte der Aspirant sein Studium beginnen. Kaum war er in der großen Stadt warm geworden, begann es im Hintergrund zu brodeln, denn auch Hannover sollte von der »großen Revolution« von 1848/49 nicht verschont bleiben.

An die Adresse des Königs wurden allerhand Petitionen eingereicht. Man wollte die Abschaffung der Zensur, die Einberufung der Stände, eine Bürgerwehr und eine Vertretung des Volkes beim Bund in Frankfurt. Doch Ernst August erklärte die bürgerlichen Abgesandten für Idioten und gab kaum nach. Er verschanzte sich im Alten Palais und erklärte sich für unpäßlich.

Als dann doch, zur allgemeinen Sicherheit, die Bürgerwehr gebildet wurde, teilte sie sich, schon rein äußerlich erkennbar, in zwei Lager. Die Wehrmänner trugen gelb-weiß gekennzeichnete Mützen, die Studenten von der Polytechnischen Hochschule hingegen verbrämten ihre Hüte schwarz-rot-gold: in den Farben der Revolution. Auch Busch wurde »einberufen«. In *Was mich betrifft* schreibt er darüber:»Im Jahr 48 trug auch ich mein gewichtiges Kuhbein, welches nie scharf geladen werden durfte, und erkämpfte mir in der Wachstube die bislang noch nicht geschätzten Rechte des Rauchens und des Biertrinkens; zwei Märzerrungenschaften, deren erste mutig bewahrt, deren zweite durch die Reaktion des Alters jetzt merklich verkümmert ist.«[3]

1906 erinnerte sich Busch noch einmal an jene Zeiten, da er – das einzige Mal in seinem Leben – politisch aktiv war:»Das Jahr 48 machte bedenklichen Lärm. Um den Wall die Ketten verschwanden. Aus uns Polytechnikern wurden Kompanien gebildet unter Führung der Lehrer. Den Stock in der Hand, eine weiße Binde um den Arm, zogen wir durch die Straßen und riefen den Frauen ›Guten Abend, Bürgerin‹ zu. Nur waren wir, als Schergen der Ordnung, beim ›Volke‹ recht unbeliebt. Aus den Haustüren im Rösehof gossen unsichtbare Hände uns Schmutzwasser an die Beine. Bald kriegten wir Waffen; alte Steinschloßflinten, die Ohrfeigen austeilten und die Gesichter mit Pulverdampf schwärzten, wenn wir draußen an der Schwedenschanze im Feuer exerzierten ... Meine Kompanie hatte die Ehre, als erste die Hauptwache am Markt abzulösen. Freundlich grinsend standen uns die Soldaten gegenüber. Sie hinterließen uns munter belebte Matratzen zur behaglichen Ruhestatt. Daß man uns keine scharfen Patronen anvertraute, war ärgerlich. Einstmals, während der Nacht, hatten wir an der Ecke der Ballhof- und Knochenhauerstraße eine leichte Barrikade zu nehmen. Oben aus der Herberge flogen Backsteine herunter, unten bewarf uns von weitem die verwegene Menge. Vergebens verfolgten wir sie. Schießen konnten wir nicht. Da sprang ein langer Kollege, der die Geduld verlor, aus dem Gliede voran und pickte einem Kerl das Bajonett durch die Hose, daß er bölkte wie ein Ochse. Im Lindener Spital hat man ihn wieder kuriert. Und dies, soviel mir bekannt, war unserseits die einzige grausame Bluttat während der ganzen Revolution. Übrigens gab es unruhige Geister auch in unserer eigenen Mitte. Sie brachten dem Direktor Karmarsch, ich weiß nicht warum, eine Katzenmusik. Für die Radaumacher schloß man die Schule. Für uns andere, die brav gewesen, ging der Unterricht weiter.«[4]

Revolution? Wer von den angehenden jungen Polytechnikern wußte schon etwas von Röckel, Bakunin, Feuerbach? Und wenn es einige gab, die sich revolutionäre Thesen zu eigen gemacht hatten, Busch war garantiert nicht unter ihnen. Ihn zeichnete zeitlebens eine gewisse politische Unbedarftheit aus, und die Märzunruhen von 1848 spielten nur insofern für ihn eine Rolle, als er sich zum Biertrinker und Raucher emanzipierte. Und einen Bart ließ er sich stehen, was sein Selbstbewußtsein stärkte.

Busch mußte sich anstrengen, das geforderte Pensum an der Polytechnischen Hochschule zu erledigen. In Mathematik war er schwach. Zahlen und ihr Verhältnis zueinander interessierten ihn nicht. »Viel guter Wille, etwas flüchtig«, so lautete die erste Beurteilung. Die Ferien beim Onkel Kleine in Lüthorst nutzte er, um intensiver in die Mystik und die Abstraktion von Rechenkunst und Regeldetri vorzudringen.

Der Erfolg an der Schule stellte sich ein, so daß er sich in der »reinen Mathematik« sogar bis zu »Eins mit Auszeichnung« emporschwang; doch in der angewandten bewegte er sich »mit immer

Wilh. Busch aus Wiedensahl in Hannover

matterem Flügelschlage«[5]. Dennoch wurde er für »rühmlichen Fleiß und tadelloses Betragen« von den Pädagogen gelobt. Besonders viel hielt der Zeichenlehrer Heinrich Schulz von ihm, der ihm die »Erste Klasse« im Zeichnen zugestand. Die Kolleghefte nutzte er aber nicht nur für die geforderten Aufgaben, sondern versah die Ränder mit Karikaturen der Lehrer.

Natürlich wurden auch der Onkel Kleine und die Eltern über die Fortschritte instruiert. An die Mutter schrieb Busch im September 1848: »Die Elementarmathematik hätte ich meinem Zeugnisse nach eigentlich nicht wieder zu nehmen brauchen, indeß ich weiß selbst am besten, wie es mit mir steht. Es ist für mich nicht allein nöthig, daß ich den Vortrag verstanden habe, sondern mein künftiger Lebenszweck erheischt mehr als das; ich muß ihn auch durchweg u. zu jeder Zeit im Gedächtnisse bereit haben. Dazu ist aber der verflossene Cursus viel zu unvollständig gewesen; wie du weißt: wegen der Unruhen und der Krankheit des zweiten Direkters. Besonders ein Haupttheil der Elemente, wie die Trigonometrie, ist so flüchtig vorgetragen, daß es für jemanden, der noch unbewandert in der Mathematik ist, unmöglich wird, ihn vollständig sich zu

Bleistiftzeichnung von C. Bornemann, 1850

eigen zu machen. Ich sagte das dem Direktor Karmarsch bei der Aufnahme, was er sehr günstig aufnahm. Er sagte: es zeuge von vieler Einsicht.«[6]

Bereits zu dieser Zeit überlegte er mit den Freunden August Klemme und Karl Bornemann, ob der Maschinenbau wohl das rechte Ziel ihrer Studien sei. Sie kamen überein, die Polytechnische Hochschule zu verlassen und sich an der Düsseldorfer Kunstakademie einzuschreiben, wo der jüngere Schadow das Regiment führte und versuchte, seine Schüler auf eine pietistisch-katholische Linie zu bringen.

Wie würde der Vater diesen rigorosen Eingriff in die Zukunftsplanungen für seinen Sohn aufnehmen? Der »Alte« tobte. Für ihn war es kaum vorstellbar, daß jemand vom sicheren Port wegsteuerte und sich in das Abenteuer der brotlosen Kunst begab. Es bedurfte einiger Überredungskünste des weitsichtigen Onkels Kleine, Vater Busch dahin zu bringen, auch weiterhin den Unterhalt und die Studienkosten für den Filius zu bezahlen. Auch die Mutter wird nicht nachgelassen haben, sich für die Ambitionen des Sohnes einzusetzen. Sie muß es gespürt haben, daß in ihm Außergewöhnliches steckte.

Düsseldorf und Antwerpen

Im März 1851 verläßt Wilhelm Busch Hannover, um in Düsseldorf Maler zu werden. Die Kunstakademie am Rhein gilt vielen jungen Künstlern und solchen, die es werden wollen, als Mekka der »modernen« Malerei. Um Friedrich Wilhelm von Schadow-Godenhaus hat sich ein Kreis illustrer Porträt- und Genremaler versammelt. Die Herren Hildebrandt, Hübner und Lessing wetteifern mit ihm in der Darstellung christlicher Motive. Schadow, der Sohn des berühmten Berliner Bildhauers, hat in Rom bei Cornelius und Overbeck studiert und vieles den italienischen Altmeistern abgesehen. Man rühmt seine Fresken in der Casa Bartholdy, die »Anbetung« in der Potsdamer Garnisonkirche, das große Bacchanal an der Decke des Proszeniums im neuen Berliner Schauspielhaus und seine »Mignon« nach Goethes *Wilhelm Meister*.

Schadows Malschule zieht viele junge Leute an, doch sie verlassen das Institut meist wieder voller Enttäuschung, denn so hohl und pathetisch wie der ganze Stil des »Meisters« ist auch sein Unterricht. Busch hat nach zwei Semestern die Nase voll. Die Zeit war nicht recht ergiebig; lediglich einige steife Modellstudien aus der Düsseldorfer Episode haben überdauert.

Freilich darf er den Eltern und auch dem Onkel Kleine nicht mitteilen, wie sehr er sich am Rhein langweilt und wie wenig er von dem Unterricht Schadows und seiner Günstlinge profitiert. Um sich selbst bei der Stange zu halten, entwirft er für sich eine »oktroyierte Verfassung« (vom 22. September 1851), an die er sich pedantisch klammern will, um zumindest einen guten Eindruck zu hinterlassen:

»§ 1 Besagtem W.B. wird aufgegeben, sich morgens 7 1/2 aus den Federn zu erheben. N.B. früher, wenn's beliebt.

§ 2 Bis halb neun muß er Anziehen, Kaffeetrinken, Rauchen seiner Morgenpfeife etc. unwiderruflich zu Ende sein.

§ 3 Von halb neun bis zwölf Uhr mittags hat er möglichst fleißig auf der Akademie zu arbeiten.

§ 4 Von zwölf bis halb zwei ist Bummelns- rsp. Essenszeit wie auch Zeit für Besuch der Bibliothek.

§ 5 Von 1/2 2 bis zum Dunkelwerden: Arbeiten auf der Akademie.

§ 6 Vom Dunkelwerden bis zum Aktzeichnen ad libitum zu verfahren.

§ 7 Das Aktzeichnen ist nie zu versäumen.

§ 8 Die übrigbleibende Abendzeit ist vorzüglich dem Studium der Geschichte und der Komposition zu widmen. N.B. zu Abend zu speisen und im Pfeifenrauch zu schwelgen ist nicht untersagt.

§ 9 Von den genannten Paragraphen des Tages ist nur mit Einwilligung des Verstandes und Gemütssinns eine Abweichung gestattet.

§ 10 Für den Sonntag gelten die vorigen Paragraphen nicht; die Benutzung desselben steht ganz in der Willkür des oben genannten Individuums. Von Mitte Oktober an treten alle jene Paragraphen in Wirksamkeit. Für jede Widersetzlichkeit wird besagtes Subjekt-Objekt von einem moralischen Katzenjammer höchst malträtiert werden.«[1]

In die Düsseldorfer Zeit fallen die ersten Porträtskizzen, die Eduard Schulz-Briesen, ein Kommilitone, von Busch entwirft. Sie geben viel Aufschluß über Haltung und Gewohnheiten des Dargestellten.

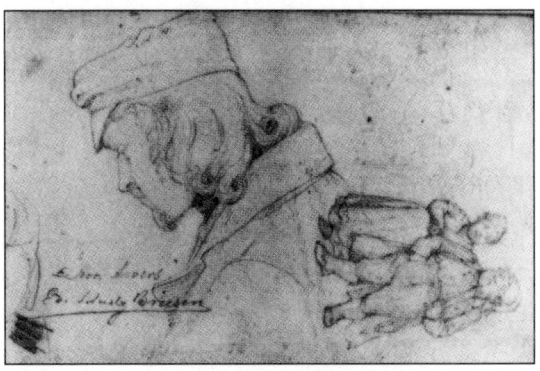

Der junge Busch, gezeichnet von Eduard Schulz-Briesen 1851/52

Der Buschforscher Hans Ries schreibt dazu: »Gleichwohl verraten sie ein gewisses Rollenspiel: Künstler sein heißt für den angehenden Akademieschüler die Haare lang und gewellt tragen. Wie der bald wieder aufgegebene Mittelscheitel verrät, experimentiert Busch mit seiner Frisur. Neben dem lang in den Nacken fallenden Haar ist auch die pompös geknotete Halsbinde Ausdruck einer gewissen Künstlermaskerade und gemahnt, ähnlich wie die Bildnisform der Silhouette, an das späte 18. Jahrhundert. Überzeugend gelingt es Schulz-Briesen, von seinen Bildnissen den Geist jener Tage des Studienanfangs ausstrahlen zu lassen. Der Blick, beseelt wie kaum sonst in Buschs Bildnissen, zeigt einen tief veranlagten, von Optimismus getragenen jungen Mann. Einiges davon mag dabei eher auf das Naturell des Porträtisten als das des Porträtierten gehen. Jedenfalls ist Busch nie mehr – und vor allem nicht von sich selbst – so heiter und animiert wiedergegeben worden.«[2]

Ein Jahr später porträtiert Schulz-Briesen seinen Kommilitonen Busch in Antwerpen, wohin beide übergewechselt sind. Hans Ries: »Der Mittelscheitel ist hier wieder dem gewohnten, im Bild nach links gekämmten Haarschopf gewichen. Geradezu lieb und mit gesenktem Kopf blickt der junge Mann den Betrachter ein wenig von unten her an. Ein verhaltenes Lächeln spielt um den Mund, der jetzt von einem dezenten Bart von den Oberlippen bis zum Kinn gerahmt wird. Das Bildnis wirkt ausgesprochen sympathisch und verrät nichts von den Problemen einer Selbstfindung, die sich bei Busch zur gleichen Zeit abgespielt haben muß.«[3]

Noch zweimal porträtiert Schulz-Briesen zu der Zeit seinen Freund und Kunstgenossen. Insgesamt sind es sieben Bildnisse. Das letzte zeigt Busch bei der Arbeit, in der ungewöhnlichen Sicht von schräg hinten. Busch zeichnet sich in jenen Monaten auch wiederholt selber, einmal in der Pose des Selbstbildnisses van Dycks, womit er seiner Bewunderung für die niederländische Malerei des 17. Jahrhunderts Ausdruck verleiht, mit der er sich in Antwerpen gründlich auseinandersetzt: so weitgehend und so intensiv, daß er sein weiteres Leben lang davon profitiert.

Nach Vollendung dieses Selbstbildnisses trägt er in sein Tagebuch ein: »Von diesem Tage an datiere sich die bestimmtere Gestaltung meines Charakters als Mensch und Maler. Es sei mein zweiter Geburtstag.«[4]

Hans Ries: ». . . Die Selbstporträts erscheinen als ausgesprochene Selbstbildnisse: Der Mensch als Maler. Etwas Hochgemut-Selbstbewußtes liegt im Gesichtsausdruck. Der fordernde Ernst der Kunst spricht sich darin ebenso aus wie die Erhöhung des Selbstwerts, den Busch durch sie erfährt. Daß sich Busch als Kunststudent gerade durch die niederländischen Kunsteindrücke ›geduckt‹ fühlte, vertraut er diesen Bildnissen nicht an. Hier scheint er vielmehr dem großen Maßstab nacheifern zu wollen. So sind die Bildnisse wohl zugleich als Forderungen an sich, als Vor-Bilder zur Nachgestaltung, als Programm zu werten.«[5]

Antwerpen und die Königliche Akademie der Malkunst bewirken Buschs Damaskus. Hier dringt etwas so ungestüm und überwältigend auf ihn ein, daß er nie mehr davon loskommt: »In Antwerpen sah ich zum erstenmal im Leben die Werke alter Meister: Rubens, Brouwer, Teniers; später Frans Hals. Ihre göttliche Leichtigkeit der Darstellung, die nicht patzt und kratzt und schabt, diese Unbefangenheit eines guten Gewissens, welches nichts zu vertuschen braucht, dabei der stoffliche Reiz eines schimmernden Juwels, haben für immer meine Liebe und Bewunderung gewonnen; und gern verzeih ich's je ihnen, daß sie mich zu sehr geduckt haben, als daß ich's recht gewagt hätte, mein Brot mit Malen zu verdienen, wie manch anderer auch.«[6]

Kreidezeichnung, Selbstporträt 1853

Sosehr er sich auch verbal unterbieten mag, er befindet sich in seiner Malerei bereits auf dem Wege zu dem, der er einmal werden soll. Da ist das Porträt der *Alten Frau*, das allein durch die farblichen Nuancen wirkt und längst kein Handwerk (Zeichnung und Kontur) mehr verrät, das um des Handwerks willen geschaffen worden ist. Für die Zeit ungewöhnliche Farbauflichtungen schaffen die Spannung in dem Bild *Mein Stubenplatz*. Suggestiv hat er hier Vorlagen der Niederländer für sich ausgewertet. Doch er kopiert nicht nur, er entwickelt und phantasiert weiter, bricht die Dynamik von Frans Hals von innen auf und gelangt schließlich zu jener als flüchtig erscheinenden Eindeutigkeit, die seine spätere Malerei kennzeichnet.

Das 1870 geschaffene *Stilleben mit totem Hasen* mag zwar irgendwie an den niederländischen Stillebenmaler Jan Baptist Weenix erinnern, doch es strahlt ein gänzlich originäres Fluidum aus. Das Konservative der Vorlagen hat sich verflüchtigt, es gibt keine »Manier« mehr, sondern leichte und feine Poesie selbst dort, wo das Thema wenig Raum für das Ätherische und Sinnliche gibt. Das Niederländische wird bei Busch amorph, es wird mit Stimmung und viel Licht gewissermaßen erweitert; es wird neu komponiert unter dem Eindruck tiefer, pantheistischer, impressionistischer Gedanken.

Die alten Meister haben Busch sensibilisiert; sie haben ihm gezeigt, daß gute Malerei auf jede Art von Konstruktivismus verzichten kann und muß.

Das Licht, das er in seinen Bildern herbeischafft, bricht und reflektiert, ist eine Zugabe zu den alten Techniken, deren er sich bedient, ohne von ihnen abhängig zu werden.

Wie Hals und Teniers ist er ein enthusiastischer Naturbursch, auch dann noch, wenn ihn Podagra und Kreislaufschwäche zum Verhalten zwingen. Er sieht wie die Alten und fühlt wie sie, vergißt aber niemals die Gegenwart und die Anwartschaft auf die Zukunft. Kaum verständlicher und aufgeklärter hat er das Grundsätzliche seines Maler-Sehens formuliert als in jenem Brief vom 28. Februar 1884 an Friedrich August von Kaulbach, in dem es heißt: »In allen sonnigen Winkeln blüht's. Die Knospen zwängen sich rücksichtslos durch die harte Rinde der Bäume und Gesträuche. Muß man sich nicht darüber ergötzen? Sind's nicht Anverwandte? Darf der Gebildete nicht mehr unbefangen über's Wetter reden? Machen nicht Wind, Nebel, Schnee, Regen und Sonnenschein so gut wie Lieb und Haß und Kunstgenüsse und Kunstverdrüsse die Witterung unter der Haut eines gefühlvollen Menschenkindes?«[7]

Der Vorbehalt, daß die alten Niederländer ihn »geduckt« hätten, ist gewissermaßen eine Sicherung, die verhindert, daß er zum Kopierer, zum Kitschier, zum bloßen Nachahmer wird. Er weiß auch, daß er sich der Gegenwart der alten Meister nicht allzu lange ausliefern darf, um nicht gänzlich von ihnen vereinnahmt zu werden. So beschließt er nach einem knappen dreiviertel Jahr, nach Wiedensahl zu den Eltern zurückzukehren, um sich von den großen Eindrücken zu erholen. Er schreibt: »Ich denke jetzt zu dem Punkte gekommen zu sein, wo ich meine Vorstudien so ziemlich beendigt nennen kann. In Kurzem hoffe ich deshalb wieder bei Euch zu sein, um dann verschiedene Studien nach der Natur zu malen und darauf ein Bild anzufangen.«[8]

Selbstporträt 1854

Doch er reist nach diesem Brief noch nicht gleich ab, sondern verweilt drei weitere Monate, bis er an einem schweren Typhus erkrankt und geldlos (von den holländischen Wirtsleuten dennoch gut verpflegt) »mit einer roten Jacke und drei Orangen« die Rückkehr nach Wiedensahl antreten kann, wo der Vater schon ungeduldig auf den Sohn wartet, der ihm erst mal zeigen soll, ob es sich wirklich verlohnt, der Kunst zu dienen.

Via München

Busch erholt sich zu Hause langsam vom Typhus. Ertragen muß er es, daß ihn der Vater ständig mißtrauisch beäugt und darauf wartet, daß nun endlich etwas passiert, was ihm den Beweis liefert, es könne aus dem Jungen noch was werden. Der streift durch die Gegend und malt und zeichnet, was ihm vors Auge kommt. Doch was Busch auch unternimmt, es will zunächst zu nichts Handfestem gerinnen. Der Vater wird ungnädig. Busch fährt zum Onkel Kleine nach Lüthorst. Dort wie zuvor in Wiedensahl sucht er alte Leute auf, die einigermaßen gut erzählen können. Sie sollen ihm Märchen, Schnurren, Legenden und Sagen aus der Gegend wiedergeben, die er aufschreibt, denn er will eine Märchensammlung wie die der Gebrüder Grimm herausgeben, *Ut ôler Welt* betitelt (Aus alter Welt). Bis 1857 arbeitet er an diesem Buch, das er zuletzt völlig

durchillustrieren möchte. Doch aus der Sache wird nichts; er findet weder einen Sponsor, der zu den Druckkosten beiträgt, noch einen Verlag.

Die Alten in Wiedensahl und Lüthorst kommen dem jungen Mann entgegen, erzählen ihm haufenweis, was sich vormals begeben haben soll. Busch: »Von Märchen wußte das meiste ein alter, stiller, für gewöhnlich wortkarger Mann. Für Spukgeschichten dagegen, von bösen Toten, die wiederkommen zum Verdrusse der Lebendigen, war der Schäfer Autorität. Wenn er abends erzählte, lag er quer über dem Bett, und wenn's ihm trocken und öd wurde im Mund, sprang er auf und ging vor den Tischkasten und biß ein neues Endchen Kautabak ab zur Erfrischung. Sein Frauchen saß daneben und spann.«[1]

Das meiste, was Busch erfuhr, war natürlich plattdeutsch erzählt, das er gut verstand und auch schreiben konnte. Doch selber hat er von dem ländlichen Sprachidiom seiner Heimat kaum Gebrauch gemacht. Es schränkte ihn ein. Platt – das mochte zwar weltoffen sein, war aber nicht weltgewandt genug, um sich darin zu artikulieren. Zudem hatte Busch in jungen Jahren kaum Ambition zu schriftstellern. Sobald es ihm möglich war, wollte er die Malstudien wiederaufnehmen.

Von Lüthorst aus unternahm er Ausflüge ins benachbarte Dassel, wo es ein Liebhabertheater gab, an dem er sich lebhaft beteiligte. Er spielte mit und zeichnete Programme für den Aushang, kam auf den Geschmack und verfaßte den Einakter *Das Liebhabertheater oder Einer hat gebimmelt und alle haben gebummelt*. Fritz Kleemann meint, daß dieser erste Bühnenkontakt »als wesentlicher Bestand des Erinnerungsreservoirs« noch lange nachgewirkt und die frühen Bilderfolgen mitunter auch thematisch beeinflußt habe. »… diese scheinbar so nutzlosen Beschäftigungen trugen ihre Früchte, als Busch daranging, zeichnend die bewährten Elemente der Posse und des Bühnenschwanks für sich und sein Papiertheater zu nutzen.«[2]

Von Lüthorst aus besuchte Busch auch das Kloster Loccum, um seinem jungen Freund Friedrich Warnecke, später ein bekannter Heraldiker, zu helfen, Wappen von historischen Grabsteinen abzunehmen. Achtundzwanzig winzige Wappenskizzen Buschs sind beispielsweise vom 1. November 1855 erhalten geblieben.

Zwischendurch bekümmern Busch lebhaft Onkel Kleines Bienen. Busch: »Bei Gelegenheit dieser naturwissenschaftlichen Liebhaberei wurde unter andern auch der Darwin gelesen, der unvergessen blieb, als ich mich nach Jahren mit Leidenschaft und Ausdauer in den Schopenhauer vertiefte. Die Begeisterung für dieselben hat etwas nachgelassen. Ihr Schlüssel scheint mir wohl zu mancherlei Türen zu passen, in dem verwunschenen Schloß dieser Welt, nur nicht zur Ausgangstür.«[3]

In Lüthorst erreichen ihn Briefe des früheren Kommilitonen August Klemme, der inzwischen in München an der Königlichen Akademie der Künste studiert und Busch nahelegt, ebenfalls nach dort überzusiedeln.

Busch will sofort die Koffer packen. Doch als er den Eltern die »frohe Botschaft« übermittelt, stößt er beim Vater auf Granit. Der bangt um das schöne Geld, das dieser garantiert wieder zu nichts führende Ausflug kosten wird.

Die Mutter scheint anderer Ansicht gewesen zu sein; sie kratzte alles zusammen, was sie sich mühselig nebenbei erspart hatte, und steckte es ihrem Filius zu.

Entscheidend aber wurde das Machtwort des Onkels Kleine, der ganz entschieden für die Fortsetzung der Studien seines Neffen plädiert. Der Vater kuscht und rückt eine »anständige Rolle« heraus. So kann Wilhelm losreisen – von Lüthorst aus.

Zurück blieben allerhand Bilder, die wohl durch Zufall der Vernichtung durch ihren Urheber entgingen. Busch war nur selten von seinen Leistungen überzeugt, und so veranstaltete er von Zeit zu Zeit Autodafés, um seine Gemälde zu verbrennen. Kleine hatte ihm im Pfarrhaus eine Malstube eingerichtet, und die vergaß er vor seiner Abreise nach München gründlich auszuräumen.

Nicht daß Busch nun in der bayerischen Metropole festen Fuß zu fassen gedachte; vielmehr pendelte er dauernd zwischen München und Niedersachsen hin und her. Er machte einen ziemlich ruhelosen Eindruck, aber sein Schatz an Erfahrungen wuchs mit der Zeit, und daß er alsbald, arbeitsam und beharrlich, seinem Ziel zusteuerte, »es der Welt zu beweisen«, hing mit dem Tod seiner sehr geliebten Schwester Anna, dem jüngsten seiner Geschwister, zusammen. Als die Fünfzehnjährige an Leukämie gestorben war, beschloß er, »anders zu werden«. Das traurige Ereignis wirkte wie ein

Signal. Plötzlich ist Busch von zielstrebiger Aktivität erfüllt. Der Psychologe und Buschforscher Christian Dettweiler: »Er entfaltet – wohl als Verdrängung zu deuten – zunächst einen erhöhten Arbeitseifer, aber dann wird seine innere Protesthaltung gegen die Umwelt immer deutlicher. Aus ihr heraus schöpfte er ja den Inhalt seiner berühmten Bildergeschichten. Erst hier war ihm der eigentliche Durchbruch zu seiner Identität geglückt, die ja stets im starken Gegensatz zur kleinbürgerlichen Moral und zur Heuchelei der Zeit stand.«[4]

Jung-München

Die Münchner Kunstakademie wurde von einem Maler geleitet, der ähnlich wie Schadow in Düsseldorf aus der Schule von Cornelius kam und meist in antikisierendem Stil Historiengemälde ablieferte, die als ewige Schinken in den Räucherkammern deutscher Pinakotheken von der Leinwandverschwendung ihrer Schöpfer kündeten. Mit Hunnenschlachten und Kreuzfahrern, Klopstocks *Hermann*, kolossalen Engel-Ensembles, Faust-Fantasien sowie voluminösen Grazien und Musen wurde Busch konfrontiert. Aber auch mit einer neuen Form satirischer Illustrationen, denn Kaulbach hatte Goethes *Reineke Fuchs* bebildert und unter der dem Franzosen Grandville nachgeahmten Maske von Tieren die sozialen, politischen und kirchlichen Mißstände der Zeit angeprangert, womit er sich den dauernden Haß der Ultramontanen zuzog.

Die »Schinken« interessierten Busch herzlich wenig, aber von der »ironischen Ader« Kaulbachs mochte er profitieren. Dennoch war er von dem gesamten Münchner Kunstbetrieb reichlich enttäuscht; weder der akademische Lehrkörper noch das Ambiente sagten ihm zu, so daß er bald resümierte, »bei der grad herrschenden akademischen Strömung« habe »das kleine nicht eben geschickt gesteuerte Antwerpener Schifflein gar bald auf dem Trockenen« gesessen[1]. Unter Kaulbach müsse man das Malen verlernen. Der biete nur Schablone, Routine und Drittrangiges.

Daß Busch in München nicht so wie in Düsseldorf scheiterte, lag an den Vertretern einer Vereinigung junger Künstler, der er bald nach seiner Ankunft beitrat. Die junge Garde ermunterte ihn, nicht aufzugeben und keineswegs zu resignieren. Busch: »Das entscheidende Wort, welches durch unsere Seele klingt, ist Resignation, ein rauhes Wort oder ein sanftes, je nachdem wir die Saiten gespannt haben.«[2]

Jung-München tagt beim Kappler in der Promenadenstraße. Busch widmet sich der Kneipzeitung und dem Karikaturenbuch der Vereinigung und findet großen Beifall. Er sieht mehr als die anderen und entdeckt rasch die menschlichen Schwächen der Künstlerfreunde, die er aufs Korn nimmt. Bisweilen karikierte er sich auch selber: »... zuweilen, doch nicht so herzlich, lacht man ja über

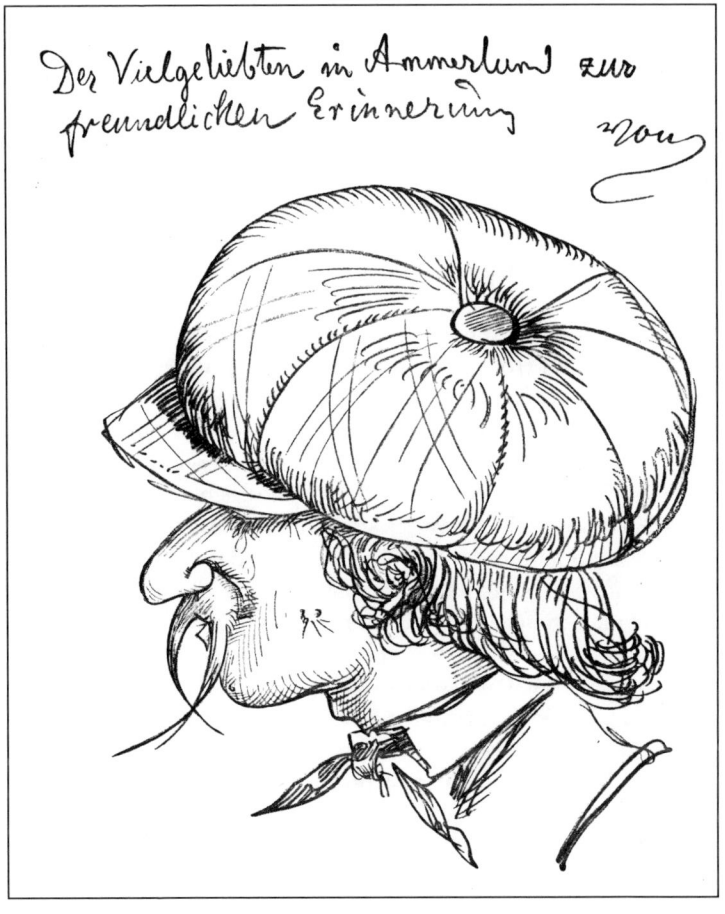

Der Vielgeliebten in Ammerland zur freundlichen Erinnerung von

sich selber, sofern man sich mal bei einer mäßigen Dummheit erwischt, indem man sich nun noch gescheiter vorkommt als man
selbst.«[3]

Natürlich trugen die Witzeleien und Tiraden nichts zu seinem
Broterwerb bei, jedenfalls zunächst nichts. Und während die Kommilitonen fleißig der Erledigung ihrer Aufgaben nachgingen,
wußte Busch nichts Rechtes mit sich anzufangen. Wir würden

heute sagen: Er gammelte herum und stahl dem lieben Gott den Tag. Doch es gab jemanden, der ihn beobachtete und sehr genau auf die Zeichnungen blickte, die er als Marginalien in die Kneiphefte warf. Das war der Verleger der *Fliegenden Blätter*, Caspar Braun. Im Herbst 1858 machte Braun dem jungen Talent den Vorschlag, bei ihm mitzuarbeiten. Klar, daß Busch freudig zugriff. Endlich eine Arbeit, die sich verlohnen würde; endlich einmal weg von dem »Image«, nichts als ein verlorener Sohn zu sein. Immerhin war er sechsundzwanzig Jahre alt und lag dem Vater auf der Tasche.

Busch hatte nun die Aufgabe, wie er in *Was mich betrifft* beschreibt, »... auf Holz zu erzählen. Der alte praktische Strich stand mir wie andern zur Verfügung; die Lust am Wechselspiel der Wünsche, am Wachsen und Werden war auch bei mir vorhanden. So nahmen denn bald die kontinuierlichen Bildergeschichten ihren Anfang, welche, mit der Zeit sich unwillkürlich erweiternd, mehr Beifall fanden, als der Verfasser erwarten durfte.«[4]

In dreizehn Jahren, bis 1871, hat Busch zu den *Fliegenden Blättern* und den in loser Folge publizierten *Münchener Bilderbogen* rund 150 kleinere und größere Beiträge mit mehr als 1500 Holzschnitten beigesteuert.

Zunächst einmal illustrierte Busch in den *Fliegenden Blättern* fremde Texte. Doch allmählich erwies es sich, daß er sich auch selber recht gut in Prosa und Versen zu artikulieren verstand, und Verleger Braun ließ ihn gewähren. Freilich zeigten die ersten schriftlichen Ergüsse noch längst nichts von der Virtuosität, von der Pointierung und der Treffsicherheit, deren der spätere Busch fähig war, aber immerhin: Man wurde aufmerksam und genoß die ebenso naiven wie pfiffigen Zeilen des »Zuagroasten« aus dem Hannoverland.

Was Busch beim Onkel Kleine in den »metrischen Stunden« erlernt hatte, sollte dem jungen Satiriker nun zustatten kommen, der genau wußte, daß er noch längst nicht Niveau erreicht hatte, weswegen er seine Arbeiten Freunden gegenüber auch lediglich als »Produkte des drängenden Ernährungstriebes«[5] bezeichnete.

Braun war ein Filou. Gern verwendete er Buschs Zeichnungen aus den *Fliegenden Blättern* noch einmal für die *Bilderbogen*, ohne ein Zweithonorar zu zahlen. Erst Ende 1859 wurde Busch geschäftstüchtiger und unterband solche Praktiken. Von dem knausernden Braun hat er manches gelernt, was ihm später zugute kommen sollte, als sich Busch zum gewieften Geschäftsmann gemausert hatte, der seinen Editoren 45 Prozent und mehr von den Bruttoeinkünften abknöpfte.

Die ersten neuen Arbeiten, die anno 1859 von Busch erschienen, hatten die Titel *Die kleinen Honigdiebe* und *Der kleine Maler mit der großen Mappe*. Das war harmlos-heitere Unterhaltung, Struwwelpeter-Mentalität. Niemand lief Gefahr, von der Zensur belästigt zu werden. Es wehte ein lauer Nachwind der Restauration, Politik interessierte nur ganz am Rande.

Das blieb eine ganze Weile so. Selbst gegen 1870 wollte sich ein Hurrapatriotismus kaum entzünden, als Busch den *Partikularisten* entstehen ließ, der sich frohlockend die Pfeife stopft und bemerkt: »Jetzt kommen die Franzosen – die Preußen kriegen Schläge.« Als dann eine Siegesnachricht nach der anderen eingeht, wird sein Gesicht lang und länger und am Ende zu einem Eselskopf. Das ist so ziemlich alles, was Busch an politischem »Zündstoff« zu bieten hat.

Auch wenn er sich innenpolitisch äußert, ist er sehr vorsichtig und wagt bestenfalls einmal das Kraftmeiertum der reichsdeutschen Turnerei zu verspotten. Aber auch das ist mehr Ulk als Satire, jedenfalls ohne Angriff und Häme:

Mit kühnem Mut aus seinem Bett
Schwingt sich der Turner Hoppenstedt ...
(Die Folgen der Kraft)

Auch der Feind wird eher sanft behandelt. Im *Napolium-Spiel* verharmlost Busch den Deutsch-Französischen Krieg zu einer Kinderfarce, bei der Klein-Louis laut schreiend im Matsch landet und schreit: »Napolium spiel ich niemals mehr!« Etwas mehr legt Busch zu, wenn er sich in der Folge *Monsieur Jacques à Paris während der Belagerung im Jahre 1870* über die hungernden Pariser lustig macht, Monsieur Jacques eine Maus und einen Kanarienvogel als häusliches Wildbret erlegen läßt und »pour les Prussiens« Hundekarbonaden mit Schießpulver füllt. Es trifft sich, daß statt der Hunde zwei hungrige Citoyens die geladenen Koteletts finden und in die Luft gesprengt werden.

Aus dem Bilderbogen »Der Partikularist«

Aber weiter wagt Busch nicht auszuholen, und das ist ganz im Sinne seines Editors, der ja die Blätter an den (unpolitischen) Mann bringen will. Bei Braun lernt Busch die für den Holzschnitt erforderliche Vereinfachung der Zeichenweise, die Darstellung des Nur-Wesentlichen, Leichtigkeit und Sicherheit in Konzeption und Ausführung. Theodor Heuss spricht von einer ungewöhnlichen Steigerung des Bewegungsausdrucks und erkennt darin das »Große« an Busch, daß »er das Momentane zeichnet und dadurch das ganze Leben in ein Gemisch von Humor und Pessimismus setzt«.[6]

Neben Braun, der zum Freundeskreis »Jung-München« zählt, werden auch noch eine Reihe anderer junger Männer, meist Künstler, bedeutsam: etwa der sieben Jahre jüngere Otto Bassermann, sein späterer Verleger. Bassermann hat über die »innige Freundschaft« mit Busch Ende Oktober 1907 in seinen *Mittheilungen* Auskunft gegeben: »Im Februar 1857 kam ich von Genf nach München ... Bald nach meiner Ankunft trat ich in Verkehr mit den jungen Künstlern des Vereins ›Jung-München‹ u. lernte da W. B. kennen ... Zu meinen schönsten Erinnerungen zähle ich einen gemeinschaftlichen, mir wegen langwierigen Augenleidens 1859 verordneten Aufenthalt in Bayerns Bergen: Brannenburg, Ramsau, Königssee usw. Busch, damals ziemlich mittellos, hatte eingewilligt, mich, dem Lesen u. Schreiben verboten war, als Vorleser und Sekretair zu begleiten. Er hat nicht nur dieses Amt getreulich verwaltet, sondern übte auch auf meinen durch das Leiden hervorgerufenen hypochondrisch-melancholischen Zustand ... einen ungemein günstigen, gleichermaßen mildernden wie anregenden Einfluß aus. Er hat sich mir während dieser gemeinschaftlichen Wanderungen als wahrer Freund, ja brüderlich sorgend u. schonend erwiesen, so daß ich neben der geistigen Anregung die Kenntniß seiner vorzüglichen Herzens-Eigenschaften empfing. Diese Erkenntnis ließ mich in späteren Jahren so manche Schroffheit geduldig hinnehmen u. half mir über manche Differenzen hinweg, die im geschäftlichen u. geselligen Verkehr nicht ausblieben.«[7]

In München sei der Verkehr sehr rege gewesen, schreibt Bassermann. »Wir trafen uns nicht nur allabendlich im Verein ›Jung-München‹, sondern B. kam häufig ins Geschäft, holte mich Sonntags zu Spaziergängen, – wir waren eigentlich unzertrennlich, u. der dritte im Bunde war oft Ernst Hanfstaengl, mit dem aber B. in ganz anderer Weise verkehrte, als mit mir...«[8]

Bassermann hat uns eine stattliche Reihe von Charaktereigenschaften Buschs genannt und sich nicht geniert, auch die weniger positiven zu erwähnen:

»Bei allen feuchten Sitzungen zu Zweien oder im kleinsten Kreise war B. beredt, geistreich u. heiter, aber nie ausgelassen lustig, oder gar der Spaßmacher, den gedankenlose Leser seiner humorist. Schriften hinter ihm suchten, mehrere Male aber melancholisch oder streitsüchtig... In München war er später einmal zu einer großen, der Anwesenheit Richard Wagner's zu Ehren gegebenen Gesellschaft geladen, nach der er mir sagte, es habe ihm nicht gefallen. ›Weißt Du‹, sagte er, ›wenn die ganze Gesellschaft unter einer Glasglocke herumgewirthschaftet hätte u. ich hätte sie still beobachten können, wäre mir's ganz recht gewesen, aber selbst mitthun, nein, das geht mir gegen den Strich.‹ ... B. hat viel getrunken, aber auch viel vertragen. Im Rausch, den ich nur selten miterlebt, konnte er sehr unangenehm, streitsüchtig, sogar brutal werden. So kam er in München berauscht zu einer hypnotischen Veranstaltung, die

Hansen vor auserlesenem Publikum im Kunstgewerbehaus gab. Der sonst so feine Mann Busch benahm sich zum Schrecken der Damen u. Herren herausfordernd, geradezu knotig... Andern Tags reiste er ab u. kam nie mehr nach München, ob propter hoc oder nur post hoc, wer weiß es...«[9]

Über Buschs Musikverständnis berichtet Bassermann: »B. sagte von sich, daß er in früher Jugend gern u. viel Klavier gespielt habe. Ich sah ihn nie am Klavier, aber er war musikalisch u. liebte die Musik. Ich mußte ihm oft Lieder von Schubert u. Schumann vorsingen, auch besuchten wir zusammen in M. Opern, meist auf dem Juchhe. Bei Fidelio und namentlich Zauberflöte war er ganz Ohr u. wollte mit keinem Wort gestört werden, nach einer Wagneroper aber meinte er, das sollte einmal umgekehrt aufgeführt werden, damit man die interessante Herrichtung u. Maschinerie von hinten sehen könnte.«[10]

Und zu Buschs Frauenbeziehungen meint Bassermann: »In jungen Jahren, da man leicht für eine Schöne schwärmt oder zarte Bande mit einer irgend annehmbaren Kellnerin oder Nähmamsell anknüpft u. gern vom Weibe spricht, ist nie etwas über ihn, noch weniger *von* ihm in dieser Richtung laut geworden. Ich weiß nicht, ob die Mädchen, denen er so rührende Gedichte gewidmet hat, in

Der Komponist
Georg Kremplsetzer

Wirklichkeit oder nur in seiner Phantasie existirt haben. Die Innigkeit der Gedichte läßt wohl auf Ersteres schließen.«[11]

Zu den Aktiven von »Jung-München« zählt der aus Vilsbiburg stammende Komponist Georg Kremplsetzer (1827–1871), mit dem Busch eine Zeitlang an der Isar kräftig zusammenarbeitete. Mozarts Sohn Carl hatte die Hand im Spiel, daß der betuchte Sohn eines Tuchfabrikanten in die Arme der Musen geriet und »Compositeur« wurde. Immerhin war Kremplsetzer Schüler des berühmten Hofkapellmeisters Franz Lachner. Und wer das auf seine Visitenkarte schreiben konnte, hatte gewiß den Anfang seines Weges gemacht.

Der Münchner Schriftsteller und Musikologe Ludwig Kusche schreibt über die Freundschaft und die Zusammenarbeit zwischen »Schorschl« und Busch: »Eine der ersten Gemeinschaftsarbeiten der beiden ist der dramatische Scherz *Schuster und Schneider in der Herberge*. Er wurde zu einer beliebten Posse mit Musik bei allen Künstlervereinen. Selbst der ›Deutsche Sängerbund‹ brachte ihn in Paris zur Aufführung. Ihm folgte die komische Oper *Liebestreue und Grausamkeit*, bei der Busch und Kremplsetzer sich abermals treulich vereint hatten. Eine Aufführung im großen Saale des ›Augsburger Hofes‹ hatte durchschlagenden Erfolg. Der von Busch gezeichnete Theaterzettel nannte als Komponisten Herrn ›Mozhoven‹, eine spaßhafte Kombination aus Mozart und Beethoven. Aber der stets für eine richtige Viecherei veranlagte Kremplsetzer wird dergleichen nicht übelgenommen, sondern wahrscheinlich gesagt haben: Immer noch besser ein Mozhoven als ein Kremplsetzer! – Für den Fasching 1862 fabrizierten die nunmehr Unzertrennlichen das Singspiel *Hänsel und Gretel*, wobei die Kritik Herrn Kremplsetzer bescheinigte, daß seine Musik an die glücklichsten Schöpfungen eines Haydn erinnere. Der ebenso beliebte wie beleibte Tonsetzer schwamm in einem Kunstmeer von Glückseligkeit. Es war nur zu verständlich, daß man sich daraufhin bemühte, nicht nur immer die Vereinsbühnen, sondern auch einmal die Bretter des Kgl. Bayer. Hoftheaters zu erobern, die nun wirklich die Welt bedeuteten, zumal für den gewesenen Tuchmacher Kremplsetzer. So entstand die gemeinsame Operette in einem Akt *Der Vetter auf Besuch*, bei der der Librettist eine tatsächliche Geschichte aus seiner Heimat Wiedensahl in Handlung, Form und Verse gebracht hatte. Die Münchner Hoftheaterintendanz nahm das Stück an und brachte es am 24. Oktober 1863 im alten Residenztheater zur erfolgreichen Uraufführung. Kremplsetzer wurde zweimal vor den Vorhang gerufen, und die Kritik bestätigte ihm, ›daß er sich auf der rechten Bahn befinde, auf der ihm die schönsten Erfolge nicht fehlen werden. Es gab natürlich auch andere Stimmen der Kritik, die es etwas übel vermerkten, daß man im Residenztheater ein Stück aufführte, in dem ein Nachttopf – bayerisch: Potschamberl – eine tragende Rolle zu spielen hatte. Aber das betraf einzig und allein Wilhelm Busch mit seiner schon frühzeitigen Neigung zur grotesken Komik. So wurde wegen dieses Potschamberls *Der Vetter auf Besuch* kein Serienerfolg, was aber nicht hinderte, daß dieses lustige Stück sechs Jahre später zu dem Repertoirestück eines Berliner Theaters wurde. Immerhin hatten es Kremplsetzers eingängige und sangbare Melodien mit der Zeit schon so weit gebracht, daß sie die Bäcker- und Schusterjungen auf den Straßen Münchens pfiffen, als wären es alte bayerische Volkslieder.«[12]

Die gute Zusammenarbeit zwischen Tonsetzer und Dichter endete erst, als Busch München verließ. Nur soviel noch zu Kremplsetzer: Er fand in Karl Heigel, dem Hausdichter Ludwigs II., bald einen neuen Librettisten, schrieb die Oper *Die Franzosen in Gotha* und geriet unter die Mahlsteine Richard Wagners, dem er nicht im geringsten Paroli zu bieten vermochte. Er verließ München, raffte sich noch zu weiteren Singspielen und Opern auf, dirigierte in Görlitz, Magdeburg und Königsberg und kam 1870, gesundheitlich und künstlerisch gebrochen, nach München zurück, wo er eine Festouvertüre für die Heimkehr der bayerischen Truppen aus dem Frankreichkrieg komponierte und am 9. Juni 1871 als ein von der Kunst Enttäuschter, Verarmter und Vergessener starb.

Man hat den Eindruck, als habe Busch seine Libretti nicht sonderlich ernst genommen, sie mehr beiläufig geschrieben und nie gedacht, damit Furore zu machen. Schon 1860 hatte er für die Pausen des Januar-Balles von »Jung-München« mancherlei »Jux« verfaßt, im Februar folgte *Liebestreu und Grausamkeit*, und dann machte er sich, im Sommer 1861, an *Hänsel und Gretel* heran: für den Fasching 1862, der unter dem Motto »Die deutsche Märchenwelt« stand.

Busch an Bassermann, der zu kommen versprach: »Also Du kommst! ... Hätte ich das früher gewußt, so wäre mir wohl mancher Verdruß erspart geblieben ... Du warst das Ideal des Prinzen zu unserem Märchen. Jetzt haben wir zu einem notgedrungenen Aushilfsmittel greifen müssen; Hanfstaengl spielt den Prinzen und Weißbrod singt ihn, um kräftige Stimme und gutes Aussehen womöglich zu vereinigen. Unser Fest, das im Odeon stattfindet, wird jedenfalls äußerst brillant werden. Die schönsten Mädchen der Stadt haben die Hauptrollen beim Festzuge übernommen ... Wenn ich nur Geld hätte! Aber seit zwei Monaten habe ich dieses ganzen Schwindels wegen nichts gearbeitet. Zeit, Geld und ruhiger Schlaf sind zum Teufel. Wenn Du kommst, so könntest Du vielleicht beim Stachus logieren, wo ich Kredit habe.«[13]

Was hatte Busch von all der Arbeit? Er blieb im Hintergrund, fast anonym, während die anderen absahnten. Immerhin brachte ihn das »Märchen in zwei Aufzügen« insofern weiter, als die dramaturgische Arbeit auf seine Bilderfolgen abfärbte. Das »Spiel mit der Naivität«, den Kasperlkomödien Franz von Poccis nahestehend, sollte – wie die Bildergeschichten – der Unterhaltung des Bildungsbürgertums dienen. Die Parodie kommt kräftig zum Zuge, denn die Hexe trägt gegen ihr Podagra eine wollene Unterjacke, der Menschenfresser braucht eine Wärmflasche. Neben der Verfremdung so etwas wie echte Kindlichkeit, wenn es beispielsweise um das *Gebet* geht, das auf seltsame Weise die Szene von Adelheid Wette in Humperdincks Erfolgsoper *Hänsel und Gretel* vorwegnimmt:

Lieber Gott, ich bitte dich,
Wache heute Nacht für mich!
Oder wird es dir zu schwer,
Schicke deine Engel her,
Deine lieben Engelein,
Mit dem goldnen Heil'genschein.
Schicke einen oder zwei,
Oder schicke lieber drei!
Lieber Gott, ich bitte dich,
Zwei für Gretel (Hansel) und für mich,
Und das dritte Engelein
Soll für unser Püppchen sein.
Nun gute Nacht!
Liebe Engelein, haltet Wacht![14]

Die unstete Arbeit, der hohe Nikotinkonsum, die Gedanken an die völlig im Nebulosen liegende Zukunft – vieles kam zusammen, um Buschs Psyche und Physis zu schwächen. Im Oktober 1860 war er zusammengebrochen. Ein typhöser Infekt, eine Leberentzündung? Man tappt im dunkeln.

Busch zu Bassermann: »Seit dem Tage Deiner Abreise hat mich das Schleimfieber. Anfangs hab ich mich stark dagegen gesträubt, ich ging aus während ein paar schöner Tage, aber plötzlich warf es mich unwiderstehlich nieder; einige Zeit glaubte ich, es sei aus mit mir. Nachdem ich nun drei Wochen ununterbrochen das Bett gehüthet, kann ich seit 8 Tagen wieder auf sein, worin ich es jetzt fast bis auf einen ganzen Tag gebracht habe. Mein Apetit hat sich vortrefflich wieder eingefunden, so das ich von Tag zu Tag meine Kräfte wachsen fühle und wieder etwas Fleisch sammle. Es war auch gar zu erbärmlich. Freilich auch jetzt schlottert mir noch die Hose an den Gebeinen; Popo und Bauch sind wie weggeblasen; nun! ich gräme mich nicht darum; nur kostet es doch etwas viel Geld, besonders, wenn ich das mitrechne, was in der Zeit hätte verdient werden können.«[15]

Es ist auffallend oft in den Briefen an Bassermann die Rede von Geldnöten, von Krediten und Geldschwierigkeiten. Manchmal pumpt Busch den jüngeren Freund an, und der ist – zunächst – recht freigebig.

Die Krankheit und der Verdruß, in München nicht recht weiterzukommen, verschlagen Busch immer wieder nach Wiedensahl. Er arbeitet inzwischen an einer Folge für den Verlag von Heinrich Richter, Sohn des berühmten Zeichners Ludwig Richter. In dessen Presse waren bisher niedliche, idyllische Kinderbücher erschienen.

Nun schien sich der Editor auf »Bilderpossen« zu verlegen. Er hatte dazu den unbekannten Verseschmied und Zeichner Wilhelm Busch gedungen, der ihm den *Eispeter* ablieferte, die Geschichte von dem Knaben Peter, der allen Warnungen zum Trotz Schlittschuh laufen geht, einbricht und zu Eis erstarrt. Man bringt ihn nach Hause, wo er unter den Augen der Eltern am Ofen zerschmilzt und von ihnen in einen Topf gefüllt wird. Das letzte Bild der ziemlich skurrilen Posse zeigt zwischen Käse und Gurken den eingemachten toten Peter.

Wilhelm Busch: Aus einem Wiedensahler Skizzenbuch,
zweite Hälfte der fünfziger Jahre

Die grausige Komik gefiel den Lesern damals ganz und gar nicht; das Buch wurde ein Mißerfolg. Ob Caspar Braun aus den bizarren und sadistischen Einfällen der Possen (*Katze und Maus, Krischan mit der Piepe, Hänsel und Gretel*) mehr herauszuholen vermocht hätte, bleibe dahingestellt. Von ihm hatte sich Busch zunächst einmal lossagen wollen, als er mit Richter einen (ziemlich dürftigen) Kontrakt machte.

Das Ganze erfüllte Busch mit Pessimismus. Hypochondrisch schreibt er an seine Freunde, es gehe mit ihm bergab, er habe gar kein »Lebenselixier« mehr.

Das versucht er in Wiedensahl und der weiteren Umgebung seiner Heimat zu finden, denn »Jung-München« hat längst den Zusammenhalt verloren, durch allerhand Rivalitäten und interne Querelen den Kommunikationsgeist aufgegeben. Im Januar 1863 erlischt der Verein. Der Stammtisch beim »Kappler« wird aufgegeben, die Nachhut trifft sich jetzt im »Franziskaner«. Aber Busch hat keinen »Dreh« für den Umzug und versagt sich die »Kollisionen beim Suff«.

Gelegentlich zieht es ihn nach Wolfenbüttel, wo er 1862 zum erstenmal eingekehrt war, als sein Bruder Gustav sich mit der Tochter des Fuhrhalters und Gastwirts Knust, Alwine, verlobt hatte. Mit Bruder Gustav, vier Jahre jünger als er, kam er zeitlebens gut aus. Jener hatte, nachdem ihm bei der christlichen Seefahrt Hände und Füße erfroren waren, auf Landwirtschaft umgesattelt und war nun Domänenverwalter in Hunnesrück bei Lüthorst.

Busch am 11. August 1864 an Bassermann: »In Wolfenbüttel blieb ich über 14 Tage bei durchweg sonnigem Wetter. Herrlich! Erdbeerbowlen, Waldparthien und ländliche Spiele. Wie man nur so kindisch sein kann! Aber schön war's! – Besonders die Partie nach der Köhlerhütte, tief im dunkelgrünen Wald, mit Wein in Menge und recht lustigen Frauenzimmern; beim Heimwege am späten Abend, Mädchen am Arm, flimmerte alles von tausend und tausend Funken, theils aus dem Kopf heraus, theils drum herum von Johanniswürmchen, wie ich so viel noch nie bei einand gesehn. Ein hübsches Kind, das ich da wieder fand, bot mir auf's neue manch heimlich-gute Stunde. Ein närrisches Herz, was der Mensch im Leibe hat!«[16]

Das »hübsche Kind« hieß Anna Richter, stammte aus Schöningen und lernte im »Alten Forsthaus« bei Gustavs Schwiegereltern

Wilhelm Busch: Der vorletzte Hosenknopf, Lüthorst 1854

das Kochen. Der Ton in dem Brief an Bassermann klingt reichlich aufgesetzt, und man weiß nicht so ganz, was korrekt an der Sache ist.

Busch hat sich nie auf Fragen darüber geäußert, ob er bei Annas Vater wirklich um ihre Hand angehalten hat. An Maria Anderson schreibt er später lediglich: »Erst mußte ich von 400 Gulden im Jahre leben und studieren, und das habe ich auch, ohne Schulden zu machen, fertig gebracht. Aber heiraten konnte ich damals nicht ...«[17]

Auf jeden Fall hat die Sache mit Anna auch poetischen Niederschlag gefunden:

Sie war ein Blümlein hübsch und fein,
hell aufgeblüht im Sonnenschein.
Er war ein junger Schmetterling,
der selig an der Blume hing.
Oft kam ein Bienlein mit Gebrumm
und nascht und säuselt da herum.
Oft kroch ein Käfer kribbelkrab
am hübschen Blümlein auf und ab.
Ach Gott, wie das dem Schmetterling
so schmerzlich durch die Seele ging.
Doch was am meisten ihn entsetzt,
das Allerschlimmste kam zuletzt.
Ein alter Esel fraß die ganze
von ihm so heißgeliebte Pflanze.[18]

Der alte Esel hieß Johann Heinrich Christian Lüddecke und war elf Jahre älter als Anna.

Busch hat in den folgenden Jahren des öfteren Wolfenbüttel besucht, aber nicht immer gerade liebenswürdig auf die Stadt herabgesehen: »Wolfenbüttel ficht mich wenig an. Ich wohne auf dem Forsthause, vor dem Thor der Stadt gelegen. Dieses Forsthaus, im grauen Alterthum ein wirkliches Forsthaus, ward später Wirthshaus und Posthalterei. Eine Tochter des letzten Posthalters hat einer meiner vier Brüder geheirathet. Er verkaufte die Wirthschaft, behielt den größten Theil des Grundstücks zurück und hat darauf eine Conservenfabrik angelegt. In seinem Keller liegt guter Rheinwein und guter Champagner; rings um's Haus liegen Obstgärten. Den Wein genieß' ich nach Belieben; auf die Blüthen muß ich, scheint's, noch warten; denn kalt ist die Luft und bitterkalt der Wind. Ich trinke kein Bier, ich spiele keine Karten, ich liebe keine philisterhafte Geselligkeit. Drum – was schert mich Wolfenbüttel die Stadt!?«[19]

Als er das Techtelmechtel mit Anna Richter im Sinn hatte, konzipierte er im stillen schon ein neues Werk. Es wurde umfangreicher als alle bisherigen. Als es fertig war, bot Busch es dem Verleger Heinrich Richter an, der jedoch den »Flop« mit den bisherigen »Bilderpossen« nicht verwinden konnte und abwinkte. Nein, dergleichen komme für ihn, Richter, nicht in Frage. Das sehe man doch

Wilhelm Busch (stehend) und, von links, Grete Fehlow,
Gustav Busch, Alwine Busch

auf einen Blick, daß damit kein Blumentopf zu verdienen sei. *Max und Moritz ...!*

Busch steckte das Konvolut wieder ein. Was blieb ihm anderes übrig, als sich reumütig an Caspar Braun zu wenden, dem er am 5. Februar 1865 schrieb: »Mein lieber Herr Braun! – Wie sehr würde es mich freuen, einmal wieder etwas von Ihnen zu hören! Ich schicke Ihnen nun hier die Geschichte von Max und Moritz, die ich zu Nutz und eigenem Plaisier auch gar schön in Farben gesetzt habe, mit der Bitte, das Ding recht freundlich in die Hand zu nehmen und hin und wieder ein wenig zu lächeln. Ich habe mir gedacht, es ließe sich als eine Art kleiner Kinder-Epopöe vielleicht für einige Nummern der fliegenden Blätter und mit entsprechender Textveränderung auch für die Bilderbögen verwenden. Zu einer weiten Reise konnte ich mich in dieser kalten Jahreszeit nicht entschließen und bin auch dazu nicht eingerichtet; sonst hätte ich wohl schon zu Weihnachten mein Bündel geschnürt, um Ihnen persönlich zu sagen, wie sehr ich wünsche, nun bald wieder recht fleißig für Sie zu arbeiten. – Abgesondert von allem Verkehr und eingeschneit bis über die Ohren, beschleicht einen das Gefühl der gänzlichen Einsamkeit, und der Wunsch wird rege, diejenigen Bekanntschaften sich zu erhalten, welche durch die Jahre erprobt sind; das sind doch halt die besten! Mit freundlichem Gruß Ihr W. Busch.«[20]

Braun erkannte sofort, welchen Schatz ihm sein bisheriger Mitarbeiter in die Hand gelegt hatte. Er griff zu, balbierte Busch aber gehörig über den Löffel. Das sei ja nun eine ziemlich lange Geschichte, nicht geeignet, um in den *Fliegenden Blättern* zerstückelt zu werden. Daraus müsse vielmehr ein Buch werden – und dafür erhalte er, Busch, eine einmalige Abfindung von 1000 Gulden. Das sei doch eine erhebliche Summe, wovon auch der überglückliche und überraschte Wilhelm Busch überzeugt war. Er unterschrieb »stante pede« den Vertrag und quittierte den Empfang des gewaltigen »Cheques«, über den selbst Vater Busch »riesig« staunte.

Busch an Braun: »Geben die Götter, daß Ihr freundlich-prophetischer Blick in die Zukunft sich bewahrheiten und dieser unruhevolle Dornen- und Wanderstab endlich abgelegt und ein stilles Eckchen finden möge.«[21]

Braun rieb sich die Hände. *Max und Moritz* sanierte seinen ganzen Verlag, wurde – für Generationen – der erfolgreichste Titel seines Unternehmens, und Busch hatte das Nachsehen, denn mit der einmaligen Abfindung hatte er ja sämtliche Ansprüche und Rechte abgetreten. Doch er hat auf andere Weise von dem Geschäft profitiert, denn mit den Bubenstreichen wurde sein Name schlagartig in der gesamten literarischen Welt populär.

Max und Moritz

Nimis colla extenduntur
Dum querelae audiuntur.
Ova cito pepererunt
Non iam mobiles: vixerunt.[1]

Auf Busch-Deutsch:
Und ihr Hals wird lang und länger,
Ihr Gesang wird bang und bänger;
Jedes legt noch schnell ein Ei,
Und dann kommt der Tod herbei.

Einband der Erstausgabe, 1865

Sogar ins Lateinische sind die Bubenstreiche von Max und Moritz
übertragen worden. Die berühmten, mühelos erlernbaren Trochäen kennt man auch auf suaheli und auf rumänisch, auf eskimo
und auf armenisch, nicht zuletzt auch in der Sprache des Alten
Testaments, wo sich Max und Moritz in Gad und Dan verwandeln
und Schneider Böck »Tajisch« heißt, der Bauer »La Asasel!« (»Zum
Teufel!«) flucht und die Witwe Bolte ihren Stoßseufzer in ein mark-
erschütterndes »Ahach!« verwandelt.[2]

Innentitel des hebräischen
»Max und Moritz«

In über vierzig Sprachen und Idiomen läßt sich Buschs Bildergeschichte lesen, deren Verse in ihrer lakonischen Kürze und ihrer
bestechenden Logik gleichermaßen Kinder wie Erwachsene beein-
drucken. In deutschen Landen hat inzwischen jede Sprachregion
ihre »lautständige« Version, und so kann man die schadenfrohen
Bilderwitze auch auf plattdeutsch oder auf kölsch konsumieren.

Einen solchen Erfolg hätte Busch sich niemals träumen lassen, als
er das Skript Hals über Kopf dem Verleger Braun in die Hände gab.
Doch was zum Welterfolg gedieh und längst als Synonym für den
ganzen Busch steht, wollen selbst sich dazu berufen fühlende Mo-
nographisten in ihren Analysen immer noch nicht als Meisterwerk
anerkennen. So nennt denn Joseph Kraus das Werk auch lieber
Buschs »Gesellenstück«[3] und fügt hinzu: »... denn ein Meister war
er noch nicht. Die zeichnerische Manier erinnert an frühere Arbeiten, und die Verse sind im großen und ganzen schlecht und recht
zusammengereimte Begleittexte für die Bilder.«[4]

Man wird den Verdacht nicht los, Busch-Analyse müsse um jeden Preis etwas zutage fördern, was den Realitäten entgegensteht und der landläufigen Meinung den Krieg ansagt. Ist ein Welterfolg summa summarum nur ein Gesellenstück, so muß man sich fragen, wo die Welten liegen, in denen dann der Meister auftritt.

Was immer Busch nach *Max und Moritz* schuf – ob die *Fromme Helene*, *Meister Klecksel* oder die *Jobsiade* –, nichts davon hat so zu seiner Popularität beigetragen wie der Band mit den sieben Bubenstreichen, dieses absolute Meisterwerk (nicht trotz, sondern gerade wegen der forschen und saloppen Reimtechnik).

Daß über das frühe Opus summum die Forscher in besonderem Maße hergefallen sind, versteht sich aus dem Drang, im »background« und zwischen den Zeilen möglichst viel Stoff und Evidenz über Buschs Persönlichkeit zu erfahren. Theodor Heuss prophezeite denn auch schon in den Zwanzigern, daß sich die »moderne« Psychoanalyse besonders dieses Werkleins annehmen werde, weil es prototypisch für ganz bestimmte menschliche Verhaltensweisen sei und man ohne Not hinter den Geschichten die »Idee« des Autors erkennen könne.

Die Zeitgenossen Buschs haben *Max und Moritz* als das genommen, was dieses Buch nur auf den ersten, flüchtigen Blick sein kann: als naive, lustig-listige Bildergeschichte, als vergnüglich zu lesendes Fabelbuch, das vor Überraschungen strotzt und das man Kindern ganz unbedenklich vor Augen führen darf, weil es ja »so moralisch« ist, indem das Böse bestraft wird und das Gute obsiegt. So, wie es in allen Märchen der Fall ist. Oder im *Struwwelpeter*, der vielen Generationen als Musterbeispiel für das gebildete, moralisch saubere und pädagogisch wertvolle Kinderbuch galt. *Max und Moritz* – ein klassischer Comic strip, harmlos und stubenrein, gewaltfrei und amüsant.

Aber hier setzt das Mißverständnis ein: das über *Max und Moritz* im besonderen und das über Buschs Popularität im allgemeinen. Im Nachwort zu einer Busch-Anthologie befindet dazu Gert Sautermeister: »Des Wohlwollens derer, die er boshaft attackierte, ist er sicher. Kein größerer Tort hätte ihm widerfahren können. Bildungsbürger, Kleinbürger, Spießer zählen ihn seit je unter ihresgleichen und überlassen seine Bildergeschichten arglos ihren Kindern. Mögen diese noch beim ersten Durchblättern erschrecken über Buschs Aufgebot an Messern, Gabeln, Scheren, Stöcken, Zangen und Regenschirmen – Instrumenten, die er als Kastrationssymbole verwendet oder die seinen Figuren als sadistische Angriffs- und Abwehrwaffen dienen –, beim wiederholten Lesen verflüchtigt sich dieser Schock. Er wird vertraut, wird aufgehoben im Vergnügen über den pointierten Ablauf der Busch-Fabeln, in die laufend

Überlistungen, Überraschungen, Überrumpelungen montiert sind. Dieser harmlosen Rezeption scheint Busch selber entgegenzukommen.«[5]

Die Verse, so meint Sautermeister, seien auf die Auffassungsgabe von Kindern zugeschnitten. »Seine Bilder aber, auf die sich die Verse beziehen, können die eingeschliffenen, naiven Kindheitseindrücke auch später kaum mehr durchbrechen. So satirisch, so aggressiv Busch auch seine Kleinbürger zeichnet, so angestrengt er seine schadenfrohen Bilderwitze in die Groteske, in die Karikatur hinüberzieht – der erwachsene deutsche Kleinbürger scheint dagegen gefeit.«[6]

Der Kleinbürger als Vertreter des Spießbürgertums, das nach Friedrich Engels »keine normale historische Phase« ist, »sondern eine auf die Spitze getriebene Karikatur« (1890 an Paul Ernst).

Sautermeister: »Diese Karikatur entwirft Buschs Zeichenstift in zahllosen Reprisen und Variationen. Der historische Ort, der seinen Blickwinkel festlegt, ist bestimmt durch das Scheitern der Revolution von 1848 und durch die Ära Bismarcks. Waren die kleinbürgerlichen Mittelschichten, die Angestellten, Handwerker, Krämer, Kleinbauern usw., während der Revolution mittels kühner Parolen und stürmischer Postulate über sich selbst hinausgewachsen, so waren sie doch rasch wieder verzagt, aus Furcht vor der Bewegung des Proletariats wie vor der Knute der feudalbürokratischen Regierungen...

Ihre Entpolitisierung beförderte Bismarck durch ein antidemokratisches Regierungssystem; die Enge ihres unpolitischen Horizonts und die Eingeschränktheit ihres provinziellen Erwerbslebens wurden ihnen, wie schon ihren Vorfahren, zur zweiten Natur. Diese Situation ist in Buschs Bildergeschichten latent stets vorhanden, sie prägt die Verhaltensweisen seiner Gestalten... Was dem Kleinbürger durch einen autoritären Staat und das ökonomische Konkurrenzgesetz täglich als Frustration zugemutet wird, registriert Busch in den entsprechenden privaten Reaktionen, in Aggressionslust, Rache, Neid, Klatsch, im Auflauern und Nachstellen, in trügerischer Moral, in Triebverkümmerung und Triebperversion. Seine Bildergeschichten, Verse, Sentenzen und Prosastücke schließen sich zu einer desillusionierenden Psychoanalyse des Kleinbürgertums zusammen.«[7]

Sautermeisters Forschungsergebnisse: Durch die kritische Darstellung der Kinder übe Busch Kritik an ihren Erziehern und Vorbildern... Der Sadismus, dessen man Busch zeihe, sei in Wahrheit in der pedantischen, lustlosen Moral der Erzieher versteckt... Die negative Perspektive, aus der Busch gelegentlich Kinder zeichne, verlängere er fast bruchlos in die Welt der Erwachsenen.

Wenn in *Max und Moritz* nicht die Lausbuben und Quälgeister die Bösewichte sein sollen, sondern die »braven« erwachsenen Bürger als Träger der (fragwürdigen) sozialen Ordnung, so ist es durchaus verständlich, daß sich eben die gelackmeierten Erwachsenen gegen das »Elaborat« wehrten, wie jene steiermärkische Schulbehörde, die es noch 1929 für nötig hielt, *Max und Moritz* für den Verkauf an Jugendliche unter achtzehn Jahren zu sperren. Man hatte offensichtlich begriffen, daß die »Protestler und Nonkonformisten« Max und Moritz als Mittel zu dem Zweck dienten, die Gesellschaft spöttisch bloßzustellen.

Natürlich sind Buschs satirische Seitenhiebe Kindern nicht verständlich. Sie lachen über die Scherze und Mißgeschicke. Aber auch jene Erwachsenen lächeln und witzeln wie beiläufig über die Bildergeschichten, die ihren Ernst und ihre Wahrheit nicht registrieren wollen. Leser, die bewußt mißverstehen. An ihnen litt Busch. Er ahnte, daß der größte Teil seiner Fans aus Leuten bestand, die es ihm verargten, daß er versuchte, »mit Hilfe der ironischen Satire den persönlichen, kritisch-distanzierten Standpunkt zu wahren und diese distanzierte Sicht menschlichen Handelns mit Hilfe der veranschaulichenden Komik noch zu verschärfen« (Gerald Fleming).[8]

Max und Moritz gehört nun seit Generationen zur Grundausstattung dessen, was man den »humoristischen deutschen Hausschatz« nennt. Wer die Verse nicht allesamt auswendig weiß, greift zumindest zitatenhafte »Versatzstücke« aus dem Zusammenhang und macht sie zu geflügelten Worten. In Buschs Manier haben ungezählte Massen von Auch-Dichtern weitergereimt. Er hat Schule gemacht. In einer Weise, die ihn anwiderte. Täglich erhielt er Post von Freunden aus aller Welt, die glaubten, es verschaffe ihm Pläsier, wenn sie ihm in seinen verschandelten Trochäen gratulierten und ihre Zuneigung bekundeten. Er war sich der Gefahr durchaus bewußt, »banal-populär« zu werden. Doch er konnte nichts dagegen tun.

Aus der Originalhandschrift von »Max und Moritz«

Max und Moritz von Heinrich Zille

Die Keßlers

»B. hatte ein freundschaftliches Verhältnis zu einer Frau H. K. in Frankfurt a/M, in deren Familie sein Bruder Otto Hauslehrer war. Die Verehrung W. B.'s für diese Dame muß eine sehr große gewesen sein, denn während seiner häufigen u. sehr langen Aufenthalte in ihrem Hause malte er ihr Portrait, modellirte ihre Büste u. verehrte ihr den Antonius u. andere seiner Werke in Original-Handschrift mit Original-Zeichnungen, sowie einige Ölbilder von seiner Hand. Das ist ja bei B.'s Charakter sehr auffallend. Ob aber Beziehungen intimster Art waren, ob es sich um eine wirkliche Liebe handelte, ist nicht zu entscheiden. Die Dame war weder sehr geistreich, noch sehr schön, außerdem Mutter von 7 Kindern. Das sind doch schwerwiegende Thatsachen, die gegen eine solche Vermuthung sprechen. Vielleicht behagte B. nur der völlig ungenirte Verkehr in dem schönen reichen Hause an der Bockenh. Landst., in dem der Hausvater die Rolle der geistigen Null spielte, u. fühlte sich angenehm geschmeichelt durch die unbedingte Verehrung, die ihm die Dame des Hauses darbrachte. Thatsächlich kehrte der sonst kaum mehr Reisende noch in den letzten Jahren bei Frau K. zu längerem Wohnen ein. (Die Frankf. Zeitung unterließ nicht, dies jeweils ihren Lesern zu melden).«[1]

So liest sich in Otto Bassermanns *Erinnerungen* die Keßlersche Episode aus der Vita Wilhelm Buschs. Nur eine Episode? Wer dem Dichter überhaupt ein Liebesleben nachsagt – und das tun die wenigsten Forscher –, gerät im Hinblick auf Buschs Frankfurter Jahre rasch in das wirre und lianenhafte Gestrüpp der Mutmaßungen und Verdächtigungen. Man ist auch hier auf bloße Interpretation angewiesen, denn eindeutige Dokumente, die auf eine intime Beziehung zwischen Busch und der Bankiersgattin schließen lassen, existieren nicht. Der Dichter hat alle Briefe der »Tante Johanna« und ihrer Töchter verbrannt, damit sie nicht in die Hände der Schnüffler (vor allem aus seiner Sippe) fallen sollten. Wir kennen nur Briefe von ihm an die Frankfurter Damen, und die sind in eroticis so steril und neutral, daß man von vornherein sagen möchte: Da war nichts.

München lag hinter ihm. Die letzte Wohnung in der Schwanthalerstraße war aufgegeben. »Jung-München« existierte nicht mehr;

der lockere Gesellschaftskreis im »Allotria« interessierte ihn wenig, wenn er hier auch Mitkünstler angetroffen hatte, die in den nächsten Jahrzehnten eine gewichtige Rolle in seinem Leben spielen sollten: Lenbach, Lindau und Levi. Mit Maler, Schriftsteller und Dirigent schloß er enge Freundschaften. Man besuchte sich gegenseitig, man durchtränkte sich geistig, und man frönte den »nassen wie trocknen irdischen Delikatessen«.

Buschs Bruder Otto, Doktor der Philosophie, übernimmt im Frühjahr 1867 eine Hauslehrerstelle in Frankfurt bei dem Bankier J. H. D. Keßler, der ein Palais an der Bockenheimer Landstraße bewohnt und sieben Kinder großzuziehen hat. Wilhelm hat kein sonderlich gutes Verhältnis zu Otto, verspricht ihm aber, im Juni, auf der Rückreise von München nach Wiedensahl, den Umweg über Frankfurt zu nehmen, um guten Tag zu sagen.

Und da passiert es: Otto stellt dem Bruder die Dame des Hauses vor – und die beiden blicken sich sogleich tiefer in die Augen, als es schicklich ist. Natürlich weiß Frau Bankier, wen sie vor sich hat. Busch ist inzwischen ein berühmter Mann geworden. Wer auf sich hält, liest die *Fliegenden Blätter*, und *Max und Moritz* . . . das Büchlein liege selbstverständlich neben der Bibel auf ihrem Nachttisch. Pflichtlektüre sozusagen, aber immer wieder ein »Heidenspaß«. Auch die Kinder kennten das Werk in- und auswendig.

Die Kinder! Sie umringen Busch, der ihnen gleich vorlesen muß. Und ehe er sich's versieht, ist der Dichter in die Familie integriert. Er lernt auch den Herrn des Hauses kennen, dem im Gegensatz zur Frau Gemahlin jeglicher Hang zur Bildung fehlt. Er macht alles mit, »weil es sich so gehört«, ist eine »geistige Null« und befriedigt die Kunstgelüste seiner Frau dadurch, daß er sie in allem gewähren läßt.

In den Großstädten unterhält sie Festspiel- und Konzertabonnements, sie hat einen »jour fixe«, sammelt Bilder und Manuskripte und tut sich als Mäzenin hervor. Alles in allem gleicht sie ein wenig jener Mathilde Wesendonk in Zürich, der Richard Wagner sein Vorankommen in den mittleren Jahren verdankt.

Nur: Busch ist kein Tristan, Frau Johanna aber – möglicherweise – eine Isolde.

Doch zu einer Liaison gehören zwei, und da hapert es. Gewiß, Busch kann flirten und balzen; zu mehr kommt es jedoch nicht.

Bildnis Dr. Otto Busch, 1869

Und wie Johannes Brahms kniet er stundenlang vor der Angebeteten, ohne sich zu erklären. Wie Clara Schumann im Falle des Komponisten beugt sich Johanna Keßler dem Ritual der Zeit und ihrer Gesellschaft: Nimmermehr kann ein Weib die Initiative ergreifen.

Johanna Keßler
Wilhelm Busch: Ölgemälde aus dem Jahre 1873

Ist der Kerl nicht Manns genug, muß man eben verzichten und alle libidinösen Süchte unterbinden.

Wenn Johanna ihn schon nicht »kriegen« kann, dann will sie auf jeden Fall mit ihm in Sachen Kunst Furore machen. Wie gottvoll er zeichnen könne! Doch: Was sei schon ein Zeichner... Er habe das Zeug zu einem großen Maler. Ja, unter ihren Augen müsse Busch ein zweiter Rubens oder Brouwer werden. Sie werde alles richten, ihr Frankfurter Haus zum Mittelpunkt der zu erwartenden künstlerischen Busch-Offensive machen. Alle Welt werde auf ihn blicken (und natürlich auch auf sie).

Die kleinen, winzig kleinen Malereien, die ihr Busch gezeigt hat, berechtigen sie zu den kühnsten Hoffnungen. Ein ganz großes Bild von ihm müsse alsbald ihren Salon schmücken. Doch Busch hat zu allem anderen Lust, nur nicht dazu, einen gewaltigen »Schinken« zu malen. Das kann und will er einfach nicht. Das ist nicht sein Format, nicht seine Art. Wer aus Wiedensahl kommt, kann nicht so ohne weiteres knallprotzen. Da sei Madame an verkehrter Adresse. Doch die läßt nicht nach, schürt und bettelt immer wieder. Die Zeit verlange nun einmal nach etwas Repräsentativem, nach Größe – »Grandeur« –, nach Verschwenderischem und Gewichtigem.

Als sie mit ihren Vorschlägen bei Busch nichts bezweckt, wendet sich Johanna Keßler an den Maler Anton Burger, der in Kronberg im Taunus residiert und das Haupt einer Malschule ist. Ihm zeigt sie Buschs Minibild *Ziegenhirte*, das in Lüthorst entstanden ist. Begeisterung bei Burger, der dem Kollegen eifrig zuredet. Doch auch das nutzt nichts: Busch fühlt sich nicht dazu berufen, der »große« Maler zu werden, findet immer wieder charmante Wendungen, um Frau Keßler über das, »was ich nun mal nicht will«, hinwegzutrösten.

Und nun ist sie eine Weile »muksch«, läßt ihn gen Wiedensahl ziehen, wo es ihn nun so heftig überkommt, daß er ihr beinahe eine Erklärung macht. Beinahe. Im Frühjahr 1868 taucht er unvermutet in der Frankfurter Villa auf, und wiederum bestürmt ihn Johanna, doch nun endlich Staffelei und Malkasten ins Atelier zu tragen, um mit dem ersten Werk der »Frankfurter Ära« zu beginnen. Mit ihrem Drängen erzeugt sie nichts als Widerwillen. Busch reist ab, kommt im Juli wieder. Kaum daß er sich eingerichtet hat, erfährt er aus Wiedensahl, daß der Vater eingeschlafen ist. Rasche Heimreise.

Um die Bahre des Verblichenen die Kinder und die Vettern. Johann Friedrich Wilhelm ist noch nicht unter der Erde, da bricht der Streit um sein Erbe los. Die Brüder denken offenbar zunächst an sich, weniger an die ja noch lebende Mutter, die nach einem Schlag-

Hans Huckebein

Ei, ei! Ihm wird so wunderlich,
So leicht und doch absunderlich.

Er krächzt mit freudigem Getön
Und muß auf einem Beine stehn.

Und Übermut kommt zum Beschluß,
Der alles ruinieren muß,

anfall (Juni 1866) halbseitig gelähmt ist. Juristen müssen schlichten.
Am Ende wird dem um sechs Jahre jüngeren Bruder des Dichters,
Adolf, das väterliche Geschäft zugesprochen, das er seit längerem
geführt hat. So muß das Anwesen nicht veräußert werden. Die
übrigen Geschwister werden ausgezahlt, die Mutter erhält das
»amtliche« Altenteil.

Doch inzwischen ist Sohn Wilhelm längst in der Lage, ausgiebig
zu ihrem Unterhalt beizusteuern: *Hans Huckebein, der Unglücksrabe*
und *Die kühne Müllerstochter* haben neben den ungezählten Beiträgen für Zeitschriften und Gazetten ein gutes Stück Geld eingebracht. *Schnurrdiburr oder die Bienen* ist fertig, kann im April 1869
ausgeliefert werden. Er steht der Mutter »in jeder Hinsicht hülf-
reich« bei, bis der Tod sie im Januar 1870 von ihren Leiden erlöst.

Inzwischen ist allerdings Frankfurt mehr Standort geworden als Wiedensahl. Die Anziehungskraft Johanna Keßlers hat zugenommen. Sie sieht ihm »mit véhémence« auf die Finger, will ihn unbedingt »nach vorne« bringen und schwatzt ihm die Option auf das Skript des *Heiligen Antonius von Padua* ab, das bereits 1863/64 entstanden ist und im Juni 1870 bei Moritz Schauenburg in Lahr erscheint.

Vier Jahre lang umschleicht Busch in Frankfurt die Keßlerin. Er wohnte in dieser Zeit vornehmlich in der Mainmetropole. Zuerst überließ ihm Frau Johanna zwei Gästezimmer; doch dann kam Gerede auf, und so nahm er sich eine eigene Wohnung ganz in der Nähe der Bockenheimer Landstraße. Auch dort überwachte die »Mäcenin« das Terrain, schickte ihm ihre dienstbaren Geister, damit Ordnung herrsche, und kam auch wohl gelegentlich selber »die Stufen hinauf« zu der Junggesellenbude, ein Täßchen Mokka bei dem jungen Herrn zu schlürfen, der sie doch – allen Ernstes – in einem Brief kürzlich mit »Liebs guts Ungeheuer« angeredet hatte. Das ging schon sehr weit, und die Bankiersgattin dachte sich was dabei. Doch sie mußte es beim Denken belassen.

Die Königskinder konnten nicht zueinander finden, und da sie beide nicht dafür geschaffen waren, deswegen ins Wasser zu gehen, kühlte die Platonik eines Tages ab. Vier Jahre waren ins Land gegangen. Man hatte geflirtet, war sich in Andeutungen begegnet. Nun wurde die Sache schal.

Johanna bekümmerte sich inzwischen um einen anderen schmucken Künstler, der weniger zögerlich und schüchtern war als Busch. Kurz und gut: Es gab so viele banale Ausflüchte, Entschuldigungen, Floskeln und endlos hohle Konversation, daß beide des Zustands überdrüssig wurden.

Busch zog aus, ging nach Wiedensahl zurück. Man behielt eine immer zager werdende Brieffreundschaft bei, zwischen 1877 und 1891 schwieg man sich gänzlich aus, bis dann die Fäden neu geknüpft wurden und die Keßlerschen Töchter ihr Interesse für den »Onkel Wilhelm« entdeckten, der nach längerem Zaudern zusagte, zu der inzwischen verwitweten »Tante Johanna« zu reisen und sie »an alte Tage« zu erinnern. Ob nun die Töchter – oder, wie manche meinen, daß es der Maler Lenbach war, der die Sache kittete – den späten Freundschaftsbund besiegelten, läßt sich nicht so ganz ergründen. Auf jeden Fall war Busch froh, daß es die Frankfurter Adresse wieder für ihn gab und daß die jungen Fräulein, wie er eitel bemerkte, auf ihn »reflektierten«.

1872 hatte Busch an Johanna, Ferdinanda und Lätitia Keßler ein Gedicht geschickt, in dem es hieß: »Wo ich auch sei – ich denke immer/ An die bewußten Frauenzimmer!«[2] Das mochte stimmen.

Und ob nun Schopenhauer die Devise hieß, an dessen Lebenspessimismus sich Busch weidete, oder im aktiven Freundeskreis existentielle Probleme gewälzt wurden, wann immer das Thema zwischenmenschlicher Beziehungen dabei auftauchte, kam Busch auf seine Frankfurter »Idylle« zu sprechen – der einzige Beleg dafür, daß es bei ihm überhaupt so etwas wie einen Kontakt zum anderen Geschlecht gab.

Wilhelm Busch: Knabenkopf, 1871/72, Öl/Pappe

Daß es bloß eine Idylle war, kann man ohne Not aus den erhaltenen Briefen ablesen. Da heißt es beispielsweise am 12. Dezember 1872: »Die Schneeflocken, so groß wie weiße Rosenblätter, in bunter Flucht vorangetrieben, schmiegen sich an Turm- und Kirchendach, an die Stämme der Obstbäume, an den Winterkohl, der noch im Garten friert, und haben die Welt, die weite, bereits recht eng gemacht. An mein Fenster picken die Ranken und flüstern: ›Vergiß es nicht! Vergiß es nicht!‹ Und das will ich auch gewiß nicht tun. – Ich denke mir, es wird nun dämmerig; die Nanda kommt jetzt aus der Schule und greift zu Butterbrot und Apfel; und die Letty trinkt erstmal tüchtig Wasser, und dann will sie auch noch ein Brötchen haben. ›Na, ja!‹ – Nun muß auch wohl die Lampe angesteckt werden. – – Gottlob! Die Strümpfe sind bald fertig. – Und über eine Weile, vermummt wie eine Eule, kommt die Lina heruntergehuscht, haucht ein seelenvolles: ›Gute Nacht, Mamah!‹ und entschwindet in stummer Herrlichkeit. – Gottseidank! *Wein* wird heuer wenig gebraucht. Der Hauptweinmarder ist fern. Der wird seither in der Dämmerung schönen Durst gelitten haben...«[3] Er hat sie mit »Liebe Tante Johanna!« angeredet und mit »Willem« gezeichnet. Ist das der Stil (oder der Inhalt), in dem sich Liebesleute begegnen?

1873 entsteht das Ölbild Johanna Keßlers. Dann ist Busch in Mailand, reist zur Weltausstellung nach Wien, reist nach Holland und macht Abstecher ins »Allotria« zu München. Er scheint ruhelos. Mehrmals wird der Onkel Kleine in Lüthorst visitiert, der sich ein neues Pfarrhaus gebaut hat. Busch porträtiert den geistlichen Herrn und Bienenzüchter: am Tische sitzend, im Hausrock, mit dem Samtkäppi auf dem Kopfe, die Feder in der Hand. Der Inspirator des *Schnurrdiburr*, der sich ehrlich über das große Echo freut, das Buschs Arbeiten hervorrufen.

Was Pastor Kleine nicht paßt, ist dieses »Gemansche« mit den Keßlers in Frankfurt. Der Neffe hat nur zu deutlich erkennen lassen, wie es um ihn steht und was Johanna für ihn bedeutet. Doch eine verheiratete Frau, dazu aus »solchen« Kreisen? Der Onkel warnt. Er wünscht sich für Wilhelm lieber eine dralle Bauerndeern, hat auch solche an der Hand; doch kaum beginnt er ein Gespräch über die Wohltaten der Ehe und über den christlichen Auftrag als Ehemann, winkt Busch ab. Kein Thema für ihn.

Der Onkel Kleine ist dezent, verulkt Buschs wachsenden Embonpoint, den er auf das gute Essen bei Bankiers zurückführt, und verhöhnt die vornehme Kleidung, die sich der Herr Neffe auf Vorschlag Frau Johannas beim *ersten* Schneider Frankfurts angeschafft hat: grüne Hosen, gelber Frack... Dunnerlittchen! Einmal will ihn der Onkel in Frankfurt besuchen. Busch ist zu Tode erschrocken. Zwar wohnt er schon allein am Kettenhofweg 44 a, aber wenn nun Johanna und der Ohm aufeinanderstießen? Auch Bassermann darf nicht nach Frankfurt kommen. Dafür wird Busch ihn wiederholt in Heidelberg besuchen.

Die Scheu, irgend etwas aus seinem Intimbereich könne publik werden, die Furcht, als Mann nicht bestehen zu können, haben Busch bisweilen seltsame Kapriolen schlagen lassen. Das kurioseste Kapitel ist der Fall Anderson.

Die holländische Autorin Maria Anderson war ein Ausbund an Häßlichkeit. Sie wurde von den gleichen Komplexen heimgesucht wie Busch und hatte in puncto Männer stets nur Schiffbruch erlitten. Die »Beziehung« begann 1874. Gerade war Buschs erster Gedichtband, *Kritik des Herzens*, erschienen, der ihm nur wenige positive Beurteilungen einbrachte. Frau Anderson ließ sich mit Überschwang aus, verteidigte die Lyrik und reihte Busch in die Reihe der großen Dichter der Zeit ein, was ihm wohl behagte. Jedenfalls dankte er ihr, und nun begann ein reger, sich über Jahre hinziehender Briefwechsel.

Manchmal ging ihm die Suffragette gründlich auf die Nerven, denn sie befragte ihn nach Hinz und Kunz, wollte »philosophische Probleme« erörtert wissen, stellte »die Gottesfrage« und hackte immer wieder auf »moralischen Grundfragen« herum, woraus Busch schloß, daß sie ihm – vor allem mit Letzterem – auf den Zahn fühlen wollte.

Als sie ihre Neugier in puncto Intimfragen allzu ungezügelt zum Ausdruck gebracht hatte und Busch pikiert sich solche »Kriterien« verbat, teilte sie ihm unverfroren mit, sie sei Witwe (was nicht stimmte) und müsse, auch in Briefen, auf ihre Reputation achten. Sie war naiv, herausfordernd dreist, banal und offensichtlich darauf aus, Busch einzufangen. Doch sie wußte, daß das schwierig sein würde bei ihrer Figur wie eine Bohnenstange und ihrem herben, fast männlichen Gesicht.

Immerhin verfügte sie über die Gabe, sich ihre Briefpartner geschmeidig und willig zu machen. Auch Busch war keine Ausnahme darin, daß es ihm wundersam gefiel, von einer Frau angehimmelt zu werden und von ihr die lautesten Komplimente zu erfahren. Nach kurzer Zeit schon nannte er sie »Liebe Frau Anderson« und dann »Liebe Mary«. Das brachte sie außer sich.

Busch muß ihre Gefühle zurückdrängen. Sie reagiert mit dem Vorwurf, er habe sie gründlich mißverstanden. Natürlich liebe sie ihn »rein platonisch«.

Darauf Busch: »Da Sie mich platonisch lieben, so will ich auch kein Brummbär sein. Liebe *per distance* gefällt dem Herrn wohl! Sie kommt mir vor wie zwei geflügelte Engelsköpfe auf Goldgrund.«[4] Die Anderson läßt nicht nach. Nun will sie wissen, wie er aussieht; er soll sich genau beschreiben.

Ihre voyeuristische Offenheit indigniert ihn: »Sie haben gesagt, daß Sie meinen Geist liebten. – Gut! – Was kümmert Sie denn meine physikalische Beschaffenheit? – Sollten Sie etwa Geist und Seele miteinander verwechseln? – Das Bild der Seele, welches durch die Vermittlung der Sinne im Gehirn sich zeigt, heißt Körper. – Wehe, wehe!! – Kommt Ihnen mein Geist, der vielgepriesene, gar so ungenügend vor?? –«[5]

Die Anderson befindet sich in Geldnöten; sie wittert in Busch »die Partie«. Und darum bohrt sie weiter, bedrängt ihn, macht ihm – trotz der »Platonik« – eindeutige Geständnisse. Busch zürnt: »Sie haben selbst und zuerst unseren Verkehr so begrenzt, daß er gewißermaßen ein Zwiegespräch über den ›platonischen Zaun‹ sein sollte. Fragen Sie nun aber zu genau nach meiner Person, so möchte mir das leicht eine Veranlaßung geben, über den Zaun hinüber zu steigen. Eine verhängnißvolle, unberechenbare Veränderung der Situation. Wehe!«[6]

Wollte die Anderson die Warnungen zwischen den Zeilen nicht verstehen? Jedenfalls ließ sie's nun darauf ankommen. Sie bat Busch um ein Rendezvous. Nur mal eben guten Tag sagen, was zu nichts verpflichtet, sich flüchtig mustern und dann wieder seiner Wege ziehen. Möchte ja sein, daß Busch bei einer Begegnung zuletzt doch Feuer finge… Mary Anderson pokerte hart, setzte alles aufs Spiel. Hat sie damit gerechnet, daß er tatsächlich ihrer Bitte nachkäme?

Seine Zusage klingt merkwürdig hart und unterkühlt: »Am Mittwoch nächster Woche werde ich von Frankfurt nach Heidelberg fahren. Es soll mir auf einen kleinen Bogen nicht ankommen. Wie wär's, wenn wir an besagtem Mittwoch Abend ein paar Stunden auf dem Bahnhofe in *Mainz* zusammen verplaudern könnten? – Nennen Sie mir den Zug, mit dem ich Sie erwarten soll.«[7]

Er macht den »kleinen Bogen« und zuckt zusammen, als er die »Fregatte« aus dem Zug steigen sieht. Ein Mannweib mit strähnigen Haaren, gluhen Augen und scharfen Krallen. Höflich, aber mehr als kühl unterhält er sich mit ihr. Meist redet sie; er nickt nur dazu. Und dann dampft sie wieder ab; Busch fährt erleichtert nach Heidelberg weiter. Die wäre er los. Denkt er. Doch Mary befeuert ihn weiterhin mit Briefen. Er antwortet immer seltener. Bis sie aufgibt.

Otto Bassermann hat den »Fall« Anderson in seinen Erinnerungen an Busch so dargestellt: »Als B. längere Zeit bei uns in Hei-

Wilhelm Busch und Otto Bassermann

delbg. wohnte, machte er einmal allein einen Ausflug nach Mainz u. kam erst spät abends in fürchterlicher Stimmung zurück. Seine Cousine, die bei uns als Hausdame angestellt war, sprach die Vermuthung aus, daß der Ausflug eine mißglückte Freite oder Brautschau gewesen sei u. der Bruder Otto bestätigte mir dies. Er sagte, eine geistreiche, sich mit Schopenhauer u. Darwin beschäftigende Dame sei dem Bruder auf brieflichem Wege näher getreten u. habe den bis dahin eingefleischten Junggesellen wankend gemacht. Bei der persönlichen Begegnung scheint Wilhelm ebenso enttäuscht worden zu sein, wie sein Knopp, als er die in Erinnerung u. aus der Entfernung angebetete Adele sah: (Knopp sein Schweiß der tritt zurück.).«[8]

Der heilige Antonius

Als erstes Unterpfand seines künstlerischen Versprechens brachte Wilhelm Busch den *Heiligen Antonius von Padua* mit ins Keßlersche Haus, ein Werk, zu dem ihn 1863/64 Geschichten aus dem Erbauungsbuch *Unser Lieben Frauen Calender*, im 17. Jahrhundert gedruckt, angeregt hatten. Bruder Otto hatte die Broschur in einem Antiquariat gefunden; der zeichnende Dichter sah mit einem Blick, daß sich daraus etwas machen ließe. Freilich nicht das, was man später in das Opus hineininterpretierte, daß nämlich der *Antonius* Buschs Beitrag zum Kultur- und Kirchenkampf sei. Zwar kommt Buschs antiklerikale Einstellung immer wieder zum Durchbruch, aber die Sache war nur als ironischer Spaß gedacht, nicht als politisch-kämpferisches Pamphlet.

Als Busch den *Heiligen Antonius* konzipierte, war der umstrittene Pius IX. zwar längst römischer Oberhirte, doch das Unfehlbarkeits-

dogma, an dem sich die protestantische Welt so außerordentlich rieb, wurde erst am 18. Juli 1870 verkündet. Zufall, daß just zu diesem Zeitpunkt das Buch erschien und sofort »öffentliches Ärgernis« in den ultramontanen Kreisen erregte.

Busch wendet sich in seiner Bildsatire gegen das Heiligenbild der katholischen Kirche. Protestantisch erzogen und an Schopenhauer geschult, vermochte er sich nicht damit abzufinden, daß ein Mensch so »sauber« sein sollte, um als Heiliger zu gelten. Von solchen »Popanzen« wie auch von Nothelfern und Engeln hielt er nichts. Das war »sentimentalischer Kitsch«, das mußte aufs Korn genommen werden. Und so hatte er längst vor dem Entstehen des Buches das Thema schon mal durchprobiert, etwa in dem Gedicht *Wie St. Korbinianus nach Jerusalem wallfahrten ging* für die Kneip-Zeitung des Vereins »Jung-München« (1860), das im achten Kapitel des *Heiligen Antonius* verwendet wurde. Unter der Überschrift *Die Versuchung des Heiligen Antonius – ein Ballett* gab Busch 1865 fünfzehn Zeichnungen mit Versen heraus, die im neunten Kapitel des endgültigen Werkes wiederauftauchen.

Es gab also Vorstudien, und sie alle offenbaren, daß der Dichter sehr vorsichtig mit den religiösen Gefühlen seiner Mitmenschen umging. Er wollte dem Andersdenkenden »nicht auf die Füße treten«.

Als das Werk fertig war, bot Busch es Karl Hallberger an. Das war der Bruder seines Stuttgarter Verlegers Eduard Hallberger. Doch die beiden Editoren waren sich rasch einig, daß mit der neuen Folge nichts zu verdienen sei. Und so erschien der *Antonius* weder in der Zeitschrift *Über Land und Meer*, in der ihn der Autor gern vorabgedruckt gesehen hätte, noch bei Eduard Hallberger, der lieber seine gängige *Doré-Bibel* verhökerte als eine Satire, von der man nicht wußte, wie sie von Kritik und Lesepublikum aufgenommen werden würde.

So blieb die Sache drei Jahre lang liegen, bis offenbar Johanna Keßler die Initiative ergriff und Busch empfahl, sich schleunigst einen anderen Verleger zu suchen. Da war auch die Zeit reif für diese heimliche Einübung in den Kulturkampf.

Inzwischen hatte Busch den Entwurf auf die Druckstöcke übertragen (Signum: »W. B. 1870«) und die bisherige typographische Anordnung (es waren oft mehrere Szenen gedrängt nebeneinander auf einem Blatt vereinigt) zugunsten einer gelockerten Druckfassung verändert. Er war in puncto Drucktechnik sehr pingelig und hat sich oft deswegen mit Verlegern und Druckern angelegt, die ihm meist zu grobschlächtig und zu »windig« arbeiteten.

Nachdem die Druckstöcke fertig waren, bot Busch sie dem Verleger Moritz Schauenburg in Lahr an. Manuskript und Entwurf jedoch behielt er zurück, um damit einige Monate später die Frau des ihm befreundeten Malers Anton Burger und Johanna Keßler zu erfreuen. Widmung an Frau Burger: »Wenn Sie, meine liebe Frau Burger, das kleine Scheusal, welches sich Ihnen hier zu Füßen wirft, mit Freundlichkeit aufheben, so wird das seine beste Absolution sein. B., Frankfurt a. M. 1870.«

Anzunehmen, daß Maler Burger bei Moritz Schauenburg gut Wetter für den Vertrag gemacht hatte. Für Bruder Otto fertigte Busch dann noch einen Fries an, *Die letzte Versuchung des Heiligen Antonius*, der heute im Leipziger Museum der bildenden Künste zu besichtigen ist.

Ostern 1870 kam der *Heilige Antonius* auf den Buchmarkt. Es war Krieg mit Frankreich, und die kulturpolitischen Wogen, ange-

Der heilige Antonius von Padua

peitscht von Bismarck und Co., schlugen hohe Wellen. Glänzender Absatz; Moritz Schauenburg rieb sich die Hände. Doch zu früh gefreut. Am 8. Juli 1870 erhob der Staatsanwalt in Offenburg Anklage gegen den Editor »wegen durch die Presse verübter Herabwürdigung der Religion und Erregung öffentlichen Ärgernisses durch unzüchtige Schriften«.

Delikt Nummer eins steckte vor allem im zehnten Kapitel, in welchem »die durch das ganze Gedicht sich hinziehende Verspottung katholischer Lehren und Einrichtungen in eine ausgesprochene Verhöhnung übergeht, wodurch die Lehre von der Unsterblichkeit der Seele herabgewürdigt wird«.

Das zweite Delikt werde durch Stellen im siebten und im neunten Kapitel ruchbar, nämlich in den Verführungskünsten der schönen Monika und in der Erscheinung des Teufels in der Gestalt einer Balletteuse. Schrecklich unzüchtig seien Bilder und Texte. Alles habe Busch nur angestiftet, um die Sinnlichkeit beim Leser anzustacheln. Oh, wie verwerflich sei der Schlußpassus des zehnten Kapitels, wo die Jungfrau Maria Antonius mit seinem Schwein in den Himmel einlasse und die Worte spreche:

Es kommt so manches Schaf hinein,
Warum nicht auch ein braves Schwein.

Diese Zeilen wurden in der zweiten Auflage gelöscht, doch in den folgenden wieder eingebracht. Das hing mit dem für Verleger und Autor positiven Urteil des Gerichts zusammen.

Zunächst einmal war Moritz Schauenburg perplex und »vernagelt«, daß der Staatsanwalt das so gut anlaufende Geschäft gestoppt hatte. Was tun? Busch sollte selber vor Gericht erscheinen und sein Werk verteidigen, zumindest Material liefern, um all die prüden Vorwürfe rasch zu entkräften. Letzteres tat er: Am 12. August 1870 schrieb er an Schauenburg einen ziemlich ausführlichen Brief.

»Geehrter Herr Schauenburg!

Zu meinem Bedauern sehe ich aus Ihrem soeben angelangten Briefe, daß die Vorbereitungen zu dem gewaltigen Kriege, der hoffentlich zu Deutschland's Ehre glücklich zu Ende gehen wird, Ihre mir so erwünschte Zusammenkunft mit meinem Bruder verhin-

Faksimile aus »Der heilige Antonius von Padua«

dert haben. Daß ich mich natürlich den Consequenzen der kleinen Broschüre, die Ihnen soviel Verdruß macht, nicht entziehen wollte, habe ich Ihnen gleich zu Anfang erklärt, obgleich ich jetzt jeden sonnigen Tag im Freien zu meinen Studien benutzen möchte, die mir so sehr am Herzen liegen. Wenn mich Herr Näf, der mir als ausgezeichneter Mann dem Namen nach bekannt, in dieser Sache vertreten wollte, so könnte mir das gewiß nur höchst erwünscht sein. Ich vermisse aber in Ihrem Couvert das Formular zu der erwähnten Vollmacht. Einige Notizen über den Antonius, die mir im Gedächtnis sind, will ich nicht versäumen, Ihnen hier mitzuteilen. Mit tendenziösen Sachen habe ich mich nie im Leben befaßt. Wo mir etwas komisch erschien, habe ich es in meiner Weise zu behandeln gesucht. So entstand der Antonius, weil mir zufällig ›Unser Lieben Frauen Calender‹... in die Hände kam. In protestantischen Anschauungen aufgewachsen, mußte es mir sonderbar erscheinen, daß es im Ernste einen wirklichen Heiligen, einen Menschen ohne Sünde geben sollte. Aus dem Contraste dieser weitverbreitetsten Anschauung mit dem Begriff eines richtigen Heiligen ging, unter Benutzung vorgefundener Legenden, die mehr oder weniger komische Lebensskizze hervor, wozu dann ein bestimmter Name als Repräsentant der Gattung nicht eben unpassend erschien. Der etwas derbe Ton fand seinen Rückhalt an Legenden, Volksliedern und Märchen, worin z. B. der Heilige Petrus in ungeniert kräftiger Weise behandelt wird. Das Heilige, welches allen christlichen Religionen gemeinsam, ist nirgends berührt und angetastet worden. Die Einleitung fingiert einen Menschen, der dem unaufhaltsam fortschreitenden Drange der Kultur seine Stoßseufzer entgegenhaucht und dadurch einigermaßen komisch wird.

No 1 stützt sich auf die gewöhnliche Beobachtung.

No 2 ist ein Zug aus dem *Boccaccio*; ausgewählt, weil er für die humoristisch bildliche Darstellung günstig erschien.

No 3 Dem Sinne nach getreu aus ›Unser Lieben Frau Calender‹ (im Besitz meines Bruders in Frankfurt).

No 4 Zwei Stimmen von oben – eben daher.

No 5 Kirchweih. Veranlaßt durch eine Legende in ›Unser Lieben Frauen Calender‹, wo das Wirtshaus brennt, das Kloster gerettet wird durch die Fürbitte der Maria, deren Bild dadurch in Schweiß gekommen.

No 6 Bischof Risticus – aus derselben Quelle.

No 7 Wallfahrt. Wird vom Heiligen Korbinian erzählt (richtig No 8).

No 8 Beichte. Motiv aus ›*Unser Lieben Frauen Calender*‹ (richtig No 7).

No 9 Versuchung. Stützt sich auf eine vielfach bildlich, z. B. von den alten niedersächsischen Malern, dargestellte Legende.

No 10 Das Attribut der Sau wird demjenigen Antonius zuge-schrieben, welcher als Beschützer der Haustiere hier und da verehrt wird. Wer etwas Anstößiges darin findet, mag sich erinnern, daß der Ochse das Attribut des Heiligen Lucas ist und ihn durch alle Zeit und an jedem Ort zu be-gleiten pflegt.

Daß unser kleines Buch ein so unliebsames Aufsehen macht, hat wohl besonders seinen Grund darin, daß es zufällig in einer Zeit er-schien, wo von Rom aus ein großer Teil der Menschheit in seinem besten Wissen und Denken in derbster Weise angegriffen und ver-flucht wird. Wer in diesen Dingen zu jener Partei gehört, mag daher leicht eine absichtliche Tendenz vermuten, wo nur ein zufäl-liger Zusammenstoß stattfindet, hervorgerufen durch die heftige Strömung vom Jenseits der Berge. Wer aber etwas sinnlich Anrei-zendes in diesem günstigenfalls drolligen Büchlein finden wollte, der scheint nicht zu bedenken, daß eben die parodistische Behand-lung der Form und Situation der Sinnlichkeit geradezu widerstrei-ten muß oder soll. Was man belachen soll, soll nicht verführen. In dem erwähnten Kalender, wo für jeden Tag im Jahr ein Wunder der Maria erzählt wird, werden Sie eine Fülle der sonderbarsten Dinge finden. Ich dachte, er wäre schon längst in Ihren Händen. Ich will gleich an meinen Bruder schreiben; bei der Unsicherheit des Verkehrs würde es mir lieb sein, wenn Sie ebenfalls darum schrieben...«[1]

Editor Schauenburg verfiel inzwischen auf die Idee, in dem von ihm herausgegebenen *Lahrer Hinkenden Boten* die Geschichte vom »Heiligen Fritze«, genannt »Fritzonius«, abzudrucken. Ohne Busch zu fragen, entnahm er dem *Heiligen Antonius* Texte und Bilder und machte daraus den *Sanctus Fritzonius*. Er hoffte, damit der drohen-den Beschlagnahme des *Antonius* zu entgehen.

Über das Werk wurde am 27. März 1871 in Offenburg gerichtet. Die Chronik hebt hervor, daß Schauenburg mit Schwerverbrechern auf der Anklagebank gesessen habe. Das Urteil: Der Verleger wurde freigesprochen, die Delikte als »nicht gegeben« zurückgewiesen.

Der Verkauf des *Antonius* konnte weitergehen. Nur nicht in Österreich, wo aufgrund eines Beschlusses des Wiener Landgerichts die Beschlagnahme bestehen blieb. Erst nach Buschs siebzigstem Geburtstag und einer Anfrage diverser Abgeordneter an den österreichischen Justizminister wurde auch in der Donaumonarchie das Verbot aufgehoben, so daß der vollständige Text des *Heiligen Antonius* auch in Wien erscheinen konnte.

In besagter Anfrage hieß es: »Das deutsche Volk – innerhalb welcher Grenzpfähle immer es wohnen mag – verdankt diesem Meister der Satire des Griffels und der Feder unendlich viele Stunden sowohl der Erheiterung als auch der Belehrung und Anregung. Seine Werke erfreuen sich einer ungeheueren Verbreitung in allen Schichten der Bevölkerung, und zahlreiche seiner kernigen Verse sind als geflügelte Worte – des öfteren auch von Politikern, ja selbst von Bismarck – angeführt worden. Um so bedauerlicher erscheint es, daß eines der besten Werke dieses Mannes, *Der heilige Antonius von Padua*, in Österreich (und bezeichnenderweise auch und nur noch in Rußland) verboten ist. Dieses Verbot ist ohne Zweifel auf den Einfluß des von Busch schon in seinem Werk *Pater Filucius* scharf bekämpften Clerikalismus zurückzuführen, weil – um mit Wilhelm Busch zu sprechen:

Ach, man will auch hier schon wieder
Nicht so wie die Geistlichkeit.

Die Gefertigten benützen freudig das Recht der Anfrage, um der weiten Öffentlichkeit in Österreich anläßlich des siebzigsten Geburtstages Wilhelm Buschs den bisher verbotenen Inhalt des genannten Buches zu erschließen...«[2]

Die fromme Helene

War Busch im *Heiligen Antonius von Padua* gegen den übertriebenen Marienkult, gegen dogmatisierte Legendenbildungen und religiöse Schmeicheleien zu Felde gezogen, so richtete er seine geistigen Waffen in der *Frommen Helene* gegen die Heuchelei. Das Bürgertum war in falscher Moral und Scheinheiligkeit erstarrt. Ein Sittenbild seiner Zeit zu entwerfen, machte sich Busch in den Septembertagen des Jahres 1871 an die Arbeit. Als es vollendet war, schrieb er auf das letzte Blatt: »Wilhelm Busch inv. et fec. Wiedensahl Sept. 1871« (Wilhelm Busch erfand und führte aus...).[1]

Sicherlich hat es auch zu diesem Werk reichlich Vorstudien gegeben, aber Busch vernichtete sie, wie ihm stets Unfertiges im Wege war. Während er über die Entstehung des *Antonius* Verläßliches verkündete, schwieg er sich bei der *Helene* wieder gründlich aus.

Den Sommer des Jahres hatte er in Wiedensahl verbracht, auf das Gerichtsurteil in Offenburg lauernd. Verleger Schauenburg erfuhr am 6. Juni: »Mit der Verabredung über den Jobs [*Bilder zur Jobsiade*, Anm. d. V.] hat es ja keine so große Eile, da ich die Sommermonate jedenfalls meine Ruh haben muß.«[2] Die *Fromme Helene* spukte in seinen Gedanken herum, nahm allmählich Form an. Busch reist nach Lüthorst und Wolfenbüttel, beschreibt den Verwandten mancherlei Tafelgenüsse, nimmt an einer »Champignonjagd« teil und korrespondiert mit Nanda und Letty Keßler. Den September über herrscht absolute Briefstille. Das Werk entsteht, und mit den noch tintenfeuchten Bögen reist Busch nach Straßburg zu Moritz Schauenburg, der jedoch »keinen Bedarf« hat und nicht noch einmal wegen eines Buch-Werkes vor Gericht erscheinen möchte, denn in der *Helene* wittert der ängstliche Editor wieder so viel »schlimme Stellen«, daß er den Staatsanwalt schon von weitem winken sieht.

Ziemlich mutlos verläßt Busch Straßburg und beschließt, in Heidelberg bei Bassermann einzukehren. Der hat ja einen ganz hübschen Verlag, in dem zwar bisher keine belletristischen Titel erschienen sind; aber ein Versuch möchte sich doch lohnen. Bevor Busch den Verleger zu sich bittet, berät er sich mit Bruder Otto, der in Geschäftsdingen sehr viel rigoroser und überlegter ist.

Die fromme Helene – 20 M
3ᵗᵉ Auflage

Bilder zur Jobsiade – 20 M
2ᵗᵉ Auflage

Pater Filucius – 12 M
2ᵗᵉ Auflage

Der Geburtstag – 20 M
oder
Die Particularisten

von

Wilhelm Busch.

Verlag
von Fr. Bassermann
in
Heidelberg

Otto Bassermann schildert die folgende Zusammenkunft so: »Im Jahre 1871 erhielt ich in Heidelberg eines Tages eine Karte von B., durch die er mich einlud, möglichst gleich – es war nach dem Mittagessen – in den Holländer Hof zu kommen, (wo wir früher manche Flasche zusammen getrunken hatten), er sei nur auf einige Stunden da. Da ich vermuthete, es handle sich wieder um eine weinreiche Nachmittags-Sitzung, leistete ich der Einladung ungern Folge. Ich traf W. B. mit seinem Bruder Otto im Speisesaal, u. ersterer sagte mir nach kurzer Begrüßung: ›Lasse Dir doch eine Tasse Kaffee hinauf in mein Zimmer bringen. Dort findest Du zwei Sachen von mir, die Du in Deinen Verlag haben kannst, wenn Du sie willst.‹ Droben fand ich *Die fromme Helene* u. *Die Bilder zur Jobsiade*, die ich geradezu verschlang. ›Wenn Du sie willst‹ – ja, der junge Verleger wollte wohl, waren ihm doch die großen Erfolge des Verlages von B.'s Schöpfungen bekannt genug, um zu erkennen, daß ihn das Schicksal hier an einen geschäftlichen Wendepunkt geführt hatte. Die *Jobsiade* machte mir nicht bang, aber die *Helene*. Was würde zu ihr die Polizei, was würden die anderen Autoren des Verlages, die würdigen Professoren der Philosophie, Theologie, Technologie u.s.w. zu solchem neuen Kollegen im Verlag sagen? Zu zögern war nicht. Ich verließ also das Zimmer, in dem ich allein mit Aufregung u. Zweifeln gesessen, u. erklärte unten B. mit möglichster Gelassenheit, daß ich bereit sei, die Sachen zu nehmen. Dann sollte ich sofort einen Vertrag aufsetzen, er komme in einigen Stunden in's Geschäft u. wolle mit dem Abendzug nach Frankf. zurückkehren, nicht ohne den Vertrag unterschrieben zu haben. Das war nun keine Kleinigkeit. Als Lehrling, Gehilfe u. Geschäftsinhaber hatte ich bis dahin fast ausschließlich nur mit wissenschaftl. Werken zu thun gehabt, mit Holzschnitten nur bei Herstellung von Konewska's *Sommernachtstraum*. Meinem Gehilfen Brauer ... war dieser Fall auch vollständig neu. Wir waren ziemlich rathlos. Wie groß sollte ich die Auflage machen, wie viel Honorar zahlen, was würde die Herstellung kosten, wie sich der Ladenpreis feststellen lassen? So gut es ging entwarf ich einen Vertrag mit fixem Honorar für die erste Auflage und – wie üblich – etwas niedrigerem Honorar für weitere Auflagen pro Tausend Ex. Die erste Auflage bamaß ich auf 6000 Ex., was mir Neuling sehr viel schien... Busch unterschrieb den Vertrag nach flüchtiger Durchsicht, wie er war, u. reiste ab.«[3]

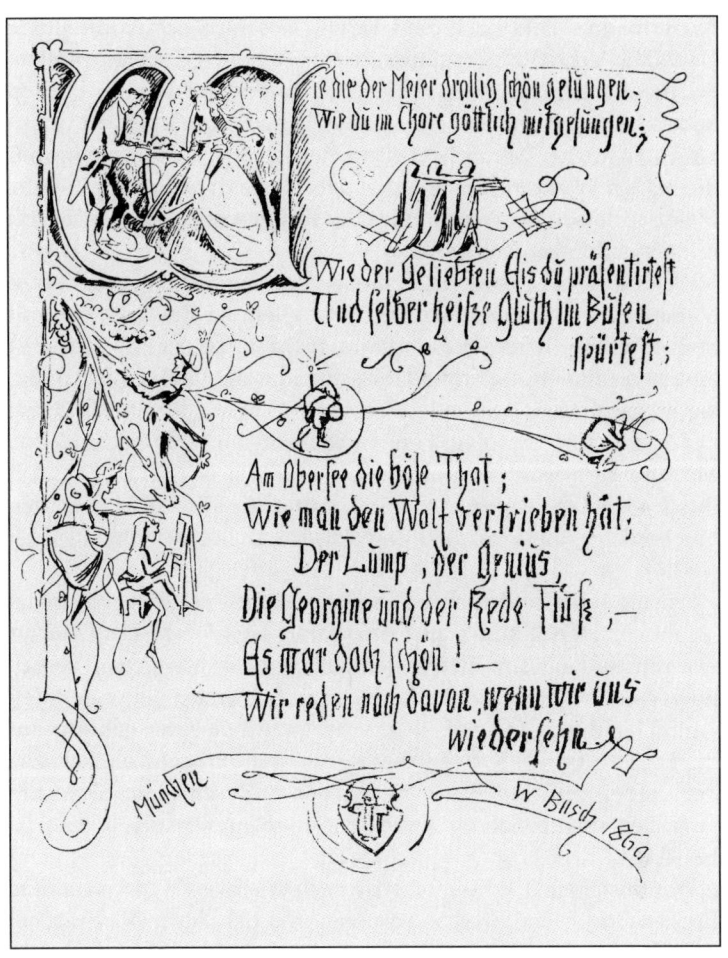

Widmungsblatt für Otto Bassermann

Bassermann erfuhr von der Ablehnung Schauenburgs und von Buschs Animosität gegenüber Braun und den Hallbergers, die ihn allzu sehr balbiert hatten. Inzwischen hatte Schauenburg eingesehen, daß er einen großen Fehler gemacht hatte, und wollte die beiden neuen Objekte nun doch noch für seinen Verlag gewinnen.

Bassermann: »Bald nach dem Vertragsabschluß schien die junge Geschäftsverbindung mit mir in die Brüche gehen zu wollen. Schauenbg. kam zu mir nach Heidelbg. mit der Behauptung, Busch habe mit ihm abgeschlossen, u. er wollte mich zum Rücktritt veranlassen. In meiner Bierehrlichkeit schrieb ich Busch das u. stellte ihm die beiden Werke zur Verfügung, falls Sch. ein Recht darauf hätte. B. antwortete, daß er, wenn dies der Fall gewesen wäre, nicht mit mir abgeschlossen hätte.«[4]

Wenn die Sache bald auch zu einem großen Erfolg gedieh, Probleme stellten sich genügend ein, vor allem technische, denn mit Holzschnitten wußte Bassermann nicht umzugehen. Zunächst einmal mußte ein tüchtiger Holzschneider gefunden werden. Bekannt geworden war ein gewisser Ettlinger, der in Paris für Doré geschnitten hatte und nun in Bockenheim bei Frankfurt lebte. Mit ihm kam man überein. Bassermann war mit ihm zufrieden, Busch nicht: »Er capirt eben nicht, daß, trotz aller anscheinenden Flüchtigkeit, diese Sachen im Ausdruck höchst gewissenhaft sind!«[5]

Wie nie zuvor und auch nie danach kümmerte sich Busch um die technische Herstellung seiner *Helene* und der *Jobsiade*. Der Drucker war ihm zu langsam. Inzwischen gingen große Mengen an Bestellungen ein, so daß auch der Verleger ins Schwitzen geriet und den Autor händeringend bat, dem »dicken Adelmann« gehörig auf die Füße zu treten. Bassermann: »Sei so gut und gehe einmal wieder vorbei, um ihm Feuer zu machen.«[6] Busch ging. Er wurde »wirklich unangenehm«. Drucker Adelmann versprach, sich zu bessern.

War Busch nicht »präsent«, etwa nach Wiedensahl gereist, mußte Bruder Otto in die Bresche springen und den Antreiber machen. Offenbar hat Otto Busch auch sämtliche Korrekturen gelesen.

Busch an Bassermann aus Wolfenbüttel: »Adelmann, dieser abscheuliche Fettpopo, wird ja nun auch wol endlich fertig sein. Jedenfalls hast Du recht, ihm die Jobsiade nicht zu geben; sonst würde dieselbe langweilige Druckserei wieder beginnen.«[7] Am 22. Mai teilt der Verleger freudig mit: »Von der Helene sind 3000 Exemplare, also gerade die Hälfte der Auflage fest und baar im voraus bestellt, also ein brillanter Erfolg. Hoffentlich kommen wir zu einer zweiten Auflage, die wir einfacher ausgestattet und billiger in die Welt schicken können.«[8] Helene könne am nächsten Sonnabend abreisen...

Busch am 1. Juni 1872: »In der Totalerscheinung gefällt mir die Helene sehr gut und besser, als irgend ein anderes Opusculum von mir, so daß ich dem Verleger meine gebührende Anerkennung nicht versagen kann.«[9] Holzschneider und Drucker kommen in der Beurteilung Buschs wesentlich schlechter weg.

Bassermann am 13. Juni: »Von den 6000 sind etwa noch 500 da.« Er lasse schleunigst nachdrucken. Später erinnerte er sich: »... neue Auflagen wurden in kurzer Aufeinanderfolge nöthig. In der – jetzt lächerlich erscheinenden Angst, der Liebhaber- resp. Käufer-Kreis müßte versorgt, die Aufnahmefähigkeit erschöpft sein, machte ich nur kleine Auflagen, so daß das Buch zeitweilig am Markt fehlte.«[10]

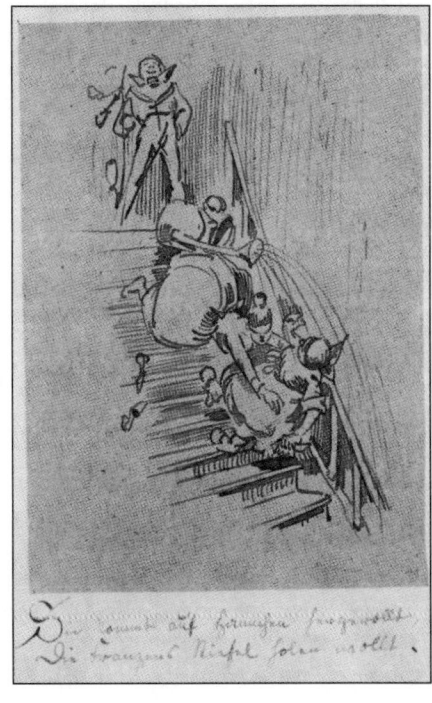

Die fromme Helene

Busch, jetzt wieder in Wiedensahl, nimmt regen Anteil an dem Verlauf der *Helene*-Aktion. Er zeigt sich ungewöhnlich geschäftstüchtig, kalkuliert und bilanziert und kümmert sich um Werbung, Papier, Sonderpreise und um die Kritik.

»Schön, daß die Helene so emsig umworben wird! – Was Rezensionen anbelangt, so muß ich Dir wiederholentlich bekennen, daß derartige Sachen nicht rezensiert sein sollen und wollen. Sie sind bislang nicht dadurch gefördert, weder künstlerisch noch buchhändlerisch, und werden auch künftighin nicht dadurch gefördert werden. Guter Humor und guter Vertrieb, die thun's. Dann soll man sie eben nehmen, wie man auf der Reise etwa einen Bittern nimmt... Gut scheint es mir, daß Du dem Pferdchen etwas die Zügel schießen lassen willst... Jedenfalls mußt Du auch dafür sorgen, daß Helene die Bäder besucht (die Saison ist nahe) und daß sie auf den Bahnhöfen sich orientieren lernt... Das wird dem guten Kinde gesünder und förderlicher sein, als hundert Rezensionen. Ich fürchte, ich fürchte nur: Adelmann, die fette Schnecke, wird wieder drucksen statt zu drucken, und wenn's dann Brei regnet, so fehlt der Löffel... Das Papier hast du nun schon bestellt, sonst würde ein billiges Papier und in folge dessen ein billigerer Preis... rathsam sein.«[11]

Nicht lange dauerte es, und in Heidelberg ging die Anfrage eines Edinburgher Verlegers ein, die *Helene* übertragen zu lassen und in England auf den Markt zu bringen. Das Werk machte auf der Insel unter dem Titel *Pious Jemina* Furore. Und bald konnte man es auch auf französisch, holländisch, dänisch, norwegisch und serbisch lesen.

Manchmal schlotterten dem Verleger die Hosen und befürchtete er noch nachträglich den Staatsanwalt. Bassermann an Busch, der inzwischen am *Pater Filucius* arbeitete: »Nimm Dich in Acht, daß es nicht staatsgefährlicher wird. In dem katholischen Kreis Düsseldorf ist ein Antrag auf Verbot selbst der Helene gestellt worden, bis jetzt noch ohne sichtlichen Erfolg. Aber der Antonius ist ja in ganz Preußen verboten. Jedenfalls darf nur der Buchhandel vorher auf das Schriftchen aufmerksam gemacht werden, um bestellen zu können. Sonst schweigen wir. Ist dann die Auflage zum großen Theil draußen, so ist keine große Gefahr mehr, dann fahren die Annoncen wieder hinaus, und man bläst mit vollen Backen. Die

Schächer können dann das Nachsehen haben.«[12] Warum Busch denn gegen »Schimpf-Recensionen« in klerikalen Blättern sei? »Das wird der 2ten Aufl. ganz gut thun. Glaube mir, Du unterschätzest dieses Vertriebsmittel.«[13]

Doch an das nach *Max und Moritz* erfolgreichste Opus wagte sich kein Staatsanwalt heran, und auch die römische Kirche setzte es nie auf den Index, wenn auch noch soviel Anträge dazu gestellt wurden. Im Jahre 1893 konnte Bassermann triumphierend mitteilen, daß bereits hunderttausend Exemplare von »Lenchen« verkauft worden seien.

Zum fünfundsiebzigsten Geburtstag von Busch, 1907, brachte der Heidelberger Verlag eine Jubiläumsausgabe heraus, eingeleitet durch ein Huldigungsgedicht, das der Autor seiner Helene gewidmet hatte:

So hat sich denn schon sechsunddreißig Male
Das Jahr erneut in diesem Erdenthale,
Seit du erschienst in deiner Schändlichkeit.
Viel ist passiert von dazumal bis heut,
Darunter viel, was wir nicht gern erlebten.
Die Bomben krachten und die Berge bebten.
Zum Theil in's Wackeln kam das Weltgerüst.
Indeß, so sehr wir uns darob betrübten,
Wir faßten uns, wir aßen, tranken, liebten
Und dachten nach, was schlau und nützlich ist,
Und machten es und brauchten's mit Behagen.

Jüngst träumte mir, im neusten Sausewagen,
Dem unverschämten, dennoch wundersamen,
Der so beliebt, besonders bei den Damen,
Denn alles Neue liebten sie ja stets,
Kämst du mir, altes Lenchen, flink verwegen.
Staub und Gerüchte hinter dir, entgegen.
Ich war erstaunt und fragte dich, wie geht's?

Der Herr Verleger, der dein Pflegevater,
Verehrte, seh ich, dir ein neu Kostüm.
Mach einen Knicks. Es war doch nett von ihm.

Demnach, obwohl du längst schon aus dem Schneider,
Spielst du noch immer – manche sagen leider! –
Vor jedermann auf dem Papiertheater
Ganz unverfroren deine losen Streiche.

Du hast dich nicht gebessert, bliebst die Gleiche,
Neckst immer noch den braven Onkel, schreckst die Tante,
Die beide doch so brave Anverwandte,
Und eben dies macht uns ein Hauptvergnügen,
Wenn Biederleute, die allhier auf Erden
Geruhig leben, recht gehudelt werden,
Daß sie vor Ärger fast die Kränke kriegen.

Zwar, was die Alten sind, die abgeklärten,
Die Speckphilister, die sich gut ernährten,
Sie kennen eine beßre Unterhaltung.
Allabendlich siehst du sie schwitzend wandeln,
Um über die verderbte Stadtverwaltung
Im Volksverein laut dröhnend zu verhandeln.
Dort zeigen frei sie ihre Redegaben,
Sie, die zuhause nichts zu sagen haben.

Doch eines sei erwähnt zu ihren Ehren:
Sie waren treu bemüht sich zu vermehren.

Ein junger Nachwuchs kam, dem jene Sachen
Zu ernsthaft sind; man möchte lieber lachen.
Und kindlich harmlos hascht man nach Genüssen
In Wort und Bild, als gäb es kein Gewissen.
Man denkt sich halt: Es ist ja Phantasie,
Ein Puppenspiel. Wir thäten so was nie.

Die Frommen aber, die vorüber radeln,
Die uns vermuthlich in die Gosse rennten,
Wenn Sie vor Lachen und Entrüstung könnten,
Sie sind mal so, wir wollen sie nicht tadeln,
Ersuchen sie vielmehr sich zu getrösten:
Die Narren sterben, auch die allergrößten.

Die fromme Helene

Sobald nur hundert Jahre erst verflossen,
Wo unter andern sind dann unsre Possen?
Die Lampe fällt. Was bleibt noch auf der Scene?
Ein Häufchen Asche, wie von dir, Helene.
Drauf kommt die Zeit mit ihrem Reiserbesen
Und fegt es weg, als wär es nie gewesen.

Mir selbst ist so, als müßt ich bald verreisen –
Die Backenzähne schenkt ich schon den Mäusen –
Als müßt ich endlich mal den Ort verändern
Und weiter ziehn nach unbekannten Ländern.

Mein Bündel ist geschnürt. Ich geh zur See.
Und somit, Lenchen, sag ich dir ade!

Friedrich Bohne meint, in die *Fromme Helene* seien Frankfurter Erlebnisse und Eindrücke aus den Jahren 1869 bis 1871 vielfältig ein-
geflossen. Busch habe in der Mainmetropole Jacques Offenbachs
Operette *Die schöne Helena* genossen, die Keßlersche Villa gliche
jener, von der aus die Armen Helenens Badewein heimtragen...[14]
   Nichts ist ausgeschlossen, doch als Frankfurterin will die Fromme
uns kaum erscheinen. Das wäre sinnlose Interpretation. Busch
borgte sich seine Zutaten in weitem Umkreis aus, und so erwähnt
Bohne denn auch den Prorektor Adolf Nöldeke aus der Verwandtschaft des Dichters, um in ihm den »Onkel Nolte« ausfindig zu
machen, vor allem aber dessen windige Adoptivtochter Marie, die
sich ganz à la Helene benommen habe. Vielleicht hat auch sie Patin
gestanden für Buschs infames Luder, das ihm so viel Publicity einbrachte.
   Die genüßliche, »gebündelte« Sündhaftigkeit seines Objekts hat
die Moralisten stets schockiert, gleichgültig, in welchem bürgerlichen Lager sie saßen. Moralisten wie der »Onkel Nolte«, der eben
auch nur »so tut als ob« und in Wirklichkeit nur allzu gern sinnli-
chen Nutzen aus aller Verderblichkeit ziehen möchte. Ein Spießer –
wie die Tante als weibliches Pendant. Die Noltes verkörpern Herrn
und Frau Michel und agieren nach genau den dramaturgischen
Prinzipien und Mitteln, auf die sich Busch schon in *Max und Moritz*
festgelegt hatte: Sie propagieren das Gute, spiegeln aber Amoral

und Boshaftigkeit wieder und nehmen damit auf sich, als unehrliche und höchst unsympathische Handlungsträger durch die Geschichte zu wandeln. Sie preisen die Tugend und gieren förmlich nach Perversion und Abstrusität, und dadurch erscheint alles, was sie sagen und tun, als zweideutig:[15]

»Helene!« – sprach der Onkel Nolte –
»Was ich schon immer sagen wollte!
Ich warne dich als Mensch und Christ:

Oh, hüte dich vor allem Bösen!
Es macht Pläsier, wenn man es ist,
Es macht Verdruß, wenn man's gewesen!«[16]

Noch direkter äußert sich der angeblich so biedere Onkel, wenn Lenchen zu Fall gekommen ist und ihr tragikomisches Ende gefunden hat:

»Das Gute – dieser Satz steht fest –
Ist stets das Böse, was man läßt!«[17]

Über dieses zum geflügelten Wort gewordene Zitat haben sich die Forscher in endlosen Tiraden und Abhandlungen gestritten. Manche meinen, es weise direkt auf Buschs Beziehungen zur Ideenwelt Schopenhauers hin; andere halten den Spruch für »anfechtbar« und wollen mit mathematischer Präzision nachweisen, daß er keinen Sinn mache und unlogisch sei. Auf jeden Fall stellt dieser Zweizeiler in seiner bezwingenden »Theologie« die Quintessenz dessen dar, was Busch in der *Frommen Helene* voller Opportunität und Aggressivität zum Ausdruck bringen wollte: daß nämlich Satire auch Lehrstück sein kann.

Jobsiade und Pater Filucius

Über die Erfolge Buschs machten sich nach und nach auch Verleger Gedanken, die bisher nicht in den Genuß seiner Werke gekommen waren, zum Beispiel jener Carl Müller, Inhaber der Groteschen Verlagsbuchhandlung in Berlin, der seit 1867 eine illustrierte Klassiker-Hausbibliothek herausgab. In dieser Reihe sollte das damals recht bekannte *Heldengedicht* des Hieronimus Jobs, »weiland der Theologie Kandidat und Nachtswächter zu Sulzburg in Schwaben«, erscheinen.

Die *Jobsiade*, verfaßt von Karl Arnold Kortum, Arzt und Poet dazu, aus Mülheim an der Ruhr gebürtig, war als literarischer Spaß weit verbreitet. Editor Müller wollte die Texte mit neuen, zeitgemäßen Illustrationen versehen und fragte bei Busch an, ob Interesse bestehe, die Arbeit zu übernehmen. Der lehnte es ansonsten ab, fremde Texte zu illustrieren; doch in diesem Fall wollte er eine Ausnahme machen, zumal ihm »Leben, Meynungen und Thaten von Hieronimus Jobs dem Kandidaten, und wie Er sich weiland viel Ruhm erwarb« als ein Stück »höherer« Literatur erschien.

Verleger Müller denkt wohl, Busch werde sich sogleich über die Sache hermachen, doch Busch gibt ihm zu verstehen, daß andere Arbeiten Vorrang hätten: »Bitte, sehen Sie das meinerseits nicht als eine unfreundliche Ablehnung an.«[1] Als Müller sich mit einem späteren Abgabetermin einverstanden erklärt, schreibt Busch: »Seien Sie überzeugt, daß die Frist, welche Sie mir gegeben, vollkommen hinreichen wird, mein Versprechen zu halten.«[2]

Dann bricht der Deutsch-Französische Krieg aus. Abermalige Verzögerung. Im Februar 1871 meldet sich der Dichter: »Die erregte Zeit, in der wir leben, scheint doch auch durchaus ihren Humor haben zu wollen. Niemals bin ich von den Herren Buchhändlern so häufig dazu aufgefordert worden, wie gerade jetzt. Dabei habe ich aber unsere vortreffliche *Jobsiade* nicht aus den Augen verloren und werde Ihnen, falls Sie noch daran denken, bis in acht Tagen die Skizzen zuschicken...«[3]

Gut acht Tage später: »Sie bekommen hier die Skizzen zur *Jobsiade*. Ihre Zahl ist mit dem Pläsir während des Zeichnens größer geworden. So ließe sich denn durch bummlige Verse leicht ein

Titel der Erstauflage von 1872

Zusammenhang herstellen, um zum Zweck einer doppelten Verwertung ein selbständiges Büchelchen daraus zu machen. Ich würde alles mit der Feder auf's Holz zeichnen und 1200 Thaler dafür verlangen.«[4]

Der Preis war dem Berliner Verleger zu hoch. Die Sache zerschlug sich. Busch erklärte dazu seinem ersten Biographen, Daelen: »Den Jobs las ich auf Anstoß einer Verlagshandlung, die illustrierte Klassiker herausgibt, zeichnete etwas, und als sich das Geschäft zerschlug, komprimierte ich den Urtext, legte ihn zwischen die Zeichnungen und gab's sonstwo heraus.«[5] Die Komprimierung war mehr als ein bloßer Zusammenstrich, und Busch-Kenner Friedrich Bohne erklärt denn auch zu Recht, aus der klassischen »Jobsiade« sei endlich eine wahrhaftige »Buschiade« geworden.

Skript und Probedruckstöcke kommen zu Bassermann nach Heidelberg, der den endgültigen Titel festlegt: *Bilder zur Jobsiade*. Im Winter 1871/72 beginnt die Übertragung der Zeichnungen auf die Hölzer, im Mai mahnt Busch die Probedrucke an, die Mitte Juni bei ihm eintreffen.

Busch am 23. Juli: »Ich denke, die *Jobsiade* wird gefallen. Das Schema, welches ihr zum Grunde liegt, ist das Unverwüstliche daran; es ist der Lebenslauf in abstracto. Darum gefallen mir auch die späteren Teile nicht; sie sind eben faktisch hinzugequält.«[6]

Busch entwirft noch rasch eine Titelvignette à la »Helene«. »Die sogenannten bunten Titel sind mir von ganzer Seele zuwider!«[7] Das reliefartige Bildnis des Hieronimus Jobs wird mit all den Ingredienzen und Utensilien umkleidet, die in dem Stück eine Rolle spielen: Nachtwächterhorn, Pfeife, Säbel, Tabaksbeutel, oben drüber eine Eule und ein Turteltaubenpaar, denn das Werk enthält ja auch eine Liebesgeschichte.

Busch schrieb und zeichnete die *Jobsiade* im Frankfurter Atelier, also noch unter den (Argus-)Augen Johanna Keßlers. Diesmal brauchte er das großstädtische Refugium, denn er holte sich einen Großteil seiner Anregungen aus dem Städelschen Kunstinstitut, wo er Chodowieckis Kupferstiche studierte und sich in den Geist der »Zopfzeit« vertiefte. Doch aus den Vorlagen entnahm er nur Abbreviaturen – wie aus Kortums ursprünglicher Geschichte. Wo dieser für den Schluß weit über hundert Zeilen benötigte, raffte Busch in genialischer Weise und begnügte sich mit sechs:

Um acht Uhr kommt die Medizin,
Wonach es auch etwas besser schien.
Doch sah man etwa gegen zehn:
Hieronymus wird von dannen gehn!
Punkt zwölf erscheint der Knochenmann
Und hält das Perpendikel an.[8]

Welch ein Meister der knappen Form!

Die *Jobsiade* hatte nicht ganz den »Biß« der *Frommen Helene* und enthielt auch nicht so viel boshafte Polemik wie der nachfolgende *Pater Filucius*, über den der Autor am Ende wohl selber nicht recht glücklich war.

Angeregt hatte Bassermann die Geschichte. Er war mit den bisherigen Busch-Titeln so gut im Geschäft – jetzt wollte er die Konjunktur ausnutzen. So schickte er Busch den ominösen *Pfaffenspiegel* Otto von Corvins und den *Jesuitenspiegel* des Adolf von Harleß. Diese Bücher möge der Freund emsig lesen und sich dann zu einer Geschichte bequemen, die der allgemeinen Kampfstimmung gegen die katholische Kirche Auftrieb gebe. Bismarck hatte das Verbot der Jesuiten durchgesetzt, die Jagd war auf.

Und tatsächlich, Busch sagte zu, ein »allegorisches Tendenzstückerl« abzuliefern, wandte sich aber entschieden von den Vorlagen ab, die ihm Bassermann zugeschickt hatte. »Der Pfaffenspiegel hat mich natürlich sehr interessiert, obwohl mir der rationalistisch-vormärzlerische Freischärlerton von ganzer Seele zuwider ist. Du sagtest mir mal von einem eingestampften Verlagsartikel. Ist's dieser?«[9]

Aus dem weniger polemischen und deftigen *Jesuitenspiegel*, einer populären Schwanksammlung, borgte Busch jedoch manche Episode, um die korrupte Geistlichkeit »lebensnah« darstellen zu können. Er selber hatte ja nie in Jesuitenkreisen verkehrt und wußte alles über sie nur vom Hörensagen.

Als der *Pater Filucius* fertig war, schrieb Busch an Bassermann: »Es freut mich, daß dir der Fil., der ja auf Deine Anregung entstanden, nun auch gefällt. Familiär genommen ist er wohl drastisch zu nennen, aber politisch genommen, meine ich, ist er's nicht; er spricht einfach die neuesten Wünsche des Staates aus, die allerdings mit den Wünschen der Kirche nicht ganz übereinstimmen können. Der deutsche Michael mit der protestantischen und katholischen Haushaltstante und der staatskirchlichen Base; der Jesuit mit Verführung, Gift und Dolch und sonstigen feindlichen Gewalten im Bunde; die von ihm eingeführte ultramontane Preße nebst Gefolge – auf diesen Dingen als allegorischem Hintergrund beruht das kleine Familienstück. Der Wehr=, Nähr= und Lehrstand werden dir auch wohl aufgefallen sein. Daß das Ding verboten wird, kann ich nicht glauben; aber wer weiß? – Die Annoncen im Börsenblatt kommen doch auch an die ultramontanen Denuncianten. Ich meine deshalb, auch hier dürfte nur diskret angedeutet werden. Ganz abgesehn davon ist es langweilig und peinlich, wenn der Erzähler einer Geschichte im Voraus des Längern und Breitern auseinander setzt, was er meint und was kommen soll.«[10]

Bassermann erkannte im *Pater Filucius* wohl ein wenig zuviel an zeitgemäßer »Allegorik«; er fand das Ganze auch nicht so griffig wie die *Fromme Helene* und die *Jobsiade*. Ob sich Busch daher wohl darauf verstehen wolle, der Sache eine Erläuterung beizugeben, einen »Theaterzettel«?

Busch: »In Betreff der ›Deutung‹ möchte ich ja gewiß gern Deine Wünsche befriedigen, aber es geht nicht, es geht mir durchaus wider die Haare. Das greuliche Wort ›Zeitbild‹ hat mir schon Überwindung genug gekostet. Meine Gründe weißt Du. – Ich denke meine Geschichte ehrlich durch, soweit meine Fähigkeit dazu ausreicht. Damit habe ich meine Schuldigkeit getan und will nun meine Ruh' haben. Wenn dann dieser oder jener dieses oder jenes sagt, so mag er recht haben; aber ich muß ihn notgedrungen ablehnen, denn er kann mir nichts helfen. Ich weiß selber zu gut, welche Mängel in meiner individuellen Art der Anschauung, welche Hindernisse in der Schrift durch Bilder überhaupt liegen, und mit dieser Selbsterkenntnis muß ich mich beruhigen, so gut es geht, und mit Geduld mein Päckchen weiter tragen.«

Doch Busch war unsicher. Wenige Tage darauf sandte er Bassermann den gewünschten »Theaterzettel«. Wenn Satire zum allgemeinen Verständnis der Erläuterungen bedarf, ist sie eigentlich schon tot. Lichtenberg sagt sinngemäß: Wo der Humor nicht gleich zündet, wird er zum nichtsnutzigen Scharwerk.

Die Busch-Forscher haben den *Pater Filucius* meist in Bausch und Bogen abgelehnt. Joseph Kraus sieht in der Bildergeschichte eine der Polemiken, »von denen man wünschte, Busch hätte sie unterlassen«.

Kraus: »Sogar die Karikaturen sind zum Teil so überspitzt, das Gesicht des Jesuiten ist so erbarmungslos verteufelt, daß man damit nichts mehr anfangen kann. Die Satire hat hier im wahrsten Sinne den Geist aufgegeben.«[11]

Karl Wiechert schreibt über die »allegorische Eintagsfliege«, wie Busch sein Opus selber bezeichnete: »Wie wenig trifft beispielsweise das Bündnis des Jesuiten-Paters mit dem Franzosen Jean Lecaq und dem als Strauchdieb dargestellten Inter-Nazi (Buschs Abkürzung für internationale Sozialisten) die politische Realität. Wie wirklichkeitsfremd auch die Figur der staatskirchlichen Base Angelika. Kein Wunder, daß selbst den Zeitgenossen manches unverständlich blieb. Später setzte sich der Verleger über den Wunsch seines Autors hinweg, jede Deutung zu unterlassen, und fügte einen Schlüssel zum besseren Verständnis bei. Aber hier, wie überhaupt, kommt es anders als man glaubt..., möchte man mit Busch sagen, wenn man daran denkt, wie der Realpolitiker Bismarck den Konflikt zwischen Staat und katholischer Kirche nach ein paar Jahren beilegte und von Leo XIII. als Dank den höchsten päpstlichen Orden erhielt. Busch hat nie einen Orden bekommen, aber heute muß man *ihn*, nicht Bismarck, gegen das Mißverständnis, er sei ein Antichrist gewesen, in Schutz nehmen. In den religiösen Anschauungen der evangelischen Kirche aufgewachsen, waren ihm aus tiefstem Herzen Dogmen- und Wunderglaube, Frömmelei und Intoleranz sowie jede Art von Klerikalismus zuwider. Im Wogenprall des Kulturkampfes schwamm er als protestierender Protestant mit in der nationalen Strömung gegen die Ultramontanen. Wie sein Neffe bei einem Gespräch mit dem Onkel später feststellen konnte, empörte es ihn, daß ›sich jenseits der Berge in Rom ein alter Italiener erdreisten durfte, in die deutschen Angelegenheiten hineinzureden‹. Ihm mißfiel auch der klerikale Einfluß auf die Zentrumspartei, die zu jener Zeit eine wichtige Rolle in der deutschen Politik zu spielen begann.«[12]

Biograph Daelen sah das anders und machte Busch zum antiklerikalen »Kämpfer mit der schneidigen Waffe des Geistes«[13]. Dagegen verwahrte sich der Dichter mit Vehemenz: »Seltsam berührt es mich, daß Sie mich zu einem Rufer im Streit machen wollen. Dazu hab ich wohl nie das Zeug gehabt, und heute erst recht muß ich diese Ehre dankend ablehnen. Mag sein, daß ich nur den Anschluß verpaßt habe.«[14]

War die *Jobsiade* in der »stricten Klausur« des Frankfurter Ateliers entstanden, so schuf Busch den *Filucius* in Wiedensahl, im Elternhaus, das ja nun Bruder Adolf und Schwägerin Johanna gehörte.

Die Krämersleute sehen reichlich scheel auf den schnieken Wilhelm herab, der sich dauernd noble Anzüge gönnt, mit allerhand Prominenten Kontakte unterhält und, wie sie meinen, das ganze Geld nach Frankfurt zu den Keßlers schleppt. Man stichelt und frotzelt, was Busch allmählich an die Nerven geht. Im November 1872 läuft ihm die Galle über, es kommt zum Krach mit Bruder Adolf. Der Dichter zieht aus, siedelt ins nahe gelegene Pfarrhaus zu Schwester Fanny über, die mit dem Pastor verheiratet ist.

Schwager Nöldeke zählt immerhin schon siebenundsechzig Jahre, Fanny hingegen ist erst achtunddreißig. Der Pfarrer hat aus erster Ehe schon vier erwachsene Kinder, aus der zweiten stammen Hermann, Adolf und Otto, an denen Busch innig hängt. An Freund Bassermann schreibt er: »Nur in der Dämmerung gehe ich aus zum Pfarrhause und erzähle meinem kleinen Neffen allerlei Märchen und Geschichten; er sitzt auf meinen Knien und wird nicht müde und sagt immer wieder: ›Onkel Wilhelm, nun noch einmal die Geschichte von der Gans Adelheid und dem bösen Fuchse!‹ – Kein Tropfen Bier geht über meine Lippen und kein böses Wort über meine Zunge.«[15] Inzwischen besucht der Neffe bereits das Gymnasium zu Bückeburg. Aber da sind noch die beiden jüngeren Nöldeke-Kinder. Beim kleinsten ist er Gevatter.

Zwei Zimmer im Obergeschoß des Pfarrhauses richtet sich der Dichter ein. »Ich sehe im Nordwesten einen Streifen Abendrot; die tieferen Baumzweige sind ganz hineingetunkt. Von Südosten kommt ein sanfteres Licht und legt sich an die Wipfel. Ich weiß, wenn ich jetzt in mein Schlafzimmer gehe, um das Fenster zu schließen, so schaut der Vollmond über die alte Kirche.«[16]

Sollte das Wiedensahler Pfarrhaus nun die endgültige Bleibe sein? Busch ist ruhelos, weiß nicht, was er will. Er reist nach Berlin und quer durch Deutschland. »So geht's wenn man nirgends feste Wurzel gefaßt hat, aber auch: All das umgibt mich nun, wie den Einsiedel sein Wald.«[17]

Er schreibt Gedichte auf und stellt aus alten Materialien sein *Dideldum!* zusammen. Lange überlegt er, ob er nach München ziehen solle, weil auch Bassermann seinen Verlag nach dort überführen will.

Wenn er's in Wiedensahl nicht aushält, fährt er rasch nach Lüthorst zum Onkel Kleine. Im Sommer 1874 hütet er allein das Nöldekesche Pfarrhaus. Busch an den Freund Bachmann, Müller zu Ebergötzen: »Für einen soliden Pfarrverweser, wie ich es jetzunder bin, geziemt es sich wohl, nach den überstandenen Sonntagsgeschäften auch ein wenig an seine abwesenden Freunde zu gedenken und sie zum Guten zu ermahnen und aufzumuntern. Also bete und arbeite und trinke nicht zuviel kaltes Wasser, wenn Du erhitzt bist, sondern halte Dich mehr an die braven geistlichen Getränke.«[18]

Busch genießt das Alleinsein: »Es war unglaublich still und einsam; ein Zustand, den ich nicht ohne ein gewisses Behagen ertragen und genossen habe.«[19] Und: Die Stille des alten Pfarrhauses tut mir wohl. In milder Behaglichkeit gehen die drei letzten Monate wieder an mir vorüber.«[20]

Er hat Muße genug, aus seinen Mappen diejenigen Gedichte herauszuklauben, die er in seinem ersten Lyrikband, *Kritik des Herzens*, veröffentlichen will. Busch an Bachmann: »Meine Zeit geht immer so gleichmäßig und gemütlich dahin. Morgens wird gearbeitet, nachmittags bummle ich, trinke in der Dämmerung meine Halbe Wein und lege mich frühzeitig auf's Ohr. Die letzten Wochen habe ich ein kleines Buch fertig gemacht, welches augenblicklich gedruckt wird, damit es dann gegen Weihnachten auf den Markt getrieben werden kann.«[21]

Auf dem Andruck des Titels vermerkt der Dichter: »In kleinen Variationen über ein bedeutendes Thema soll dies Büchlein ein Zeugnis meines und unseres bösen Herzens ablegen.«[22]

Kritik des Herzens

Welchem Poeten glaubt man und bescheinigt man ein lyrisches Eigenleben? Im Fall Wilhelm Buschs haben die Analytiker keinen Versuch unterlassen, ihn in Abhängigkeit zu früheren Dichtern und zeitgenössischen zu bringen, wie sie denn auch krampfhaft nach Epigonen suchten, nach Reimkünstlern und »wahren« Poeten, die aus seiner »Schule« entstammten.

Man hat ihn an Geibel, Keller, Mark Twain, Uhland, Heyse und Fontane gemessen, ja sogar eine Spurenverwandtschaft zu Goethe ausgemacht, und man hat ihn – immer wieder – als den eigentlichen geistigen Nachfahren Heinrich Heines auf der deutschen Literaturszene gefeiert, zumindest in den Zeiten, da dieser (wieder) en vogue war und nicht wegen seiner »Judenstämmigkeit« von vornherein als Abschaum galt.

Und wer nach ihm kam, sah es gern, wenn man aus seinen Werken herauslas, daß Busch sie befruchtet habe. Als Busch-Epigone

Franz von Lenbach: Wilhelm Busch 1877

zu gelten: ein Markenzeichen. Erich Kästner nahm ihn als »geistigen Großvater« an, Tucholsky berief sich alle Augenblicke auf ihn als seinen »Erzeugnis-Erzeuger«, bei dem er so häufig nachschlage wie der Rebbe in den Büchern Mose. Ringelnatz berief sich ebenfalls lautstark auf ihn, Morgenstern nannte ihn »Cousin«, und es entbehrt nicht der Komik, wenn ihn stark patriotisch gesinnte niedersächsische Denker immer wieder in einen Topf mit Hermann Löns werfen, der nun wirklich von Busch so weit entfernt ist wie die Courths-Mahler von dem »Geheimbden Rath« Goethe.

Busch in Beziehung zu Wilhelm Raabe zu setzen scheint legitim. Auch mit dem plattdeutschen Fritz Reuter mag es, vor allem in Ambientefragen, hier und da Übereinstimmung geben, wenn sich auch die »Läuschen un Riemels« des Mecklenburgers neben Buschschen Varianten höchst uncharmant, grob und banal ausnehmen. Doch zu dem gesamten Gründerzeitklüngel – von Wildenbruch und Dahn bis Freytag, Wolzogen und Heyse – gibt es keinen Draht, es sei denn, daß Busch gelegentlich das schwülstige, pathetische Vokabular dieser Hochnationalen benutzte, um sie zu karikieren und herunterzumachen.

Als Buschs erster Lyrikband, *Kritik des Herzens* betitelt, 1874 erschien und das wurde, was wir heute einen »Flop« nennen, wußten der Verleger und einige »wohlmeinende« Freunde sogleich, woran das lag: Busch war zu trocken, zu direkt, zu unsentimental, und alles war von einem fürchterlichen »Heineton« durchrastert. Sich mit dem Autor des *Buches der Lieder* abzugeben, galt in der Gesellschaft der wilhelminischen Ära als höchst unfein. Manche Dame war piquiert, wenn man in ihrer Gegenwart den abstrusen Dichter der *Loreley* und der pornographischen *Bäder von Lucca* pries.

Busch mochte den alten, schlitzohrigen Barden, besaß dessen Werke und hat ja auch manchmal indirekt auf jenen Kollegen hingewiesen, der an seinen am leichtesten scheinenden Versen – wie Busch – immer besonders lange herumfeilte. Wenn Knörrje in *Schnurrdiburr oder die Bienen* die Blumen, die Christine pflückte, in sein *Buch der Lieder* preßte, war damit nicht die markanteste und populärste Sammlung Heinrich Heines angesprochen? Denken wir auch daran, daß Jean seiner Herrin Helene das *Buch der Lieder* nachträgt.

Auf jeden Fall gibt es allerhand Übereinstimmungen in Form und Inhalt zwischen Heine und Busch. Oft sind es auch nur Stimmungen, die der Wiedensahler übernimmt. Zu den Elementen seiner Dichtung gehören eben – wie bei dem Matratzengruft-Dichter – übertriebene Skepsis, Pessimismus, Nonchalance, Liberalismus und tiefe Humanität. Und wer mit diesem Rüstzeug umgeht, der kommt eben oft zu gleichen, zumindest ähnlichen Ergebnissen.

Auffallend ist bei beiden die Desillusionierung romantischer Stimmungen. Es läuft alles so schön, so heil, so harmonisch, bis dann blitzartig – und sei es durch ein einziges inadäquates Wort – die Atmosphäre umschlägt. Der gewollte Schock, der die lyrischen Momente abwürgt oder persifliert. Die Katastrophe als Schlußsentenz. Darin war Heine wie Busch Meister.

Und noch ein anderes Merkmal taucht bei beiden auf: Sie produzieren eigentlich keine Lyrik, sondern gereimte Prosa.

Ähnliches hatte man vorzeiten auch von Heine gesagt. Daß zu dem »Heineton« in Buschs Versen nun auch noch Schopenhauersches Ideentum hinzukam, verziehen ihm die Gründerzeitliteraten nicht, die nichts als hohle antike Versmaße in den Ohren hatten und stets im Waberton der berühmt-berüchtigten Weimarer Hofbühne pathetisch herumschwelgten oder sich den von Richard Wagner wiederentdeckten Stabreim zunutze machten.

Busch nahm die negativen Kritiken zur Kenntnis, hielt sich aber nicht weiter damit auf. Die rege Zustimmung, die ihm Maria Anderson vermittelte, akzeptierte er. Es tat ihm wohl, daß da wenigstens eine lobende Stimme war, doch als die Dame allzu gefühlsbetont auf ihn einzuwirken versuchte, verbat er sich das »Seelenfiltrieren«. Er war eben ein nüchterner Mensch, sah alles durch die Brille der Ironie und erstarrte, wenn er sie einmal nicht trug. Dann gab er sich spröde, verbissen, neuralgisch und impertinent, sagte selbst den besten Freunden am laufenden Bande Bosheiten und kümmerte sich nicht darum, ob er seine Ansprechpartner mit seinen Worten verletzte.

Von seinen Mitmenschen verlangte er sachliches Mitdenken, Realitätsbezogenheit, Aufrichtigkeit und »das einfache Leben«. Alles andere war »Schwindelware«, vor allem der Ruhm, der sich allmählich auch an seine Fersen heftete. Wenn er in seinen Gedichten »den« Menschen porträtierte, kam er immer wieder auf dessen Grundschwächen zurück, die ihm in die Augen stachen:

Geboren ward er ohne Wehen
Bei Leuten, die mit Geld versehen.
Er schwänzt die Schule, lernt nicht viel,
Hat Glück bei Weibern und im Spiel,
Nimmt eine Frau sich, eine schöne,
Erzeugt mit ihr zwei kluge Söhne,
Hat Appetit,
kriegt einen Bauch,

Und einen Orden kriegt er auch,
Und stirbt, nachdem er aufgespeichert
Ein paar Milliönchen hochbetagt
Obgleich ein jeder weiß und sagt:
Er war mit Dummerjan geräuchert![1]

Auch in solchen Gedichten, bei denen man den Begriff Lyrik aussparen möchte, weil der sachliche Tonfall eher in die prosaische, unidyllische Richtung weist, merkt man die bewußte Distanz, die Busch zu seinen »Objekten« einnimmt. Der Mann der Bildergeschichten, in denen es auf Prägnanz, Gerafftheit, stilisierte Kürze, Plakativität ankommt, kann auch in seinen Wortgedichten keine andere Form finden als die des ironischen Reports, dem am Ende eine saftige Pointe angefügt wird:

Wirklich, er war unentbehrlich!
Überall, wo was geschah
Zu dem Wohle der Gemeinde,
Er war tätig, er war da.

Schützenfest, Kasinobälle,
Pferderennen, Preisgericht,
Liedertafel, Spritzenprobe,
Ohne ihn da ging es nicht.

Ohne ihn war nichts zu machen,
Keine Stunde hatt' er frei.
Gestern, als sie ihn begruben,
War er richtig auch dabei.[2]

Realismus verführt natürlich auch dazu, es den Moralisten zu geben, vor allem solchen, die nicht bereit sind, ihre latente Unmoral zu offenbaren, die als Heuchler und Spießer herumlaufen. Sie reagierten denn auch prompt auf die »lyrischen« Angriffe Buschs und ziehen ihn der Unmoral, sündhafter Durchtriebenheit und Perversion. Gab der Dichter nicht nachlesbar zu, auf der Seite der Verderbten zu stehen?

Ach, ich fühl es! Keine Tugend
Ist so recht nach meinem Sinn;
Stets befind ich mich am wohlsten,
Wenn ich damit fertig bin.

Dahingegen so ein Laster,
Ja, das macht mir viel Pläsier;
Und ich hab die hübschen Sachen
Lieber vor als hinter mir.[3]

Solche Verse zählten nach der Meinung vieler Kritiker zu den morallosen Produkten des Autors. Besonders aufgebracht zeigte sich der türkische Generalkonsul in Leipzig, ein gewisser Gustav Spieß, der sein Vermögen und sein Ansehen als Industrieller der Strumpfbranche erworben hatte. Spieß verfaßte eine Klageschrift, die er den wichtigsten Zeitungsredaktionen zuleitete und an »hochmögende« Persönlichkeiten verteilte. Aus ihm sprach jener Teil der durchaus gebildeten Leserschaft, der, konservativ und traditionsgebunden, schon das leiseste freimütige Geständnis als »Obscönithät« abtat:

»Der Umstand, daß auch in der neuesten Nr. Ihres geschätzten Blattes das jüngste Opus von W. Busch *Kritik des Herzens* mehrfach angezeigt und angepriesen wird, veranlaßt mich, diese Zeilen an Sie zu richten. Unzweifelhaft hat die verehrliche Redaktion keine Ahnung davon, welch ein erbärmliches Sammelsurium dieses neueste Werk von W. Busch darstellt und der Umstand, daß gerade Ihr Blatt von jeher sich bestrebt hat, alles... niedrig Gemeine fernzuhalten, bestimmt mich, Ihnen die Augen darüber zu öffnen, was Sie in jener *Kritik des Herzens* für den Weihnachtstisch deutscher Familien empfehlen... Wenn die geehrte Redaktion das Neueste von

W. Busch aber wirklich durchblättert hat, dann wird sie das Buch mit Widerwillen und Ekel aus der Hand legen und mir beipflichten, daß solche Erzeugnisse eines ›Dichters‹ ins Feuer und nicht auf den Weihnachtstisch gehören. Von Witz ist kaum die Rede, trivial ist das meiste, schal fast alles und schmutzig-lasziv viel zuviel – an keinem Gedicht wird man Freude haben können, sondern geneigt sein, das Buch mit einem ›Pfui, wie gemein und unschön‹, aus der Hand zu legen. Wenn jemand, der sich eine gewisse Popularität erworben, diese dazu mißbraucht, um solches Zeug in die Welt zu setzen, dann gebührt ihm eine derbe Abfertigung, und es wäre mir sehr erfreulich, wenn Sie dem ›Dichter‹ Busch diese zuteil werden ließen. Schon die letzten Zeichnungen verrieten eine bedenkliche Hinneigung zum Obszönen, und über die Berechtigung einer so verzerrten Karikatur kann man zweierlei Ansicht sein. Für das neueste Werk des Dichters Busch hätte derselbe das Lieblingstier des hl. Antonius selbst als Motto gewählt – damit wäre ihm der wahre Stempel aufgedrückt worden. Zu bewundern bleibt nur, daß sich unter dem Wust von Trivialem, Schalem und Obszönem zwei Gedichte befinden, die in der Tat ein sinniges, dichterisches Talent verraten, sie sind einer verstorbenen Geliebten gewidmet, die dem Dichter im Leben schon vieles zu vergeben Ursache gehabt zu haben scheint. Man kann die Verstorbene beneiden, denn wenn ihr diese Dichtungen W. Buschs gewidmet worden wären, so würde sie solche Huldigung sich wohl verbeten und dem Dichter diese Mißgeburten schwerlich verziehen haben.«[4]

Bassermann erwartete, daß Busch diesem Rundschreiben eine geharnischte Rechtfertigung entgegensetze; doch der Dichter schwieg sich aus. Sittliche Entrüstung über seine Verse, so sagte er, könne ja wohl nur von einem untugendhaften Gemüt kommen.

Wozu sich da groß aufregen und sich »Magenschmerzen« bereiten? Er tat es dennoch. In den Briefen an Maria Anderson zum Beispiel spie er Gift und Galle.

Den ihm übel wollenden Rezensenten hatte er in dem Gedichtband ja schon angesagt (und auch der Titel des Bandes deutete es an), was er von ihren Elaboraten zu halten gedachte und mit welcher Selbsteinschätzung er gewappnet sein würde, sich ihnen – lächelnd – zu widersetzen:

Die Selbstkritik hat viel für sich.
Gesetzt den Fall, ich tadle mich;
So hab' ich erstens den Gewinn,
daß ich so hübsch bescheiden bin;
Zum zweiten denken sich die Leut,
Der Mann ist lauter Redlichkeit;
Auch schnapp' ich drittens diesen Bissen
Vorweg den andern Kritiküssen;
Und viertens hoff' ich außerdem
Auf Widerspruch, der mir genehm.
So kommt es denn zuletzt heraus,
Daß ich ein ganz famoses Haus.[5]

Man bedenke, daß Wildenbruch zu dieser Zeit in grotesker Gestelztheit seinen Hymnus *Hohenzollern, du mein Geschlecht!* anstimmte und Felix Dahn dem »Geist, der Erz in Feindeshänden stößt« ganze Romanserien widmete. Nein, in romantischen Schablonen reimte Busch nicht, wenn er auch manchmal Formen übernahm, in denen sich schon August von Platen ausgelassen hatte, den er besonders schätzte. Doch Busch wird dadurch nicht zum Klassizisten des Wortes. Wenn er auch im jambischen Pentameter reimt, so nimmt er das antike Versmaß lediglich als Mittel der Parodie, wie es sein genialischer musikantischer Zeitgenosse Jacques Offenbach tat, wenn er den ganzen griechischen Olymp durch den Kakao zog.

Busch war in seiner Gesamthaltung kein Wilhelminist, kein Wort-Ornamentler, der Gußeisen für Gold ausgab. In seinen Geschichten und Gedichten bedurfte es keiner protzigen, abschweifenden Wort-Balkone.

Er »baute« sehr direkt, kam immer gleich auf den Punkt und haßte das verschnörkelnde Attribut, mit dem seine schreibenden Zeitgenossen ihre Worthülsen füllten:

Das Bild des Mann's in nackter Jugendkraft,
So stolz in Ruhe und bewegt so edel,
Wohl ist's ein Anblick, der Bewundrung schafft;
Drum Licht herbei! Und merke dir's, o Schädel!

Jedoch ein Weib, ein unverhülltes Weib –
Da wird dir's doch ganz anders, alter Junge.
Bewundrung zieht sich durch den ganzen Leib
Und greift mit Wonneschreck an Herz und Lunge.

Und plötzlich jagt das losgelaßne Blut
Durch alle Gassen, wie die Feuerreiter.
Der ganze Kerl ist eine helle Glut.
Er sieht nichts mehr und tappt nur noch so weiter.[6]

Dergleichen kann man im »Salon« der Gründerjahre nicht vorlesen. Da hat Gustav Spieß aus Leipzig recht. Das ist degoutant,
das darf man bestenfalls am Biertisch dem Kneipbruder hinter vor-
gehaltener Zeitung vortragen. Und manches ist auch wirklich trivial und schal, wie es der Herr Generalkonsul genannt hat. Und doch
ist es wiederum nicht die »zeitgemäße« Trivialität und Schalheit
der Nataly von Eschstruth, der Luise von François, der Eugenie
Marlitt, Paul Heyses, Julius Bahnsens, Georg von Omptedas, Ernst
von Wildenbruchs und Victor von Scheffels, der als Erzvater des
wilhelminischen Trivialismus zu gelten hat.

Busch benutzte banale Wendungen nicht selten, um damit sein
Objekt zu charakterisieren und gleichzeitig zu bewerten. Ein trivia-
les Wort genügt bisweilen, um denjenigen lächerlich zu machen,
der es gesagt hat.

Der optimistische Bürgerglaube seiner Zeit störte ihn erheblich.
Bei ihm gab es für diesen Glauben keine Voraussetzungen, keine
geistigen Räume. Seine Szene ist wie die des spottenden Philosophen Lichtenberg leergefegt von Emotionen, wie sie den Wilhelmi-
nisten aufputschen. Todernst erzählt er seine Geschichten, setzt er
seine Pointen. Und nun, Leser, entscheide selbst, was du davon
hältst: Willst du lachen oder es beim unbeteiligten »Na ja!« belassen. Keine vorgesetzte Meinung, sondern konstruktives Mitdenken. Wie bei den Zeichnungen William Hogarths: »Die gehen
einem erst beim Nachschmecken auf!« So zitiert der Biograph
Daelen Busch.

Der Dichter bekennt sich zur Realdialektik, versucht, den Widerspruch zwischen dem Wesen der Welt und dem angeblichen Wissen um sie zu überbrücken, was ihm nicht gelingen kann und ihn

auch daher in die pessimistische Nische stellt. »Es ist wirklich nicht die beste der Welten«, bekennt er.

Um in ihr existieren zu können, muß man – wie etwa Jonathan Swift – seinen Humor dazu nutzen, Klarheit und Sachlichkeit in den Dingen zu erzwingen. Man muß Witz und Humor säen; ernten lassen kann man nur den anderen, der selber zu entscheiden hat, ob er Opfer oder Nutznießer des Humors sein will. Busch kann nicht mit seinen Menschen lachen, doch er ist von dem Trieb erfüllt, sie durch seine Sinnsprüche und Klaubereien lachen zu machen. Und während sie dann lachen, seziert er sie mit Röntgenblicken und schimpft über ihre maßlose Dummheit.

Busch ist Logiker. Und weil er das im Übermaß ist (und oft darunter leidet), muß er seine Logik stets verbiegen, womit er die reale Situation verwischt und ad absurdum führt. Das schafft auch manchen Widersinn in seiner Sprache. Und den halten die meisten seiner Bewunderer für Witz. Sie krümmen sich vor seiner Präzision des Blödsinns und denken nicht darüber nach, daß er doch eigentlich nur den Tiefsinn des Banalen formuliert: mit entwaffnender Anschaulichkeit.

Wer die Geistlosigkeit seiner Zeit so wie Busch auf den Prüfstand stellt und mit frappierender Gelassenheit die »Ernsthaftigkeit des Lächerlichen« als wesentlichen Teil seiner Lebensphilosophie propagiert, darf nicht bei denen auf ein positives Echo hoffen, die von ebendieser Ernsthaftigkeit nicht überzeugt sind oder sie nie erfahren haben.

Kritik des Herzens enthält achtzig Gedichte. Hundert weitere erscheinen 1904 unter dem Motto *Zu guter Letzt*. Postum sammelt man vierundsiebzig weitere Titel und ediert sie in dem Band *Schein und Sein*. Doch von den gut zweihundertfünfzig Gedichten, die aus der Feder Buschs stammen, sind nur wenige so bekannt geworden wie die Verse zu seinen Bildergeschichten.

Münchner Freunde

Busch hat sich in Wiedensahl bei Pastor Nöldekes häuslich eingerichtet. Ist der Hausherr auswärts, macht er den »Pfarrverweser«
und fühlt sich in dieser Rolle durchaus behaglich. Zu Bruder und
Schwägerin im Elternhaus (das er nach dem Auszug nie wieder be-
treten hat) geht er auf Distanz. Wenn er im Dorf zum Postamt spa-
ziert, benutzt er einen Umweg, damit er der »schrecklichen«
Schwägerin nicht begegnet, die ihm ein besonderer Dorn im Auge
ist.

Dieses »aggressive Wesen«, die »geborene Fuhlhage aus Bremen«, hat offensichtlich viel zum Zwist zwischen den Brüdern bei-

Geburtshaus von Wilhelm Busch in Wiedensahl bei Stadthagen.
Foto, um 1950

getragen. Sie saß auf einem Haufen Schulden und neidete Wilhelm die »dicken« Konten bei den Banken in Hannover.

Die siebziger Jahre sind für den Dichter noch »ausgelebte« Reisejahre. Gern weilt er in Wolfenbüttel bei Bruder Gustav, auf dessen Grundstück er sich ein kleines Sommeratelier einrichtet. Busch an seinen Freund Bachmann in Ebergötzen: »Ich habe mir so eine Art von Gartenhaus gebaut mit Nordlicht, so daß ich drin malen kann. An Modellen fehlt es mir nicht, weil auf meines Bruders Hofe allerlei Leute zu thun haben, die ich nur herein zu rufen brauche.«[1]

An Verleger Bassermann: »Fern von der Frankfurter Börsenluft, unter blühenden Bäumen, beim Gesange der Nachtigall, in heiterer Betrachtung des Federviehs, der Pferde, Füllen, Hunde und Katzen auf dem Hofe meines Bruders in Wolfenbüttel ist dieser Frühling so recht behaglich an mir vorüber gezogen.«[2]

Er porträtiert den Bruder und läßt Maria Anderson wissen: »Mein genre ist genre. – Ein Pfau, drei Dutzend Hühner, zwei Kater, zwei Katzen, zehn Pferde, Lumpen, alte Weiber, Kinder – das steht alles zu meiner Verfügung.«[3]

Ingrid Haberland resümiert über die Mittsiebziger: »Das Ergebnis der für den Maler Busch so glücklichen Konstellation ist ein gutes Dutzend frisch und unmittelbar angepackter Tafelbilder, teilweise auf kaum bearbeiteten Fichtenholzbrettern mit Ästen, flüchtig grundiert, flott – alla prima – heruntergemalt. Umgebung und Hintergrund bleiben Skizze, der Malgrund wird mit breiten raschen Pinselstrichen lasierend zugedeckt. Einzelheiten am Modell geht Busch mit erstaunlicher Sorgfalt nach, anderes läßt er unausgeführt.

Es ist ein Wechsel von äußerster Präzision und lockrer Andeutung. Der Maler möchte rasch mit seinem Bild fertigwerden. Er befindet sich in einer Phase schöpferischer Unruhe. Wilhelm Busch strebt in diesen Jahren dem Gipfel seines Könnens zu. Vieles – über die Jahr für Jahr erscheinenden Bildergeschichten hinaus – drängt zur Gestaltung, das zeigen die spontan formulierten Ideen in den häufig von Wolfenbüttel ausgehenden Briefen an Maria Anderson. Es geht ihm auch um eine Bestätigung als Maler vor sich selbst, um eine Befreiung aus der Zwangsjacke einer allzu einseitigen Wertung als ›Humorist‹, die dem, was er eigentlich will, nicht gerecht wird.«[4]

Als bedeutende Blätter jener Jahre entstehen *Der alte Mann im Gehrock, Der Häusler, Hühnerfütternde Frau, Die alte Frau* und *Der Bettler*. Physiognomische Meisterwerke, beklemmend ernst und in so gar keinem Zusammenhang stehend mit den gleichzeitig erscheinenden Bildergeschichten, etwa den *Abenteuern eines Junggesellen*. Man ist ohnehin versucht, für jenen Zeitraum die Amplitude des Buschschen Denkens, Planens und Handelns äußerst weit zu spannen. Vieles überlagert sich, und er ist mittendrin, sich weltanschaulich-philosophisch zu konsolidieren.

Die Annäherung an Schopenhauer ist dicht. Kaum ein Brief aus seiner Feder nimmt nicht Bezug auf die Erkenntnis des »weisen Arthur«, dessen Hauptschriften »ständige Begleitlektüre« des Dichters sind. Busch erklärt: »Der Wille ist der Starke, Böse, Wirkungsvolle, Erste; der Intellekt ist No. 2. Alles muß...«[5]

Dann wird der Wille näher umrissen und als der »allgegenwärtige Drang zum Leben« definiert. »... überall derselbe, der einzige; im Himmel und auf Erden; in Felsen, Wasser, Sternen, Schweinen, wie in unsrer Brust. Er schafft und füllt und drängt, was ist. Im Oberstübchen sitzt der Intellekt und schaut dem Treiben zu. Er sagt zum Willen: ›Alter! Laß das sein! Es gibt Verdruß!‹ Aber er hört nicht. Enttäuschung; kurze Lust und lange Sorge; Alter, Krankheit, Tod, sie machen ihn nicht mürbe; er macht so fort. Und treibt es ihn auch tausend Mal aus seiner Haut, er findet eine neue, die's büßen muß.«[6]

Bisweilen beschäftigt sich Busch mit asiatischen Theologien und Theoremen, macht sich Gedanken über Reinkarnation und Individuation. Jede Geburt sei Wiedergeburt, doziert er. Doch alles sei dem Willen untergeordnet: »In Wahrheit ist ein Wille eine Schuld, ein Leiden. Ein Stück davon sitzt auch in meiner Brust. Man leidet eben, weil man da ist; das ist die Kern- und Wurzelsünde. – Ja, aber man hat sich doch nicht selbst gemacht! – Wie? Könnt' ich's doch glauben! – Ich glaube vielmehr, daß wir haftbar sind für unser Tun und Sein; besonders für das Letztere, welches das Erste ist. – So sind wir, so ist unser Charakter: eine ganz bestimmt geartete Kraft. Er kommt ins Handgemenge mit andern Kräften; man handelt; das Resultat erfolgt mit Notwendigkeit; und wenn wir auch im Rechte sind, so tut uns dennoch zuweilen der ›Rücken‹ weh.«[7]

Recht gläubig folgte Busch der Willenslehre Schopenhauers, doch er fand auch Widersprüchliches in der Lehrmeinung seines

Philosophen, wenn es um den Verstand und dessen Erlöserrolle ging. Neben Schopenhauer existierte ja auch noch Darwin. In den Möglichkeiten der Evolution sah er durchaus Positives, so daß er meinte, er sei ein Pessimist für die Gegenwart, aber ein Optimist für die Zukunft.[8]

Philosophische Exkurse konnte Busch freilich nicht in der Umgegend von Wiedensahl und Wolfenbüttel machen. Seine »fromme« Verwandtschaft taugte nicht zu solchen Disputationen. Dafür hielt er sich bei den Münchner Freunden schadlos, die er nicht nur zwecks hochgeistiger Konversation aufsuchte, sondern auch der Geselligkeit halber, deren er von Zeit zu Zeit bedurfte. Und wenn er schon mal in München war, dann haute er auf die Pauke, dann entwickelte sich der ansonsten so nüchterne und biedere Niedersachse zu einem Ausbund an Faxenmacherei. Er komme doch tatsächlich keinen Abend früh nach Hause, läßt er die Frankfurter wissen, habe demzufolge auch kaum Zeit, ausführlich zu schreiben. Heute abend hier Gesellschaft, morgen dort Ball, »wo denn der neue Frack gar hübsch und gründlich eingewärmt werden soll«. Zur eigentlichen Arbeit komme er nimmer; es gehe schon wochenlang so. »Ich bin immer noch in einem gelinden Dusel. Bälle, Einladungen, maskirte Kneipen wechseln miteinander ab. Es ist mir, als litt ich an einer mäßigen Krankheit, an die man sich schließlich gewöhnen muß.« Im Aufschwung der Gefühle läßt er Johanna Keßler auch wissen, daß es ihm eine pechschwarze Paraguayerin angetan habe, die er an einem der nächsten Abende malen wolle.[9]

Man reicht »Monsieur« Busch in München herum. Er wird zur unentbehrlichen Gesellschaftstype im Schlepptau prominenter Freunde. Zu denen zählen inzwischen der Akademiedirektor Friedrich August von Kaulbach, der Architekt Lorenz Gedon, der Maler Franz von Lenbach, der Schriftsteller Paul Lindau und der Dirigent Hermann Levi.

Hatte Busch auch heftige Kritik an der Kaulbachschen Malschule geübt, als er früh nach München kam – der Mensch Kaulbach »wuchs ihm zu«, war ihm höchst sympathisch. Der verstand seinen Pantheismus und die durch die Schopenhauersche Brille eingefärbte Natursicht, das Bestreben, die Wälle der Romantik abzutragen und sowohl die konkreten als auch die abstrakten Dinge

Lenbach und Busch

realistisch zu betrachten. Noch näher als Kaulbach stand ihm Lenbach, dessen Porträtkunst Busch in hohen Tönen lobte und von dem er, was die »Lichtkunst« anbelangte, zu lernen gedachte.

Bei Lenbach im Atelier traf Busch auf Paul Lindau, zu der Zeit Dramaturg des Berliner Schauspielhauses und Herausgeber der Zeitschrift *Nord-Süd*. Auch als Stückeschreiber war Lindau en vogue. In seinen Erinnerungen berichtet Lindau über die Begegnungen mit dem Dichter:

»›Richte es doch so ein‹, schrieb mir Lenbach in den letzten Tagen des August 1877, ›daß du auf der Rückreise nach Preußisch-Berlin ein paar Tage in München bleibst. Du mußt Wilhelm Busch kennen lernen.‹ – Nun sah ich ihn also leibhaftig vor mir – so lebendig und lebensfroh wie nur möglich. Es war in Lenbachs Atelier – im alten, dem zwar viel einfacheren als die pompöse Kunstwerkstatt in seinem späteren fürstlichen Renaissancebau, aber kaum minder schönen. Unter Lenbachs künstlerischen Ratschlägen und Weisungen kopierte Busch ein kleines Genrebild irgend eines niederländischen Meisters, während er selbst von Lenbach gemalt wurde. Das Bildnis, das ich da entstehen sah, darf Lenbachs Meisterwerken beigezählt werden – im tiefsten Erfassen der Individualität, in der geistvollen Charakteristik, in der hohen künstlerischen Durchführung. Das war Wilhelm Busch, wie er leibte und lebte, in der Vollkraft seiner vierundvierzig Jahre. – Busch hatte vor mir, dem Jüngsten, einen Vorsprung von sechs Jahren, Lenbach mit seinen einundvierzig Jahren hielt die Mitte – eine kräftige, etwas über mittelgroße Gestalt, leicht und frei in seinen Bewegungen, mit dem echten, schönen Künstlerkopf, von dichtem, dunkelbraunem Haupthaar und weichem Vollbart umrahmt, mit seinem feingeschnittenen Profil und den großen, klugen, guten Augen, deren eines er beim Sprechen gewöhnlich lustig und verschmitzt einkniffte, und die so scharf in das närrische Getriebe unserer Welt blickten – mit den unvergeßlichen Augen von Wilhelm Busch, der alle Schwächen erkannte, sich über sie lustig machte, ohne sich zu ereifern, ohne sich zu entrüsten, mit demokritischem Schmunzeln lächelte, wie Figaro, um nicht weinen zu müssen... Lenbachs draufgängerische Herzlichkeit mag dazu beigetragen haben, unseren Verkehr gleich auf einen gemütlichen Ton zu stimmen. Wir brauchten keine zehn Minuten, um in zwangloser, völliger Unbefangenheit miteinander zu schwatzen wie Leute, die sich schon seit Jahren kennen. Im Laufe des Gesprächs sagte er mir freilich, daß er von Sympathien und Antipathien bis zur Unwürdigkeit abhängig sei: ›Von meinen ersten Eindrücken kann ich mich nicht mehr losmachen. Für den Kerl, der mich später enttäuscht, bin ich immer ein rabulistischer Advocat, suche und finde mildernde Umstände für alle seine Schofeleien; muß ich mir aber sagen, daß ich einem Menschen in der ersten Schätzung Unrecht getan habe, so suche ich wie ein schnaubender Staatsanwalt nur nach Symptomen, die für seine geheime Übeltäterei sprechen. Es ist niederträchtig, aber es ist so! ... Ich kann's also den Leuten gar nicht verdenken, wenn sie sagen, ich sei ein ungemütlicher Grobian. Mit Menschen, die ich nicht leiden mag, kann ich keine drei Sätze miteinander sprechen.

Deshalb bin ich auch in jeder großen Gesellschaft ein unbrauchbares Möbel. Schon der Zwang, unseren gesellschaftlichen Rummel mitzumachen, würde mich aus der Großstadt vertreiben. So lange ich hier nur Gastrollen gebe, kann ich mir die Leute aussuchen, mit denen ich gern umgehe, und wenn mir die anderen nachsagen, ich sei ein Narr oder gar ein Flegel, so pfeife ich darauf. Wäre ich hier seßhaft, so müßte ich wohl oder übel so und so oft den Frack anlegen und mich mit Leuten zusammentun lassen, die mich tödlich langweilen und ärgern; die mir dummes Zeug erzählen, das mir Wurst ist, und die von mir verlangen, daß ich ihnen eine Komödie vorspielen soll, die mir gar keinen Spaß macht... Ich will mich dessen wahrhaftig nicht rühmen. Ich gebe sogar zu, es ist eine Schwäche von mir; aber wenn ich sie überwinden wollte, würde ich nicht auf meine Kosten kommen. Und deshalb fliege ich in mein Nest zurück, wenn ich mich in einer großen Stadt umgetan habe und mir immer wieder sagen muß, daß für meinen Geschmack die Belästigung hier größer ist als das Pläsier, und der Verlust an Zeit und Laune beträchtlicher als der Gewinn. Um fremde Menschen kümmere ich mich nicht und bin ganz damit einverstanden, daß sie sich um mich auch nicht kümmern...‹«[10]

Mit Lenbach und Lindau diskutiert Busch viele Münchner Nächte hindurch: Lindau: »Wir ereiferten uns über alles Mögliche. Nicht einen Augenblick stockte die Unterhaltung, und wir sprachen so lebhaft, so laut, daß wir gar nicht bemerkten, wie es um uns still und stiller geworden war, wie wir schließlich allein in der verräucherten Schenke saßen, vielleicht schon seit Stunden, bis uns der verschlafene Kellner mit vorwurfsvollen Blicken und deutlichen Worten darauf aufmerksam machte, daß unser Bierkonsum nach Münchener Begriffen dem Zeitaufwande nicht entspreche, daß es überhaupt kein Bier mehr gebe und andere Getränke auch nicht, und daß er uns guten Morgen und zu allen Teufeln wünsche... Und ein paar Stunden später waren wir wieder lustig bei Ernst Hanfstaengl, der uns zum Frühstück geladen hatte und uns nebenher in allen möglichen Stellungen photographierte, unter anderem in der anmutigen Gruppe der drei Grazien von Canova. So sahen wir nach der durchzechten Nacht nun nicht gerade aus. Und so lebten wir, so lebten wir alle Tage – auch im ernsten Gespräch, das wir gar nicht selten führten, alleweil fidel.«[11]

»Drei Grazien« frei nach Canova: Lenbach, Lindau, Busch
nach einem Foto von Ernst Hanfstaengl

Kaum war Lindau nach Berlin zurückgekehrt, da fand er einen Brief Buschs vor.

Darin hieß es: »Seit Sie fort sind, hat die lebendige Spannung der Feder im Getriebe unserer nächtlichen Ergötzlichkeiten bedenklich nachgelassen. Bereits vor Mitternacht flattere ich nun mit mattem Flügelschlage dem Neste zu, wo die zwei bewußten weißen Zipfel rechts und links das Ohr des Schläfers wärmend überragen. Ich denke gern daran, daß Sie hier waren, und so vergessen Sie mich denn auch nicht ganz...«[12]

Busch hatte zwar Lindau versprochen, ihn in Berlin zu besuchen, doch dazu kam es nicht. Gelegentlich tauschte man sich brieflich aus. Busch legte seinen Ausführungen nicht selten ein Poem bei, manchmal von beachtlicher Länge, wie jenes Silvestergedicht, in dem er über das eigene Ende nachdenkt und das so endet:

Ganz besonders und vorzüglich
Macht es mich so mißvergnüglich,
Daß es mal nicht zu vermeiden,
Von hienieden abzuscheiden,
Daß die Denkungskraft entschwindet,
Daß man sich so tot befindet;
Und es sprechen dann die Braven:
Siehe da, er ist entschlafen;
Und sie ziehn gelind und lose
Aus der Weste oder Hose
Den geheimen Bund der Schlüssel
Und man rührt sich auch kein Bissel,
Sondern ist, obschon vorhanden,
Friedlich lächelnd einverstanden.
Schaudernd leere ich das Glas.
(Ach, wie schön bekömmt mir das!)
Wo wird dann die Seele weilen?
Muß sie sich in Duft zerteilen?
Oder wird das alte Streben,
Hübsche Dinge zu erleben,
Sich in neue Form ergießen,
Um zu lieben, zu genießen?
Oder in Behinderungsfällen
Sehr zu knurren und zu bellen?
Kann man, frag' ich angstbeklommen,
Denn da gar nicht hinterkommen? – –
Kommt, o kommt herbeigezogen,
Ihr verehrten Theologen,
Die ihr längst die ew'ge Sonne
Treu verspundet in der Tonne;

Überschüttet mich mit Klarheit:
Doch vor allem hoff' ich Wahrheit
Von dem hohen Philosophen;
Denn nur er, beim warmen Ofen,
Als der Pfiffigste von allen,
Fängst das Licht in Mausefallen.
Prost Neujahr! Und noch ein Glas.
(Ei, wie schön bekömmt mir das!)[13]

Lindau beschließt, Busch mit Lenbach in Wiedensahl zu überfallen. Doch der Maler winkt ab. Lindau: »... er widerriet mir sogar freundschaftlich, aber entschieden, ein Wiedersehen mit Wilhelm Busch zu erzwingen. Seine Rede hatte etwas Befangenes, Gedrücktes. Vielleicht waren auch ihm die sonderbaren Gerüchte zu Ohren gekommen, daß der freie Wilhelm Busch, wenn er sich auch gewiß nicht zu der von ihm so köstlich verspotteten Frömmelei bekehrt hatte, mit den Jahren doch eine Wandlung durchgemacht habe, sich nicht gern an den *Heiligen Antonius*, die *Fromme Helene* und den *Pater Filuzius* erinnern lasse und daher auch alte Freunde, die das wohl kaum verstehen würden, vermeide. Seine immer spärlicher werdenden Briefe widersprachen dem jedenfalls nicht; sie sprachen auch nicht mehr davon, daß er mich aufsuchen wolle...«[14]

1892 meldet sich Busch nach langer Pause bei Lindau: »Ich selbst, mit ein paar Angehörigen, die ich liebe, wohne längst in äußerster Bescheidenheit, verknüpft mit der Erwartung, so leicht nicht erwischt zu werden, an den Grenzen der Welt, wo das Getöse der großen Maschinen nur noch gedämpft brummend zu hören ist; und sind auch Wald, Wiesen und Feld für strebsame Publizisten kaum die geeigneten Spielplätze, so findet doch derjenige, dem's taugt, daselbst um so wahrscheinlicher Gelegenheit, sich in aller Stille ein wenig die Seele zu schneuzen.«[15]

War es mit Lindau zu einer »ganz netten« Bekanntschaft gekommen, so geriet die Verbindung mit dem Dirigenten Hermann Levi zu einer wirklichen Freundschaft. Der »geniale Gesellschaftmusiker« – wie Busch ihn apostrophierte – stand im Banne Richard Wagners und der Bayreuther Wagneriner, deren Kreis von radikal nationalen Vordenkern angeführt wurde: Leopold von Schröder,

Hans von Wolzogen, Houston Stewart Chamberlain (Wagners Schwiegersohn).

Levis einziges Handicap war sein Judentum, das ihm vom Hause Wahnfried immer wieder als Fluch vorgehalten wurde, bis er resignierte und die Taufe annahm. Levi hatte sich seit seiner Jugend assimilatorisch verhalten, oft seine Herkunft geleugnet und sogar mit dem Gedanken gespielt, seinen Familiennamen zu ändern. Er war der typische Opportunist seiner Zeit, biederte sich an, wo es nur ging, und zeigte eine Unterwürfigkeit, die mehr als peinlich war.

Konvertiten lassen sich gern und oft dazu hinreißen, ihre Herkunftsreligion zu schmähen. Levi war darin keine Ausnahme. Stand bei einer Gesellschaft in der Villa Wahnfried das Thema Antisemitismus zur Debatte, was häufig geschah, wurde er stets von Cosima Wagner und ihrem Gefolge dazu mißbraucht, etwas Böses oder Perverses über »die Juden« auszusagen. Und tat er's, lachte man ihn hinterher aus. Levi nahm das mit masochistischer Gelassenheit hin. Die Hauptsache, er, der »subaltern Geborene«, durfte an allem teilhaben, was die große Welt ausmachte, vor allem die große Welt der Kunst und der Musik, in der er unbedingt mitreden wollte.

Er war ein großartiger Dirigent. Und das allein bewog Richard Wagner, ihn fest an Bayreuth zu binden, auch wenn jener seiner Herkunft nach »nichtarisch« war. Es gab keinen besseren Dirigenten für den *Parsifal*, dessen Uraufführung 1882 ins Festspielhaus stand. Wagner hätte auch einen Hottentotten engagiert, wenn dieser »der Beste aller« gewesen wäre und ihm aus der Hand gefressen hätte.

Busch fand an dem Hofkapellmeister (später Münchner Generalmusikdirektor) großen Gefallen. Das war (platonische) Liebe auf den ersten Blick zwischen beiden.

Der ganze Wagnerklüngel war Busch gleichgültig, wenn nicht zuwider. Vor allem das ideologische Denkgebäude des Bayreuthers mit pompösem teutonischem Kult und völkischer Spintisiererei mißfiel dem Dichter gründlich. Da mochte Levi noch soviel reden und auf ihn eindreschen, Busch winkte ab und verbat sich dergleichen Politik.

Ganz abgesehen davon fand er auch die Musik Wagners scheußlich. Immer wieder versuchte der Dirigentenfreund, ihm die

Busch mit Hermann Levi

»großen« Werke des »Meisters« schmackhaft zu machen; stundenlang spielte er Busch aus den Partituren vor, doch der war nicht zu bekehren und bat nach jeder Privatvorstellung den »guten Hermann«, ihm zur Erholung ein wenig Mozart aufzutischen.

Selbst in Wolfenbüttel, wo sich Musiker und Dichter zweimal trafen, unterblieb das »Gerede« über Wagner nicht. Und manchmal wurde Busch darob ganz fünsch, was Levi aber liebedienerisch schluckte.

In Wolfenbüttel bannte sie auch der Fotograf Sternitzky gemeinsam auf die Platte, beide unter einem gewaltigen Regenschirm.

Busch schrieb unter einen Abzug: »Christ und Jud unter einem Dach – sie sind aber auch danach.« Das heißt: Jemand aus der geschäftstüchtigen Sippe Nöldeke hat die Zeilen gestichelt und Stein und Bein geschworen, Busch habe das wirklich verfaßt. Daß dieses so signierte Foto dann ausgerechnet in die Villa Wahnfried geriet, läßt auf die Tatsache schließen, daß die beflissenen Nachfahren des Dichters nichts ausließen, um Buschs völkische Gesinnung an prominenter Stelle hervorzuheben.

Er ist, was dies betrifft, ein Opfer seiner nationalistisch gesinnten Erben geworden, die denn auch immer bei Levi anknüpften, wenn es – in brauner Zeit – darum ging, die aktenkundige antisemitische Haltung des Onkels zu plakatieren und zu dokumentieren. Und so fehlen in keiner bisherigen Biographie die notwendigen Zitate, um im Kapitel Levi auf Buschs vermeintliche antijüdische Haltung hinzuweisen.

Doch dem war es völlig gleichgültig, ob Hermann Levi nun beschnitten wurde oder nicht. Sie trafen sich auf einer gänzlich anderen Ebene als der politisch-ideologischen. Und wenn im Umkreis (auch im »Allotria« Münchens) immer wieder darüber diskutiert wurde, wie der arme Levi sich in jüdischem Selbsthaß zermarterte und wie förderlich es seiner Seele wäre, sich zum Christentum zu bekehren – Busch beteiligte sich an solchen Klatschereien nicht. Er liebte den Freund um seiner selbst willen, achtete nicht auf dessen gesellschaftliche Stellung und den Nimbus, der den Hofkapellmeister und (zeitweiligen) Intimus König Ludwigs II. umgab.

»Liebster Freund...!« redet Busch Hermann Levi an, oder: »Mein liebster Spektakelmacher!« Und dann mag es heißen: »Jedenfalls freu ich mich und bin dir dankbar, wenn du mir so gut bist, wie ich dir... Leb wohl, liebster Freund, und sei recht herzlich gegrüßt von deinem getreuen Wilh. Busch.«[16] Zu keinem anderen Menschen hat Busch je solche Nähe und solches Zutrauen gefunden.

In den erhaltenen Briefen des Dichters an den Dirigenten spiegelt sich auch mancherlei von der philosophischen Grundanschauung wider, zu der sich Busch in den Endsiebzigern und im folgenden Jahrzehnt durchrang:

»Der kalte Winterwind bläst den Regen durch die sausenden Bäume. Noch immer gehe ich rauchend, den Schopenhauer in der einen, den Darwin in der anderen Tasche, den Strom entlang auf dem muthmaßlichen Wege an's Meer, wo vielleicht das Schiff liegt, welches, wie man sagt, nach den seeligen Inseln segelt. ›Die Heiligen sind schon dort‹, sagt Schopenhauer. Da aber der Wille untheilbar ist, so hätten sie mich nothgedrungen mitnehmen müssen, und ich wäre schon ›dort, wo ich nicht bin‹. Darwin sagt: ›Es giebt eine Entwickelung.‹ Nehmen wir an von minus X über Null zu plus X. Dann säße der Mensch auf No. 0, während der Affe etwa auf –1 herumkletterte. Der Fortschritt von –1 bis 0 ist ersichtlich: Die Erkenntniß, daß diese Welt ein Irrthum, dämmert auf. Wir reden bereits von Tod und Erlösung recht hübsch und erbaulich; dann gehen wir in's Wirtshaus, in's Theater, zum Liebchen, oder bleiben als gute Hausväter daheim und kosen mit unseren Weibern. Unseren Fleischbedarf liefert der Metzger. Wir machen auch Gesetze, gründen Kirchen, Eisenbahnen, Kranken-, Waisenhäuser und mehr dergleichen. – Gut! – Inzwischen stirbt Alles dahin, was auf Null gewesen, und wird von +1 absorbiert, wo es, im Lichte neuer Intellecte, als sein eigener Erbe, den alten gemischten Nachlaß sofort wieder antritt. Es gab einen Fortschritt bis Null. Als gute Optimisten hoffen wir natürlich, daß es so weiter geht. Die Kraft der Tiefe, der Drang zum Variieren thun auch ihr Theil. – Kurz, +1 ist gescheidter und besser als 0. – Vorwärts: – hier ist bereits 10 000 000. Viel Kopf, wenig Leib. Keine Eckzähne, keine Knöpfe mehr in den Ohrmuscheln. Nahrung: Gemüse. Vermehrung: wie bisher. Der dicke Kopf kann den dünnen Leib noch immer nicht zur Raison bringen. – Weiter! Plus zehn Milliarden. Nahrung: Luft. Vermehrung: durch phlegmatische Knospenbildung. Der Mensch von No. 0 ist längst verschollen. – Schluß! – +X. Fast nur Kopf. Kaum etwas Wille. Vermehrung: keine. Die Intellecte blasig herum schwebend, durchschauen Alles gründlich. Das bischen Wille verneint sich leicht, und Alles verklingt, wie wir Musiker zu sagen pflegen, in einem versöhnlichen Accorde. – Wehe, wehe! – Wer jemals das Auge der energischen Bestialität hat blitzen sehn, den beschleicht eine grauenvolle Ahnung, daß ein einziger sonderbarer Halunke auf dem Uranus die Erlösung aufhalten, daß ein einziger Teufel stärker sein könnte, als ein ganzer Himmel voll Heiliger. Haben die Christen recht? Kommen die Unverbesserlichen am Schluß in die Hölle? Kann der Einzelne eine Anleihe machen im Betrage seines

Antheils an der gemeinsamen contrahirten Schuld, das Geld auf den Tisch legen und sagen: Adieu, auf Nimmerwiedersehn?! Drüben, am andern Ufer des Stromes steht der heilige Augustinus. Er nickt mir ernsthaft zu: Hier liegt das Boot des Glaubens; Gnade ist Fährmann; wer dringend ruft, wird herüber geholt. – Aber ich kann nicht rufen: meine Seele ist heiser; ich habe eine philosophische Erkältung...«[17]

In diesem Brief an Hermann Levi offenbart Wilhelm Busch, wie in keinem anderen Dokument, die Grundessenz seines Soseins.

Die Knopp-Trilogie

In der zweiten Hälfte der siebziger Jahre erscheint die sogenannte *Knopp*-Trilogie: *Die Abenteuer eines Junggesellen* (1875), *Herr und Frau Knopp* (1876) und *Julchen* (1877). Mit diesen Geschichten bahnt sich ein stilistischer Wandel an. Das endlose Polemisieren wird aufgegeben und der Idylle Rechnung getragen. Der Durchschnittsbürger jener Zeit tritt in den Mittelpunkt und wird Haupthandlungsträger. Um witzig zu wirken, muß nicht eine Bande von Plagegeistern auftauchen, deren Opfer er dann wird. Busch ist ruhiger geworden, auch im Strich, genügsamer in der Wahl seiner künstlerischen Ausdrucksmittel. Humor ohne Polemik. Seine Gestalten wirken an sich schon komisch, sie müssen nicht erst mit Satire befrachtet werden.

Tobias Knopp, der bürgerliche »Held« der drei Geschichten, strahlt satte Bonhomie aus. Er ist – wie Busch – mittleren Alters, genießt die Lebensfreuden und stellt zu seinem Entsetzen fest, daß er seinem Schönheitsideal längst nicht mehr entspricht. Eine Glatze ziert sein Haupt, und der stattliche Embonpoint ist nicht mehr zu übersehen.

Auch bemerkt er außerdem,
Was ihm gar nicht recht bequem,
Daß er um des Leibes Mitten
Längst die Wölbung überschritten...[1]

Der soignierte Herr des vorangeschrittenen Gründerzeitalters, der die Allüren seiner Zeit hat, sich von ihrem Pathos und ihrer (falschen) Ethik tragen läßt und stolz vor Saturiertheit ist. Anwandlungen überkommen ihn. Er ist des Alleinseins müde, hat so recht keine Lebensaufgabe, sieht ein, daß Geld ausschließlich nicht glücklich macht. Nur einen bürgerlichen Ausweg findet er (im Gegensatz zu seinem literarischen Nachfolger Balduin Bählammn), indem er heiratet und in Kindern und Kindeskindern fortlebt.

Zunächst einmal soll die Richtige gefunden werden. Knopp begibt sich auf Brautschau, besucht eine alte Bekannte, »welche sich Adele nannte«, und ist maßlos schockiert darüber, daß jene auch

Aus »Herr und Frau Knopp«

längst von den Jahren mitgenommen worden ist. »Schnell verläßt er diesen Ort und begibt sich weiter fort.« Mal sehen, was der Förster Knarrtje in seinem Stall hat. Doch, o Mißgeschick! – ehe er sich nach den heiratsfähigen Töchtern erkundigen kann, muß er erleben, wie die Försterin gerade ihren Liebhaber, einen Pfaffen, bei sich hat. Der Gatte überrascht das Pärchen, Knopp ist der geschlagene Dritte auf der Prügelszene.

In den Familien Druff und Debisch scheint es nur mißratene Kinder zu geben. Der Knabe Kuno vermanscht ihm den Rotspon, Druffs Nachwuchs steckt ihm im Kirmeszelt einen Schweineschwanz an den Cutaway und zieht ihm die Bank unterm Popo weg. Die Abstecher bei den Freunden Babbelmann, Plünne und Mücke stimmen ihn auch nicht freudiger, denn die Eheliebsten der drei sind alles andere als liebenswerte Geschöpfe: Haustyranninnen und Schlampen, die den armen Männern nicht den geringsten Freiraum lassen.

Und dann kommt Knopp zu Sauerbrot. Der läßt sich gerade voll Punsch laufen, dieweilen seine Verblichene im Nebenzimmer aufgebahrt wird. Doch die schwarze Freude des Ehegatten ist nur von kurzer Dauer: Madame war nur scheintot, was Sauerbrot vor Schreck tot umfallen läßt.

Wohin er auch kommt, Knopp, der Glückssucher, hat kein Glück, denn auch der Einsiedler Krötzel, bei dem er zuletzt einkehrt, um dessen Rat zu erfahren, weiß keinen Ausweg und säuft ihm die Reiseflasche leer. Zu Hause erwartet ihn die Haushälterin: Happy-End, doch nicht ohne Seelenblähung.

Ach, so denkt er, diese Welt
Hat doch viel, was nicht gefällt.
Rosen, Tanten, Basen, Nelken
Sind genötigt zu verwelken;
Ach – und endlich auch durch mich
Macht man einen dicken Strich.
Auch von mir wird man es lesen:
Knopp war da und ist gewesen.
Ach, und keine Träne fließt
Aus dem Auge, was es liest;
Keiner wird, wenn ich begraben,

Unbequemlichkeiten haben;
Keine Seele wird geniert,
Weil man keinen Kummer spürt.
Dahingegen spricht man dann:
Was geht dieser Knopp uns an?[2]

Dazu soll es nicht kommen. Ergo: »Also Knopp, vermähle dich.«
Man kommt sehr rasch zur Sache: »›Mädchen‹, – spricht er – ›sag
mir ob –‹ / Und sie lächelt: ›Ja, Herr Knopp!‹«

Damit ist Buschs gesamte Ehephilosophie umrissen. Nur auf
»das eine« kommt es an, und darüber braucht man nicht viele
Worte zu machen. In dieser Hinsicht geht die Gleichung Knopp =
Busch voll und ganz auf.

Die Ehe als Joch: Busch kündigt sie bereits im Titelbild zu *Herr
und Frau Knopp* an. Der »Herr« des Hauses dient als Zugtier vor
dem Familienkarren, auf dem die Gattin die Peitsche schwingt.
Doch Knopp macht das keineswegs verdrießlich; er empfindet
sogar Genuß an der Sache.

O wie behaglich kann er nun
An Doris' treuem Busen ruhn.
Gern hat er hierbei auf der Glatze
Ein loses, leises Kribbelkratze.
So schläft er mit den Worten ein:
»Wie schön ist's, Herr Gemahl zu sein!«[3]

Ehefreuden, wie Busch, der Ehelose, sie sich vorstellt. Der Dichter
ist in seiner Wortwahl nicht pingelig und veranschaulicht die Bett-
freuden sehr realistisch, was seinen Verleger Bassermann zunächst
beunruhigt, denkt er doch sofort wieder an Zensur und böse
Kritiken.

Die erwartet er vor allem im Hinblick auf die windige Einleitung
zu *Julchen*. Ob Busch die anstößigen Stellen nicht ein wenig abzu-
schleifen in der Lage sei?

Doch der reagiert nicht, und so geht das Skript ungekürzt in
Druck... und kaum jemand ist »piquiert«. Im Gegenteil: Die ersten
beiden Zeilen schließen sich rasch den bisherigen »geflügelten
Worten« Buschs an:

Stolz sitzt er da auf seinem Sitze;
Das Haupt verschönt die Morgenmütze.
Die Pfeife ist ihm Hochgenuß,
Und Doris hält den Fidibus.

Aus »Tobias Knopp«

Vater werden ist nicht schwer,
Vater sein dagegen sehr.

Ersteres wird gern geübt,
weil es allgemein beliebt.

148

Selbst der Lasterhafte zeigt,
daß er gar nicht abgeneigt;
nur will er mit seinen Sünden
keinen guten Zweck verbinden,
sondern, wenn die Kosten kommen,
fühlet er sich angstbeklommen.
Dieserhalb besonders scheut
er die fromme Geistlichkeit,
denn ihm sagt ein stilles Grauen:
das sind Leute, welche trauen. –

So ein böser Mensch verbleibt
lieber gänzlich unbeweibt. –
Ohne einen hochgeschätzten
tugendsamen Vorgesetzten
irrt er in der Welt umher,
hat kein reines Hemde mehr,
wird am Ende krumm und faltig,
grimmig, greulich, ungestaltig,
bis ihn dann bei Nacht und Tag
gar kein Mädchen leiden mag.
Onkel heißt er günst'gen Falles,
aber dieses ist auch alles. –

Oh, wie anders ist der Gute!
Er erlegt mit frischem Mute
die gesetzlichen Gebühren,
läßt sich redlich kopulieren,
tut im stillen hocherfreut
das, was seine Schuldigkeit,
steht dann eines Morgens da
als ein Vater und Papa
und ist froh aus Herzensgrund,
daß er dies so gut gekunnt.[4]

Als am Ende auch Tochter Julchen glücklich unter die Haube gebracht worden ist, ist die Lebensbahn Knopps abgeschritten.

Knopp, der hat hienieden nun
Eigentlich nichts mehr zu tun. –
Er hat seinen Zweck erfüllt. –
Runzlich wird sein Lebensbild. […]
Und sie zwickt und schneidet, schnapp!!
Knopp sein Lebensbändel ab.[5]

Der zweite und der dritte Teil der Trilogie waren Busch nicht so flott aus der Feder geflossen wie die *Abenteuer eines Junggesellen*. Anfang 1876 befand er sich in einem Zustand der Lethargie. »Mit der Arbeit will's nicht so recht vorwärts, ich lese meistens...«[6] Er »tigert« von einem Ort zum andern, ist mal in Ebergötzen bei Freund Bachmann, in Lüthorst, Uelzen oder Wolfenbüttel. Eher greift er zum Pinsel als zur Feder. »Malen nach der Natur« heißt seine Devise.

Im Juli hält er sich auf der Insel Borkum auf. »... das Rauschen der Wellen und die frische Seeluft regen die Seele zu einer gesunden duldsamen Heiterkeit an.«[7]

Verleger Bassermann kann so viel Faulenzerei nicht begreifen. Er schreibt: »Die Menschheit, incl. Dein Verleger, lechzt nach etwas Neuem von Dir.«[8] Darauf reagiert Busch nicht. Unablässig liegt ihm der Editor in den Ohren, jammert, »daß wir dieses Jahr wahrscheinlich ohne ein neues Opus von Dir beschließen müssen.«[9] Dabei ist Busch zu der Zeit längst mit dem »neuen Opus« befaßt; Anfang September will er damit fertig sein. Doch das schafft er nicht, denn zunächst einmal will er die Kunstgewerbeausstellung und das Oktoberfest in München »heimsuchen«. Bruder Hermann ist mit von der Partie.

»Zuerst mußte ich doch meinen Bruder in allen berühmten Sammlungen und Kneipen herumführen. – Die vielen Leute, das Fest, der Lärm, das Bier, der Rauch – mir ward ganz unklug davon. Und dann nie vor zwei Uhr ins Bett. Und dazu die erstaunlich wundervollen alten Geschichten: Pokale, Pötte, Gläser, Vasen, Bücher, altes Eisen – und der Herr weiß: was. – Ja, da staunt der Dachs, wenn er aus dem Loch raus geht.«[10]

Ende September wird Bassermann eingeweiht, daß »etwas im gange« sei. Busch macht einen neuen Vertrag mit ihm. Mitte November ist dann *Herr und Frau Knopp* fertig. Das Werk erscheint

Vatersorgen.

Kindermädeni! in rauhe Worte
bringt die Zeit; wir laufen mit. —

Mädchen ist ein wirklich groß,

Schüttig, frei und sonderbar;
Und der Vater fragt: was soll ich?
Die Mamsell ist heiratslüstig!

151

noch rechtzeitig fürs Weihnachtsgeschäft. Im nächsten Jahr dann stürzt er sich auf *Julchen*.

Am Ende der Trilogie fühlt er sich ziemlich ausgebrannt. An Lenbach schreibt er, daß sich »ein gewisser Galgenhumor« bei ihm eingestellt habe; »geht aber hoffentlich bald wieder hin, wo er hergekommen«.[11]

An allem mäkelt er herum, fällt den »Seinen« kräftig aufs Gemüt; selbst der Frühling mit Regen, Schnee, Wind und Staub mißfällt ihm gründlich.

So beschließt er, auf Reisen zu gehn: Alpen, Norditalien, Venedig. Doch die italienischen Landschaften finden keinen enthusiastischen Beifall. Sie seien »fast« so schön wie die Lüneburger Heide. Er gaukelt über München, das ihm diesmal auch nichts sagt, nach Wiedensahl zurück, übersommert auf Borkum.

Bis ihm dann die einzige Medizin wieder auf die Beine hilft, die ihm schon immer geholfen hat: Arbeit. Hundertfünfzig Zeichnungen zu einer »neuen Chose« gelingen ihm im Handumdrehen: *Fipps der Affe*.

Auch mit einem Gerücht muß sich Busch herumschlagen: Er sei längst gestorben, heißt es; was noch unter seinem Namen erscheine, stamme von seinem Bruder Otto, der auch den ganzen *Knopp* zusammengereimt habe. Bassermann muß dementieren. Gleichzeitig fordert er Busch auf, sich endlich wieder in der Öffentlichkeit zu zeigen und was »herzumachen«, damit die Leute sähen, daß er nicht tot sei.

Der Verleger ist gerade damit beschäftigt, seinen »Laden« von Heidelberg nach München zu verlegen, was dem Autor Busch nur recht ist, der sich um ein kleines Atelier an der dortigen Karlstraße bemüht und »eventuell« bereit ist, wieder für eine Zeit an der Isar die Zelte aufzuschlagen.

Schon um 1870 herum hatte Busch den Plan gefaßt, mehrere »Trinker-Geschichten« in einem Sammelband erscheinen zu lassen. Die Welt durch die Brille des Zechers gesehen: verzerrt, stimuliert, rosig-rot und pathologisch-bedrohlich. Hier kann nun wieder der Humor ins Groteske umkippen. Bassermann greift entzückt zu. Mit den *Haarbeuteln* wird sich die Buschsche Erfolgsserie fortsetzen. Schon die Einleitungszeilen sind so köstlich, daß sie rasch Sprichwortrang erhalten:

Mein lieber Sohn, Du tust mir leid.
Dir mangelt die Enthaltsamkeit.
Enthaltsamkeit ist das Vergnügen
an Sachen, welche wir nicht kriegen.
Drum lebe mäßig, denke klug.
Wer nichts gebraucht, der hat genug.[12]

In den *Haarbeuteln* gibt es auch eine Affengeschichte. Tiere spielen von Anbeginn eine gewichtige Rolle in Buschs Zeichnungen und Versen. Schon 1864 hat er in den *Münchner Bilderbogen* die Episode *Der Affe und der Schusterjunge* veröffentlicht, die beweist, daß Busch dem Tier grundsätzlich keine Chance läßt, sich gegen den Homo sapiens durchzusetzen, daß er es mehr als Sache denn als selbständiges Wesen behandelt und daß er sich oft daran weidet, wenn Tiere gemartert und geschunden werden. Hier hat er seinen Dar-

Fipps der Affe

153

win gründlich mißverstanden oder ganz bewußt eine gewisse sadistische Neigung unmißverständlich herausgespielt.

Tiere sind da, um gequält zu werden; wenn sie sich rächen, ist das komisch. Komisch soll es auch sein, wenn Tiere den Menschen nachahmen. Gerade Affen sind Meister der Mimikry.

Für *Fipps* betreibt Busch seine Studien im Zoo von Hannover. Was er da erlebt, modelt er in seiner Phantasie gründlich um. Er stellt den ganzen »Brehm« auf den Kopf und eignet den possierlichen Tierchen Boshaftigkeit und Böswilligkeit von Grund auf zu. Diese Triebe werden noch dadurch verstärkt, daß die Tiere den Menschen die Missetaten absehen und dadurch noch aggressiver und »tierischer« werden. Und dafür muß man sie bestrafen, töten. Die meisten Tiere in Buschs Geschichten gehen elendig zugrunde. Fipps wird von Bauer Dümmel erschossen, dem er einst im Frisiersalon arg zugesetzt hatte. Dergleichen verrät einen gewaltigen Knacks in Buschs Psyche, denn nicht alles ist – wie seine Verteidiger meinen – aus rein dramaturgischen Gründen verständlich. Seine nicht selten auszumachende Neigung, Szenen und Handlungen zu brutalisieren, müssen eine Ursache haben. Aber welche? Da er sich Schopenhauers Maxime »Der Wille, das ist der Leib« zu eigen machte, könnte man mit Freud auf die Idee kommen, alle sadistisch-masochistischen Auswüchse bei ihm lägen in seiner verklemmten Sexualität begründet. Erst der Schock, die Radikalität befriedigt.

Vom Transzendenten

In der *Knopp*-Trilogie hatte sich Busch ohne Umschweife alle Ehestandsgelüste vom Halse geschrieben. Klar, daß ihn die Freunde hänselten. Doch er tat ihnen Bescheid, daß er nicht der Pflicht zur Fortpflanzung unterworfen sei. Auch Maria Anderson wurde aufgeklärt. Ihr schrieb er: »Und die Weiber? Ja, fast hielt ich sie für besser, als uns! Hab ich nicht eine Mutter gehabt und eine Schwester, die ich liebe?! Kenn ich nicht ein paar herzensgute Weiberchen, die ich nur ungern entbehren möchte?! Sind Sie nicht auch dabei?! Aber räsoniert muß sein! Und das mit Recht!«[1]

Buschs Ehefeindlichkeit dehnt sich auch auf andere aus. Als sein Lieblingsbruder Hermann heiratet, sagt er zu Lenbach: »Ich muß wohl dabei sein und zusehen, wie mir das beste Stück eines guten Freundes hinweggenommen und in aller Form Rechtens einem Weibe übergeben wird.«[2]

Ehe: Nee! Er hat nichts gegen das »liebenswürdige Geschnatter« der Weiber, aber allzu nahe kommen dürfen sie ihm nicht, dann verliert er die »gesunde und duldsame Heiterkeit« und kehrt den Kratzfuß heraus. Am wohlsten fühlt er sich bei seinen Pfarrhausleuten. Doch in der Wiedensahler Pfarre wird sich bald mancherlei verändern, denn Schwager Nöldeke liegt auf den Tod darnieder. »Bis diese schmerzliche Sache entschieden, bleibe ich natürlich bei meiner guten Schwester.«[3] So Busch an Lenbach.

Und als der Pastor Ende August gestorben ist und das Pfarrhaus für den Nachfolger geräumt werden muß, als man ins Pfarrwitwenhaus übersiedelt, bleibt Busch bei »seinen Lieben«. An Maria Anderson: »Ich werde nie heiraten... Bei meiner Schwester habe ich es nun auch gut.«[4]

Mit »voller Überzeugung« wählt er den stillen Winkel in seiner Heimat, und wenn er mal ausbricht, dann läßt er sich kurz in München »fêtieren« und braust dann wieder nach »Krähwinkel« zurück, hat für eine Weile genug von der Welt und bedarf nun wieder der umhegten Einsamkeit.

München – Wiedensahl, das schafft Spannungen, die sich vor allem im Künstlerischen niederschlagen. Die große Stadt provoziert, das Dorf beruhigt. Kurt Kusche sieht das so: »Welt und Win-

Tages-Ordnung

für

Die Schwurgerichtssitzung des I. Quartals 1871

Montag den 27ten März 1871 Vormittags 9 Uhr

Anklage gegen Moritz Schauenburg von Lahr, wegen [...] vorübten Herabwürdigung der Religion und Erregung öffentlichen [...] vermittelst [...] Schriften.

Montag den 27ten März 1871 Nachmittags 3 Uhr

Anklage gegen [...] Josef [...] Kinder von [...] wegen Vertheilung eines Kindes.

Dienstag den 28ten März 1871 Vormittags 9 Uhr

Anklage gegen Georg Hänsel, Jacob [...] und Jakob [...] von [...] wegen [...]

Mittwoch den 29ten März 1871 Vormittags 9 Uhr

Anklage gegen Georg [...] von [...] wegen [...] Todschlags.

Donnerstag den 30ten März 1871 Vormittags 9 Uhr

Anklage gegen [...] Langenbach von [...] wegen Todschlags.

kel waren die beiden Enden seiner Lebens- und Schaffenssphäre, waren die Pole, zwischen die er gespannt war: Fremde und Heimat, Stadt und Land, Bildung und Gemüt, Philosophie und Glaube, Kunst und Natur, Geselligkeit und Einsamkeit. Dort war das Erregende, hier die Ruhe und Fassung, dort der Wechsel, hier der alltägliche Gleichgang... Als Mensch und Künstler brauchte so Busch diese Spannung zwischen den Extremen, setzte er sich ihr immer wieder aufs neue aus. Sie hielt ihn lebendig und fruchtbar.«[5]

Diese Spannung erzeugte nicht nur das Atmosphärische, den Gehalt von Wort und Strich, sondern brachte auch die Kraftfelder in seinen Bildern zustande. Ganz entschieden partizipierte der Maler Busch von der belebenden Wirkung aus dem ständigen Wechsel zwischen Dorf und Großstadt.

Hermann Busch (1845 – 1917)

Mit Akribie achtete er darauf, daß die verschiedenen Welten sich nicht berührten und mischten. Höchst ungern sah er es, wenn einer seiner Münchner Freunde in das dörfliche Idyll einbrach. Umgekehrt hat er nur einmal seinen Bruder Hermann mit in die Bayernmetropole genommen. Jeder Kreis hatte neutral für sich zu bleiben. Es sollte keine Mißverständnisse geben, keine Rangspiele. Niemand sollte scheel oder hämisch auf das »klimperkleine vom Weltall abgesonderte Plätzchen« in Wiedensahl herabsehen. Andererseits brauchte er keinen Zugucker, wenn er mal im »Allotria« mit den Kumpanen eine ganze Monatsabrechnung von Bassermann in einem Zuge vertrank. Biederer Landmann und souveräner Weltmann in einer Person, die sich dadurch freilich nicht spaltete. Die Kunst führte beide Erscheinungsbilder homogen zusammen.

Manchmal – aber auch wirklich nur manchmal – entgleiste er bei den Zechgelagen fürchterlich. Dann triumphierte plötzlich der Bauer über den Weltmann, und das war peinlich. Dann bat er hinterher Lenbach oder einen der anderen Freunde: »Was die etwaigen Lücken meines geselligen Rufs anbelangt, so vertraue ich ganz auf Deine diplomatische Gewandtheit.«[6] Einsicht auch in dieser Form: »Ich fühle mich allmählich etwas zerrüttet und mulstrig und sehne mich nach Ruhe und Einsamkeit.«[7]

Kommt der Katzenjammer über ihn, werden seine Briefe melancholisch. An Lenbach: »So viel bei so viel Lärm, und wär's auch noch so schön, macht mich unruhig und verlegen, und ich fühle dann so recht deutlich, wie weit ich mich aus dem Geknuff der Welt in's Land der Fabel zurückgezogen habe. Zu weit vielleicht. Ich will versuchen, ob nicht eine Mittelstation für mich zu finden ist.«[8]

Die Einkehr nach Kythera wird ihm nicht gestattet sein; er muß weiterhin zwischen Winkel und Welt pilgern, und es dauert nicht mehr lange, dann bleibt ihm nur noch der Winkel. Nicht ohne Wehmut wird er dann feststellen: »Diese Welt, unser Werk, ist ohne Frage mangelhaft; sie besteht durch und durch aus einem unersättlichen Begehren, aus lauter Wünschen, welche niemals vollkommen befriedigt werden können. Der Zustand vor jedem Dasein war besser, war unsere Heimat. Je nachdem die Ahnung davon einen Menschen mehr oder weniger durchdämmert, wird er seinem Wollen, welches ihn in die Fremde treibt, die Entsagung, die Umkehr entgegen setzen. Hoffentlich wird dieser leise Zug nach Billionen von Jahren Alles heimführen; vielleicht wird es mit einem Ruck geschehen. Dem Singen und Sagen vom goldenen Zeitalter, dem

Glauben der Chiliasten, dem Streben der Internationalen – – all diesen Träumen liegt jenes dunkle Heimweh zum Grunde. – Träume. Ja! – Denn der wird sich eklig täuschen, welcher Frieden und Ruhe in dieser Welt erhofft.«[9]

Kurt Kusche erkennt aus diesem Zitat, daß Busch sich deutlich zum Metaphysischen hinwendet, dem er bis dahin kaum Raum in seinem Denken eingeräumt hatte. Der Rationalist, der Provokateur, der Satiriker, der Pessimist spürt mit einemmal, daß der Mensch nur existieren kann, wenn er sich an ein Prinzip Hoffnung kettet. Humor und Transzendenz vertragen sich im Prinzip nicht. Wenn sie aber aufeinanderstoßen, bedarf es einer gehörigen Portion an Weiheit, damit es nicht zum reinen Kitsch kommt, der immer dann entsteht, wenn Narrheit und Frömmelei zusammentreffen.

Busch trennt beide »Parteien« ganz bewußt, und so darf es uns nicht verwundern, wenn plötzlich eine Art von Zweigleisigkeit in der Literatur des Wiedensahlers auszumachen ist: Hier der – wie bisher – vertikale Reimer, der mit *Balduin Bählamm* und *Maler Klecksel* seine letzten beiden großen Bildergeschichten abliefert. Dort der horinzontale lyrische Prosaist (oder prosaische Lyriker), von »numinosem Heimweh« erfüllt, der nicht länger philosophischen Abstrakta nachsinnt, sondern sich in eine neue, eben metaphysische Dimension hineindenkt und (in *Eduards Traum* und *Der Schmetterling*) transzendentem Fühlen und Denken breitesten Raum gibt.

Freilich scheint er dabei nicht so weit gegangen zu sein, wie einige Forscher meinen, daß er mit diesem Schritt den Schopenhauer in sich überwunden habe. Das Numinose streift ihn nur, nimmt nicht – wie bei C. G. Jung – vollends Besitz von ihm. Es bleibt mehr ein Ahnen, ein Nicht-ausschließen-Wollen des erfüllten Jenseits und ein Hoffen auf die »bessere Welt«. Ansätze zum transzendenten Denken bei Busch lassen sich bereits in der Sammlung *Kritik des Herzens* finden:

Du hast das schöne Paradies verlassen,
Tratst ein in dieses Labyrinthes Gassen,
Verlockt von lieblich winkenden Gestalten,
Die Schale dir und Kranz entgegenhalten;
Und unaufhaltsam zieht's dich weit und weiter.

Wohl ist ein leises Ahnen dein Begleiter,
Ein heimlich Graun, daß diese süßen Freuden
Dich Schritt um Schritt von deiner Heimat scheiden,
Daß Irren Sünde, Heimweh dein Gewissen;
Doch ach umsonst! Der Faden ist zerrissen.
Hohläugig faßt der Schmerz dich an und warnt,
Du willst zurück, die Seele ist umgarnt.
Vergebens steht ob deinem Haupt der Stern.
Einsam, gefangen, von der Heimat fern,
Ein Sklave, starrst du in des Stromes Lauf
Und hängst an Weiden deine Harfe auf.
Nun fährst du wohl empor, wenn so zuzeiten
Im stillen Mondeslichte durch die Saiten
Ein leises, wehmutsvolles Klagen geht
Von einem Hauch, der aus der Heimat weht.[10]

Heimat – dieser Begriff hat für Busch offensichtlich, wie es ein Chronist schreibt, einen unveräußerlichen irdischen Wert. Und darum braucht und sucht er auch ganz bewußt den Platz, der für ihn Heimat ist. Der Umgang mit dem Alltag, mit dem Einfachen, dem Unverbildeten, mit der unverfälschten Natur, der schweigsamen Landschaft und ihren wortkargen Menschen, mit denen er plattdeutsch redet, gehört zu seinen intensivsten Bedürfnissen.

In Wiedensahl wird er von der »Sippe« beargwöhnt, das heißt: von Bruder Adolf und der Schwägerin Johanne, bei denen er wohnt. Das viele Geld, das der Wilhelm im Handumdrehn verdient, bringt sie auf und macht sie neidisch. Was ist schon ein Dichter und ein Maler für sie? Busch fühlt sich unter ihrem Dach geduldet, merkt, daß sie ihn »ausspekulieren«, seine Frankfurter Maßanzüge scheel betrachten.[11] Die piekfeinen englischen Zigaretten: die reine Sünde! Busch zieht zu Schwester Fanny, mit Pastor Nöldeke verheiratet. Im Pfarrhaus läßt sich's gut sein. Im Dorf meidet er »die anderen«, also Bruder und Schwägerin.

Als der Pastor 1879 stirbt, zieht der Dichter mit der Witwe und ihren Kindern ins Pfarrwitwenhaus. »Onkel Wilhelm« wird so etwas wie Vater-Stellvertreter. Er beschließt, das Pfarrwitwenhaus nach seinem Geschmack einrichten zu lassen. Das Kirchenamt und die Gemeinde sind heilfroh, daß er diese Kosten übernommen hat.

Für sich selber hat er sehr sparsam gesorgt: Arbeitsraum und Schlafkammer. Ihm genügen ein schmales Bett, Wasch- und Nachttisch, Rasierspiegel und ein hoher Stuhl. Gleich neben der Küche hat er seine Arbeitsklause, in die niemand einzudringen wagt. Wenn er arbeitet, darf ihn keiner stören, darf man nicht einmal anklopfen. Braun sind die Wände getäfelt, der Arbeitstisch ist nicht sonderlich groß, behaglich der Ohrensessel neben dem grünen Kachelofen, ein kleines Ablagebord, noch ein paar Stühle – und wo Platz ist, etwas Nippes neben Fotografien und ein paar Bildern, die er häufig auswechselt. Die Staffelei wird nur »bei Bedarf« hereingetragen.

Rasch zwingt er den Nöldekes ein Reglement auf, was ihn angeht. Fragen nach seiner Arbeit sind grundsätzlich verpönt. Überraschungsbesuche lehnt er ab. Verwandte haben sich langfristig zuvor anzumelden, wenn sie ihn sehen wollen. Bewirtung wird vermieden, nicht einmal ein Trunk darf angeboten werden.

Widersetzt sich Schwester Fanny, liest er ihr die Leviten. Er ist leicht in Rage zu bringen, leidet offensichtlich an erhöhtem Blutdruck, den sein ungeheuerlicher Nikotinkonsum provoziert. Der »Glimmstengel« geht niemals aus. Inzwischen hat er sich das Pfeiferauchen abgewöhnt. Zigaretten dreht er sich gern selber; dann weiß er, was »drin ist« – und billiger kommt ihn die Selbstfabrikation auch.

Er rechnet, wo es geht, und freut sich im stillen, daß sein Konto in Hannover wächst und wächst. Bassermann braucht nicht mehr

Vergebens rennt der böse Mohr.
Der Elephant faßt ihn beim Ohr.

Aus »Naturgeschichtliches Alphabet«

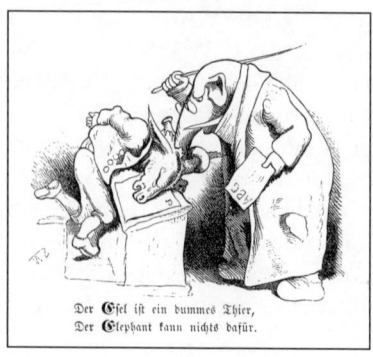

Der Esel ist ein dummes Thier,
Der Elephant kann nichts dafür.

Aus »Die Rache des Elefanten«

jeden Pfennig in bar abzurechnen, kann sich der modernen »Cheques« bedienen und den »Ramsch« alle Vierteljahre überweisen. Bis zu 45 Prozent von den Nettoeinkünften muß der »gequälte« Editor seinem Starautor »banquieren«.

Bassermann hofft, Busch werde ihm »bis ans Lebensende« eine Bildergeschichte nach der anderen abliefern. Doch der weiß, daß damit bald Schluß sein wird. Noch die »kleinen Sächelchen«, wie *Stippstörchen für Äuglein und Öhrchen* und *Der Fuchs* und *Die Drachen*, dann *Plisch und Plum, Balduin Bählamm* und *Maler Klecksel...* und dann ist Schluß. Der Rest gehört, wie er Lenbach sagt, »der anderen Seite des Mondes«.

Bählamm und Klecksel

Seit Mitte der siebziger Jahre hatte es sich so ergeben, daß Wilhelm Busch an Silvester meist in Wolfenbüttel bei seinem Bruder Gustav weilte; gelegentlich reiste auch Bruder Hermann herbei. Die Bowlen wurden en détail beschrieben. Von »gemäßigter Fröhlichkeit« ist die Rede. Der gute Tropfen wird in aller Stille »verschlürft«.

Silvester 1880 ist Busch nicht ganz bei der Sache. Zu der schon länger schwelenden psychischen Störung und der »philosophischen Erkältung« kommt bald eine physische, die sich das Jahr über hinzieht und ihm manchen Spaß nimmt.

Da ist Grete Fehlow aus Berlin, eine Nichte der Schwägerin, ein pralles Mädchen, das ihn angenehm inspiriert. Er kriegt sie sogar soweit, daß er sie halbnackt zeichnen darf. Doch es spinnt sich nicht etwa ein Verhältnis an. Grete weiß, daß sie dem »Onkel Wilhelm« vertrauen kann. Der »kiekt« bloß. Mehr nicht.

Busch besucht sie sogar in Berlin, schreibt ihr lange Briefe und schenkt ihr 1883 zu ihrer Hochzeit das *Illustrierte Kochbuch für bürgerliche Haushaltungen wie auch für die feine Küche* von einem gewis-

Balduin Bählamm

sen L. Kurth. Stolz zeigt Grete allen Gästen das Widmungsgedicht auf der ersten Seite, in dem die Rede davon ist, was doch der Mund für ein nützliches Werkzeug sei: zum Gähnen, Flöten, Rauchen, Sprechen, Küssen und zum Essen.

Ende 1881 steht Busch vor dem körperlichen Zusammenbruch. Sein Befinden sei so schlecht geworden, schreibt er, »daß ich mir und anderen recht zuwider bin«. Er habe sich gründlich untersuchen lassen, ihm sei vom Doktor eine Kur verordnet worden. »Da ich dabei auch Bäder nehmen muß, so geh ich gleich nach dem Fest zu meinem Bruder nach Wolfenbüttel, wo ich zugleich im Hause behaglich sein kann. Rauchen verboten!«[1]

Im Januar 1882 an die Gutsherrin Marie Hesse: »Mit meinen Pullen und Pillen komm ich mir oft recht absunderlich vor. Hab aber wieder Appetit. Nur Schlaf und die Heiterkeit, welche mein Handwerkzeug ist, hab ich noch nicht recht wieder.«[2]

Einige Wochen später: »Es geht mir jä mäl wieder gut. Die Januartage in Wolfenbüttel mit ihrem milden Winterwetter, die Spaziergänge durch den rauhfrostversilberten Wald, um die Stadt herum durch die wohlbekannten Anlagen – das gemüthliche Stilleben im Forsthause – das alles hat wohl gethan. Wir haben auch oft an unsere lieben Berliner gedacht, und der Kanarienvogel hat lustig dazu gepfiffen. Onkel Gustav hat ihn mit der Blumenspritze getauft und Tante Alwine hat ihn ›Levi‹ genannt, weil der eine so hoch singt und der andere so tief, weil der eine so blond ist und der andre so schwarz, weil der eine getauft ist und der andre noch nicht – kurzum, weil sie einander so auffallend ähnlich sind.«[3]

Das Rauchen gibt Busch nicht auf, wenn ihn auch der »Onkel Doktor« noch so beschwört und auf die schlimmen Folgen hinweist. Vom »Kraut« kommt der Dichter nicht ab. Auch Verleger Bassermann warnt, denn er möchte seinen Erfolgsautor noch lange gesund und munter wissen. Mit dem aber liegt Busch seit einiger Zeit nicht gut. *Stippstörchen* ist kein Geschäft geworden. Einer schiebt die Schuld auf den anderen. Der miserable Schriftenmaler, zuwenig Reklame. Und Busch hat das Gefühl, daß der Herr Editor nicht so ganz korrekt abrechnet. Wer kommt für die Reklamekosten auf? Bisher sind sie als Unkosten verbucht worden und haben den Nettogewinn des Autors geschmälert. Jetzt verlangt Busch, daß Bassermann die Hälfte dieser Kosten übernimmt. Darüber

Stippstörchen für Aeuglein und Oehrchen von Wilhelm Busch. Verlag von Fr. Bassermann München

gerät man sich tüchtig in die Haare. Das gute, bisher so einvernehmliche Verhältnis erhält einen dicken Sprung.

Busch meidet den neuen Verlag in München, kommt auch gesellschaftlich mit dem alten Freund nicht mehr aus. Kurzum: Man wird sich künftig mit Reserviertheit begegnen. Buschs Münchner Zeit ist ohnehin abgelaufen. Mit einem Affront hat er sich »für immer« von der Isarmetropole verabschiedet.

Die laute Umwelt ist dahin, die ihm gänzlich zuwider gewordene, in der sich auch Balduin Bählamm, der verhinderte Dichter, nicht zurechtfinden kann. In dieser Bildernovelle geht es Busch um die Konfrontation zwischen »drinnen und draußen«, zwischen dem Seelenvollen der schöpferischen Natur und dem industriellen, seelenlosen Getöse der Außenwelt, das – alles übertönend – dem reinen Herzensklang keinen Raum mehr läßt.

Fritz Kleemann resümiert: »Wilhelm Busch widmete dem Kampf Bählamms um Einsamkeit, um ein belästigungsfreies Plätzchen in dieser Welt, nicht nur breitesten Raum, sondern er rankte gewissermaßen die gesamte anschließende Dramatik seiner Bildergeschichte um dieses zentrale Grundanliegen herum: Der die Einsamkeit suchende Bählamm kann nicht produktiv werden, weil die feindliche Umwelt ihm keine Ruhe gönnt. Busch hat diesen ›verhinderten Dichter‹ auf den Stationen seines Leidens zwar schmunzelnd, aber im Grunde überaus mitfühlend begleitet. Er wußte aus bitterer Erfahrung nur zu gut, wie seine eigene Entwicklung als Maler durch Krankheit, Verständnislosigkeit und lastende Minderwertigkeitsgefühle behindert worden war, und er wußte darüber hinaus auch um die Störanfälligkeit seines zeichnerischen und sprachlichen Schöpfertums, wie es in den Bildergeschichten hervorgetreten und von den Zeitgenossen so erfreulich anerkannt worden war. Er spürte sehr deutlich, wie leicht die Qualität seiner Arbeiten unter Ablenkung, Zerstreuung oder Beeinflussung hätte leiden können.«[4]

Bählamm ist der Prototyp jener Sonn- und Feiertagsdichter, die den Leser der Gründerjahre »erbauen« wollen. Sie sind in der Tradition erstarrt, haben die romantischen Schönheitsideale so ausgebeutelt und ausgehöhlt, daß nur noch Form ohne Inhalt besteht. Diese Poeten, fern aller Realität und in Klischees denkend, beherrschen die Szene, kommen dem Konsumenten entgegen, der Gefühle nicht erst mühsam entwickeln, sondern gleichsam als Ware vorgelegt bekommen will; gebündelte Sentimentalitäten, die einem nicht erst auf philosophischer Basis eine Auseinandersetzung um Weltschmerz und Schicksal abverlangen.

Solche Versproduzenten heißen Paul Heyse, Emanuel Geibel, Adolf von Wilbrandt. Busch kennt sie sehr genau, diese »Hahnenreie« aus dem Münchner Dichterkreis *Gesellschaft der Krokodile*. Eine passendere Bezeichnung hätten sie sich nicht auswählen können. Ob der gereimten »Krokodilstränen« nimmt Busch sie aufs Korn. Und so sieht er aus, der Hofpoet, dessen Ideale auch den Alltagsmenschen bekümmern: halb Richard Wagner, halb Stutzer.

Zu Hause hängt er Hut und Rock
An den gewohnten Kleiderstock
Und schmückt in seinem Kabinett
Mit Joppe sich und Samtbarett,
Die, wie die Dichtung Vers und Reim,
Den Dichter zieren, der daheim.[5]

So aufgeputzt, entrückt er sich selber der schnöden »altgebacknen Welt« Und:

So knetet er aus weicher Kleie
Für sich privatim eine neue
Und zieht als freier Musensohn
In die Poetendimension...[6]

Fazit:

Wie wohl ist dem, der dann und wann
Sich etwas Schönes dichten kann...[7]

Das Dichten macht den Sonntagsdichtern ebensoviel Spaß wie der Bäuerin das Buttern, die am Ende, wenn im Fasse alles durchgematscht ist, die Butterwälze wie einen Goldklumpen ans Tageslicht hebt.

So auch der Dichter. – Stillbeglückt
Hat er sich was zurechtgedrückt
Und fühlt sich nun in jeder Richtung
Befriedigt durch die eigne Dichtung.
Doch guter Menschen Hauptbestreben

Ist, andern auch was abzugeben.
Der Dichter, dem sein Fabrikat
So viel Genuß bereitet hat,
Er sehnt sich sehr, er kann nicht ruhn,
Auch andern damit wohlzutun…[8]

Hat er ein Zuhör-Opfer festgemacht, wird dieses berieselt und läßt sich den Erguß auch gefallen. Dichtung ist Wohltat, der Dichter ein Wohltäter.

…Und rauschend öffnen sich die Spalten
Des Manuskripts, die viel enthalten.
Die Lippe sprüht, das Auge leuchtet,
Des Lauschers Bart wird angefeuchtet,
Denn nah und warm, wie sanftes Flöten,
Ertönt die Stimme des Poeten. –
Vortrefflich! ruft des Dichters Freund;
Dasselbe, was der Dichter meint;
Und, was er sicher weiß, zu glauben,
Darf sich doch jeder wohl erlauben.[9]

Busch hat es gehaßt, wenn man ihn beweihräucherte. Zu dick aufgetragenes Lob konnte ihn tief verletzen, machte ihn gegenüber dem Laudator störrisch und aggressiv. In dieser Hinsicht ist Bählamm mit seinem Schöpfer nicht identisch. Und auch sonst.

Er hat ein Amt, er ist vermählt!
Und nicht bloß dieses ist und hat er;
Er ist bereits auch viermal Vater…[10]

Das alles trifft auf Busch nicht zu, der denn auch nicht in Selbstironie verfällt, sondern die saturierten Möchtegernpoeten auf die Schippe nimmt, die Geibels und die Heyses, die allenthalben große Anerkennung finden (Heyse wird 1910 sogar geadelt und erhält im selben Jahr den Literaturnobelpreis) und sich mancherlei zurecht->>drücken<<.

Zwar sind die Genannten keine >>verhinderten<< Dichter wie Balduin Bählamm, denn sie können über mangelnde Produktivität nicht klagen, schütten sich gar aus vor lyrischem Überschuß; doch sie haben die gleichen Allüren wie er: sich in öffentlichen Parks angesichts großer Zuschauermengen in Positur zu stellen, im Caféhaus sich häuslich niederzulassen, jedenfalls immer gegenwärtig zu sein, daß sie jemand beobachtet und anhimmelt. Man stellt sich so recht den dichtenden Gerhart Hauptmann vor, der – wie beschrieben – allmorgendlich Punkt elf Uhr bei seiner heroisch-geistigen Tätigkeit vor dem Hause in Schreiberhau zu besichtigen war.

Was den Dichter Bählamm lähmt, ist seine offensichtliche poetische Impotenz, die er durch kein Heilmittel zu beseitigen weiß. Sosehr er sich Mühe gibt – es fließt nicht. Die Musen küssen ihn nicht, selbst an idyllischen Orten meiden sie ihn. Und dann die brutale Außenwelt! Wird er sie bezwingen? Wie sehr rumort es in ihm! Tiefstes Sehnen hat ihn erfaßt.

Er möchte dichten, möchte singen,
Er möchte was zuwege bringen
Zur Freude sich und jedermannes;
Er fühlt, er muß und also kann es.[11]

Doch es kommt nichts. Er ist verstopft. Wie oft zuckt es in seinem Stifte! Doch das Papier bleibt unbeschrieben, Bählamms Ruf unbescholten, Nachruhm ihm versagt. Er leidet unsäglich unter der Verhinderung. Nichts bleibt ihm erspart, die Realität reißt ihn aus der Traum- und Scheinwelt, in der »auf rosarotem Duftgewölke« eine »reizend wundersame« und »in Weiß gehüllte Flügeldame« – die Muse also – sich seiner annehmen will.

Die winkt und lächelt, wie zum Zeichen,
Als sollt er ihr die Hände reichen;
Und selbstverständlich wunderbar
Erwächst auch ihm ein Flügelpaar;
Und selig will er sich erheben,
Um mit der Dame fortzuschweben.
Doch ach! Wie schaudert er zusammen!
Denn wie mit tausend Kilogrammen
Hängt es sich plötzlich an die Glieder,

Hemmt das entfaltete Gefieder
Und hindert, daß er weiterfliege.
Hohnlächelnd meckert eine Ziege.
Die himmlische Gestalt verschwindet,
Und nur das Eine ist begründet,
Frau Bählamm ruft, als er erwacht:
»Heraus, mein Schatz! Es ist schon acht!«[12]

Als *Balduin Bählamm* ausgeliefert wird und *Plisch und Plum* ein ähnlicher Verkaufsschlager wie *Max und Moritz* zu werden scheint, bastelt Busch bereits an seiner letzten Bildergeschichte, dem *Maler Klecksel*, herum. Bassermann stellt seinen Plan, die Hauptwerke des Dichters in einem Band als »Hausschatz« zu präsentieren, noch eine Weile zurück. Erst soll auch der *Klecksel* seine Tracht eingebracht haben.

In diesem Schlußwerk deckt Busch viele eigene Erfahrungen und Stimmungen auf. Klecksel ist zwar auch eine Art verhinderter Künstler, aber anders als Bählamm, der wenigstens die Maske des Dichters aufsetzt, will er das Malen nur zum Zweck des Gelderwerbs betreiben, stellt jedoch fest:

Leicht kommt man an das Bildermalen –
Doch schwer an Leute, die's bezahlen.[13]

In der Einleitung erfahren wir, wo Klecksel (wie Busch) den Künsten am liebsten Tribut zollt. Auf keinen Fall im Theater, in Oper oder Konzert.

Ich bin daher, statt des Gewinsels,
Mehr für die stille Welt des Pinsels;
Und, was auch einer sagen mag,
Genußreich ist der Nachmittag,
Den ich inmitten schöner Dinge
Im lieben Kunstverein verbringe;
Natürlich meistenteils mit Damen ...[14]

Und gleich darauf die »Kunstauffassung« all jener Klecksels, denen Busch im Getriebe der großstädtischen Gesellschaft begeg-

net und die – ähnlich wie die Sonn- und Feiertagsdichter – auf
nichts anderes als Ambiente und die Verpackung sehen, mit der sie
ihre »verhinderten« Produkte feilbieten:

Hier ist das Reich der goldnen Rahmen,
Hier herrschen Schönheit und Geschmack,
Hier riecht es angenehm nach Lack;
Hier gibt die Wand sich keine Blöße,
Denn Prachtgemälde jeder Größe
Bekleiden sie und warten ruhig,
Bis man sie würdigt, und das tu ich [15]

Noch bei den großen Sezessions-Ausstellungen gegen Ende von
Buschs Leben beherrschten Aufmachung und Inszenierung die
Szenerie und bestimmten die Atmosphäre. Makarts Riesenschin-
ken umwölbte die Wucht von tonnenschweren Stuckrahmen,
Klimt komponierte die Rahmen mit in seine Sujets hinein. Busch
kümmerte es überhaupt nicht, ob seine Gemälde einen Rahmen be-
kamen oder nicht. Er »ölte« auf merkwürdigsten Rohmaterialien
und rechnete nicht damit, von einem angeblich sachverständigen,

Meister Klecksel

171

kritischen Publikum beurteilt zu werden. Und um Preise für seine Arbeiten machte er sich schon überhaupt keine Gedanken. Er malte, nicht um davon zu leben, sondern er lebte... und malte für sein Leben gern so vor sich hin, »und nichts zu suchen war sein Sinn«.

Bei den Klecksels und ihrer Käuferklientel ist das gänzlich anders: Da wird erst mal der Preis fixiert. Und mit dem Preis steigt auch die Achtung. Ist die genügend weit hinaufgestiegen, fällt dem Betrachter das Urteil leicht.

> ... Das Kolorit, die Pinselführung,
> Die Farbentöne, die Gruppierung,
> Dies Lüster, diese Harmonie,
> Ein Meisterwerk der Phantasie.
> Ach, bitte, sehn Sie nur, Komteß!‹
> Und die Komteß, sich unterdeß
> Im duftigen Batiste schneuzend,
> Erwidert schwärmerisch: »Oh, wie reizend!«[16]

Da das so ist und Maler sich sehr viel aktiver – und höchstpersönlich – auf dem Kunstmarkt umsehen müssen als Dichter, es sei denn, sie stünden an so prominenter Stelle, daß Agenten für sie die Kontaktgeschäfte tätigen könnten, schließt Busch für sich selber dieses Metier des »verkaufenden Malers« aus. Die Kunstfertigkeit, aus seiner Kunst Kapital zu schlagen, erweist sich nur als erfolgversprechend, wenn er von einer gesicherten Buchauflage die Prozente »couponieren« kann.

Klecksel scheint, nach dem Kunstverständnis seiner Zeit, auf dem rechten Wege. Und vielleicht verdient er auch was dabei. Ähnlich wie bei Busch hat ihm der Vater »hundert Gulden bang« ausgehändigt und ihn vor Verschwendung gewarnt. Im Antikensaal lernt er – wie einst Busch in Düsseldorf – »Hallen und dergleichen/so welthistorisch zu bestreichen«. Klecksel delektiert sich auch an alten Märchen und Sagen, und was ihm die alten Leute erzählen, will er in eigene Werke umsetzen. Und wie genau er's mit den väterlichen Ermahnungen nimmt! Er glänzt als Musterschüler, und es dauert nicht lange, dann wird er sich als großer Meister entpuppen.

Von allen Schülern, die da sitzen,
Kann keiner so den Bleistift spitzen.
Auch sind nur wenige dazwischen,
Die so wie er mit Gummi wischen.
Und im Schraffieren, was das Schwerste,
Da wird er unbedingt der Erste.

Reminiszenzen an die Düsseldorfer Zeit...

Der Alten ewig junge Götter –
Wenn mancher auch in Wind und Wetter
Und sonst durch allerlei Verdrieß
Kopf, Arm und Bein im Stiche ließ –
Ergötzen Kuno unbeschreiblich;
Besonders, wenn die Götter weiblich.
Er ahmt sie nach in schwarzer Kreide.
Doch kann er sich auch diese Freude
An schönen Sommernachmittagen,
Wenn's grade nötig, mal versagen
Und eilt mit brennender Havanna
Zum Schimmelwirt zu der Susanna.[17]

Hatte nicht Johanna Keßler Busch händeringend gebeten, ein großes »historisches Gemälde« zu schaffen, um sich damit vor aller Welt als Maler von Rang zu präsentieren? Nichts dergleichen war gediehen. Und ebenso scheitert der Versuch Kuno Klecksels, sich als Historienmaler zu versuchen. Und wie war das mit dem reichen Fräulein, das ihm Modell sitzt und fieberhaft auf ihr Porträt wartet, das ihm natürlich was einbringen wird?

Gar oft erfreut das Fräulein sich
An Kunos kühnem Kohlenstrich,
Obgleich ihr eigentlich nicht klar,
Wie auch dem Künstler, was es war.[18]

Kuno sieht ein, daß noch etwas anderes mit im Spiel sein muß, wenn man ein zweiter Rembrandt werden will. Er kann der Sinnlichkeit Susannens nicht widerstehen und schon gar nicht dem

Bierdunst. Flugs heiratet er die Kellnerin. Dann wird er der neue Schimmelwirt, an dessen Stammtisch sich die einfinden, die er einst – im künstlerischen Höhenflug – als satte Bürger bis aufs Blut geärgert hatte. Klecksels Dasein erfüllt sich darin, daß man ihn zwar einen verhinderten Künstler schelten kann, keineswegs aber einen verhinderten Bürger.

Nach dem *Klecksel* steht Busch »in eigener Sache« vor der Entscheidung, im gewohnten Stil weiterzumachen und Otto Bassermann Jahr für Jahr eine stramme Bildergeschichte abzuliefern, die – garantiert – ihren Weg machen würde, das Konto anschwellen ließe und ihm Ruhm einbrächte, oder aber sich sozusagen auf eine zweite Schiene zu begeben, um die Erkenntnisse aus all den mannigfaltigen philosophischen Erkenntnissen »irgendwie« zu verwerten. Darwin, Schopenhauer, Feuerbach, Haeckel... das hat er zwar alles vergoren, aber der »Wein« ist noch nicht reif, um abgezogen zu werden. Die späten Humaniora werden eine ansehnliche Ernte erbringen.

Busch hat »das alte Kapitel« abgeschlossen. Und sosehr auch Bassermann bittet und bettelt – eine neue Bildergeschichte wird es nicht mehr geben. Gegen den »Humoristischen Hausschatz«, die gesammelten Bildergeschichten in einem Bande, hat Busch nichts einzuwenden. Die erste Ausgabe von 1884 wird ein Riesenerfolg.

Von Jahr zu Jahr werden nun die Fragen der Kritiker und der »Fans« lauter und nachdrücklicher, wo denn das »Neue« bleibe. Busch am Ende? Das kann sich keiner vorstellen, am allerwenigsten Bassermann, der sich in den seltsamsten Vorschlägen ergeht, um Busch wieder anzukurbeln. Doch der winkt ab oder antwortet gar nicht, weiß, daß er sich aus-gezeichnet hat. Was nun noch käme, wäre bestenfalls Routine. Sein eigener Plagiator zu werden, dafür ist er sich zu schade.

Die Biographien

Kaum einer, der familiär, freundschaftlich oder auch nur geschäftlich mit ihm zu tun hatte, fühlte sich nicht bemüßigt, seine Ansichten, Vorstellungen und Eindrücke von dem Dichter-Maler irgendwann einmal preiszugeben. Busch war ein lohnendes Objekt für diejenigen, die sich durch ihn aufzuwerten gedachten. Die Jahrbücher der Wilhelm-Busch-Gesellschaft sind voll von (meist apokryphen) »Begegnungen« und Reminiszenzen. Nichts aus seinem Leben ist ausgelassen worden, und dennoch hat man den Eindruck, als sei nur wenig Objektives auf uns gekommen.

So kurios wie jene oft zitierte Doktorarbeit über Richard Wagners Brillen sind die Reports über Wilhelm Buschs Accessoires: vom Schlapphut bis zu den Chemisettes. Schon zu den Jubiläumsgeburtstagen – also noch zu seinen Lebzeiten – setzte eine Flut von biographischen Betrachtungen über ihn ein, der größere Teil davon gutgläubig und freundschaftlich gemeint. Busch fand diese »Entblätterungen« fürchterlich, las sie kaum durch, und wenn, tat er sie verächtlich beiseite und bat, man möge sie möglichst bald für die Retirade zerschneiden.

Mit geradezu entsetzlicher Enthüllungssucht machte sich der gesamte Nöldeke-Klan über den Onkel her, und jeder der Geschwisterenkel und Geschwisterurenkel fand etwas über den Dichter heraus, was bis dahin noch nicht bekannt war. Die nebensächlichsten Episoden wurden weit aufgebauscht. Kein Baum in der Nähe von Wiedensahl, unter dem er nicht dichtend gesessen, keine Klinke, die er niedergedrückt, welche nicht zu einer Reliquie umfunktioniert wurde. Um kaum einen anderen Poeten und Maler seiner Zeit wurde ein so lächerlicher Kult inszeniert wie der von den Nöldekes um Busch. Der »heilige« Onkel! Und aus allem ließ sich Kapital schlagen, klingende Münze pressen.

Allerdings gab es Ausnahmen, etwas neutralere Familienkunde. Der Pfarrer Nöldeke, Fanny Buschs Ehemann, war ja – wie berichtet – zuvor schon einmal verheiratet gewesen. Aus dieser ersten Ehe stammte auch der Sohn Wilhelm Nöldeke, und dessen Sohn Georg wiederum lebte einige Zeit mit im Wiedensahler Pfarrwitwenhaus. Er hat aus seiner Perspektive Stiefgroßmutter (Fanny) und Stiefgroßonkel (Wilhelm) durchaus mit Objektivität beschrieben. »Um den Haushalt«, so Georg Nöldeke, »kümmerte sich Großmutter wenig, ordnete im ganzen nur alles an. Sonst lag der Haushalt in den bewährten Händen der Hausdame, Fräulein Kather. Bei den Mahlzeiten saß der Onkel oben am Tisch, ihm gegenüber am Fenster Großmutter. Letztere kenne ich gar nicht anders als in einem bauschigen schwarzen Kleid. Sie hat von ihrem Witwentum an nie mehr die Mode gewechselt, jedes Kleid sah wie das andere aus. Das blieb auch später in Mechtshausen so... Um den Kopf trug sie ein schwarzes Spitzentuch, ohne das ich sie niemals gesehen habe. Der Onkel war stets einfach, aber vornehm gekleidet. Ich entsinne mich nicht, ihn jemals in einem anderen Anzug als einem graukarierten gesehen zu haben. Es waren durchweg sehr gute Stoffe, die er meines Wissens aus Hannover bezog, wo er auch seinen Schneider hatte... Die Seide zu den Schlipsschleifen bezog er... aus Florenz. Der Onkel war groß gewachsen und von imponierender Gestalt. Ich sehe ihn noch heute vor mir, wie er täglich auf dem langen Gartenweg auf und ab ging, wobei ihm nichts entging. So kam er eines Tages, als ich mit meiner Base Annchen Sunder hinter dem Hause spielte, mit einem todtraurigen Gesicht zu uns und hatte einen toten Vogel in der Hand, dem er das Köpfchen eingedrückt hatte. Er hatte ihn in der Hecke mit gebrochenem Flügel gefunden und wollte ihn nun nicht der Katze anheimfallen lassen.

Er sagte zu uns nur: ›Begrabt ihn!‹, dann ging er still in sein Zimmer. Das traurige Gesicht, das er dabei hatte, ist noch lange in unserer Erinnerung haften geblieben. Wir begriffen schon damals den ganzen Schmerz, den er dabei empfunden hatte. Alles in allem war der Onkel der Typ des vollendeten Gentleman, in seiner Haltung und vornehmen Gesinnung, stets gleichmäßig freundlich und gütig... Ich habe ihn niemals erregt oder gar scheltend erlebt. Solche Gemütserregungen seinen Hausgenossen zu zeigen, dazu war er zu vornehm. Bei den Mahlzeiten bekam er alle Gerichte schnell hintereinander serviert, so daß er früher als wir anderen mit dem Essen fertig war. Dann stellte Fräulein Kather ihm Tabakdose, Aschenbecher und Zigarettenpapier hin, und dann drehte er sich seine Zigaretten selbst. Eine fertige Zigarette hat er nie geraucht. Der Tabak war eine ganz besondere Mischung und ganz anders als unsere gewöhnlichen Sorten. Es war ›Scaferlati supérieur‹, den er aus Metz bezog... Es war stets ein ästhetischer Genuß, zu sehen, wie er mit seinen langen Fingern mit seltener Geschicklichkeit die Zigaretten drehte, eine nach der anderen... In den letzten Jahren – das war aber erst in Mechtshausen – rauchte er auf Anraten des Arztes zwischendurch auch Zigarren, das Stück zu fünf (!!) Pfennig. Diese rauchte er aber niemals im Hause; den ›Gestank‹ mutete er seinen Hausgenossen nicht zu... Besonders liebte es der Onkel, nach dem Kaffee und den Mahlzeiten noch sitzen zu bleiben und sich zu unterhalten. Das waren für uns immer die schönsten Stunden.«[1]

Von solchen intimen, idyllischen Begebenheiten wußte Buschs erster Biograph, Eduard Daelen, freilich nichts. Er wußte überhaupt wenig über den Mann, den er da porträtieren wollte. Die Schriften so um 1870 herum, vor allem *Der heilige Antonius* und *Pater Filucius*, boten nach Daelens Ansicht die Voraussetzung, dem »Kulturkämpfer« ein »literarisches Denkmal« zu setzen. Hatte sich Busch nicht reichlich als Antiklerikaler ausgewiesen? Manche Lanze hatte der Wiedensahler für Bismarck gebrochen! Und in seinen Geschichten hatte der Spötter den Ultramontanen welche übergezogen wie kaum jemand anders. Eine Biographie über Busch mußte also eine politische Streitschrift werden, koste es, was es wolle.

Der Autor, Maler und heftige Antikatholik Daelen war Busch 1873 in München über den Weg gelaufen. Zwölf Jahre lagen seit dieser ersten Begegnung zurück. Jetzt wollte der Düsseldorfer endlich den berühmten Bilderzeichner ins Visier nehmen, der im Zenit seines Ruhms sich sonnte und ein willfähriges Objekt für Biographen zu sein schien, sich an ihn anzuhängen und sich selber dabei ein wenig aufzuwerten.

Busch hatte offenbar keine Bedenken, einen guten Eindruck von Daelen und stimmte dem Vorhaben zu. »Ihren liebenswürdigen Brief«, schrieb er ihm, »worin Sie mir mittheilen, daß Sie etwas über mich schreiben wollen, habe ich erhalten. Der Stoff, den Sie ausgesucht, scheint mir freilich gar nicht ersprießlich zu sein; aber ein erfindsamer Kopf kann ja einen Kürbis melonisiren, oder aushöhlen und erleuchten, daß er nach was aussieht. Mit einer Verwendung von Illustrationen zu sothanem Zweck, wenn mein Verleger sie billigt, bin ich einverstanden. Für unsere Begegnung ist mir neutrales Gebiet das Liebste, und da Sie demnächst nach Hannover reisen, so bitte ich Sie freundlichst, mir dann zu schreiben, wo und wann Sie dort zu treffen sind.«[2]

Kaum hatte er diese Zusage erteilt, beschleichen ihn Zweifel. An Kaulbach schreibt er: »Auf dem Wege dahin [nach Kassel; Anm. d. Verf.] werd ich wohl auch den ›Mann im Bart‹ sehen, der Dich neulich besucht hat, von dem ich nicht weiß, was er eigentlich will oder kann. Für die gewöhnlichen biographischen Schreibereien, die naturgemäß entweder lügenhaft, langweilig oder indiskret sind, besitz' ich keine absonderliche Verehrung. Ein anderes wär's, falls ein richtiger Schlaukopf der Sache in den Keller stiege und mal von Grund aus nachsähe, warum und wann die Leutchen eigentlich lachen.«[3]

Man traf sich also in Hannover, und Busch versprach seinem künftigen Biographen, ihm gelegentlich »Geistesblitze« zukommen zu lassen und Fragen zu beantworten, die der Sache dienlich sein könnten. Die Zweifel an Daelens Integrität waren rasch verwischt, Busch lieferte Material und fühlte sich durchaus geschmeichelt. Manches, was er dem »Kollegen« zukommen ließ, war wenig durchdacht und konnte seinem Ruf schaden, zum Beispiel seine merkwürdigen Definitionen des Humors und des Lachens. Man fragt sich, warum Busch immer wieder durch Witz, Einfall und geschickte Dramaturgie seine Leser zum Gelächter anstiftete, wenn das Lachen an sich ihm als etwas zutiefst Negatives erschien. So schrieb er Daelen: »Nur zu gern betrachtet man den neckischen Zwist betriebsamer Wünsche mit Dem, was nicht so will; denn da man das Spiel durchschaut, da Verdruß und Ungeschick bei Andern sind, so fühlt man sich derweil an Leib und Seel so angenehm gedockelt, daß man lachen muß. Zuweilen, doch nicht so herzlich, lacht man über sich selber, sofern man sich mal bei einer mäßigen Dummheit erwischt, indem man sich nun sogar noch gescheidter vorkommt, als man selbst.«[4]

Daelen war nicht der Mann, derlei zu interpretieren oder richtigzustellen. Er übernahm das meiste, was ihm Busch mitgeteilt hatte, pur und desavouierte damit den Autor gründlich, der seine Überlegungen bestenfalls als Thema zum Disputieren angesehen hatte.

Daelen reiste überall hin, wo Leute saßen, die mit Busch Kontakt hatten. Vor allem in München traf er etliche an, die ihm bereitwilligst Auskunft gaben, sei's zum eigenen Vorteil, sei's, weil Daelen ihnen erklärte, der »Meister« habe ihn höchstpersönlich geschickt, weil ihm so sehr daran liege, den und den in seiner Biographie erwähnt zu finden.

Auch bei Levi erschien Daelen, der sofort bei Busch zurückfragte. Busch an den Dirigenten: »Als Herr D. mir schrieb, was er vorhatte, rieth ich ihm ab; als er dabei verharrte, macht ich gute Miene zum bösen Spiel. Dann sucht ich ihn persönlich zu veranlassen, weniger die Person als die Sachen zu besichtigen und weiterhin zu untersuchen und deutlich zu machen, wann und warum man lacht. Ob's was geholfen hat, weiß ich nicht. Da Kaulbach ihm schon vorher meine Briefe zu lesen gegeben, also nichts Bedenkliches darin gefunden hatte, so wollt ich meinerseits gegen eine Benutzung nichts einwenden. – Von meinen Briefen an Dich ist aber garnicht die Rede gewesen. – Nun ist zwar die Zeit, wo ich mich für berechtigt hielt, dem Ausfrager schlichtweg die Jacke voll zu lügen, zum Glück vorbei; da aber die *ganze* Wahrheit bereits im großen Buche steht, so halte ich mich nicht verpflichtet, sie obendrein noch Jedem unter die Nase zu halten...«[5]

Das Buch erscheint im Mai 1886 in einem Düsseldorfer Verlag. Titel: *Über Wilhelm Busch und seine Bedeutung. Eine lustige Streitschrift von E. Daelen. Mit bisher ungedruckten Dichtungen, Illustrationen und Briefen von W. Busch.*

Der gesamte Freundeskreis nimmt diese Schrift mit »peinlichster Berührung« zur Kenntnis, und auch die Leser, wie Bassermann aus diversen Zuschriften erfährt, sind empört über die Faxen und Lobhudeleien, die Daelen gemacht und von sich gegeben hat – auf Kosten Buschs, der ja, wie der Autor nicht müde wird zu betonen, der skurrilen Laudatio zugestimmt hat. Wann immer die Aussagen sich kritisch zuspitzen und das Ganze ins Nebulose und Groteske abgleitet, wann immer der Papst und Rom und die gesamte Klerisei heruntergemacht werden, hat Daelen ein Original-Busch-Zitat zur Hand. Der »Meister« hat's ja gesagt, folglich muß es wahr sein.

Der »Meister«, der den größten Geistern des Abendlandes zugesellt werden muß. Busch im gemeinsamen Boot mit Leonardo und Rubens, mit Bruno, Leibniz und wer weiß wem. Peinlich, peinlich!

Doch anstatt böse und verärgert zu reagieren, schreibt der so bombastisch Gefeierte einen ziemlich harmlosen Brief an seinen Biographen, dankt ihm sogar und übt nur linde Kritik:

»Sie haben sich in Ihrem Büchlein mit soviel Muth und Wohlwollen meiner angenommen, daß ich Ihnen meinen verbindlichsten Dank dafür aussprechen muß, wenn ich auch, wie Sie schon vermuthet, natürlich nicht ganz damit einverstanden bin... Der scharfe, leidenschaftliche Ton, den Sie, besonders auch zum Schluß, gegen die Ultramontanen anschlagen, stimmt, ob ich gleich kein Freund derselben, doch nicht zu meiner gelinden Gemüthsverfassung... Übrigens ist Ihr Büchlein, wie in frischem Anlauf begonnen, so mit andauernder Lebendigkeit zu Ende geführt. Hoffentlich haben Sie den erwünschten Erfolg damit. Nur fürcht ich Eins: Da das Lob, welches Sie ertheilen, schon dem Belobten viel zu groß erscheint (und der Mensch kann in dieser Hinsicht doch einen gehörigen Puff vertragen) so wird es anderen Leuten erst recht so vorkommen.«[6]

Den Freunden gegenüber äußert sich Busch weniger gewunden und beifällig. Das sei ein Machwerk voller Taktlosigkeiten, flüchtig konzipiert und schludrig ausgeführt. Nicht zu begreifen, warum man ihn mit Akribie in die antikatholische Ecke zu drängen versuche. Er sei nun mal ein unpolitischer Mensch, basta. Und was Daelen da zusammengezaubert, entbehre größtenteils jeglicher Grundlage.

Daelens Busch-Pamphlet nimmt Johannes Proelss, Redakteur der *Frankfurter Zeitung*, zum Anlaß, einen Essay unter dem Titel *Aus Wilh. Buschs Leben* zu veröffentlichen. In diesem im September 1886 erschienenen Artikel rückt der Autor die Position Buschs im öffentlichen und kulturellen Leben zurecht, befreit ihn von dem Image, ein radikaler Kulturkämpfer auf seiten Bismarcks zu sein und mit seinen Geschichten indirekt »hohe« Politik zu betreiben.

Allerdings übernimmt Proelss eine ganze Reihe falscher biographischer Daten, was Busch unzufrieden macht. Er scheint mit dem Redakteur korrespondiert zu haben, denn dieser setzt sich dafür ein, daß im Oktober und im Dezember zwei autobiographische Folgen erscheinen, in denen Busch die Fehler seiner beiden bisherigen Beschreiber korrigiert.

»Es scheint wunderlich; aber weil andre über mich geschrieben, muß ich's auch einmal tun«[7], beginnt Busch den ersten Teil seines

Essays, der gegenüber Daelens Kampfschrift wie eine beiläufig-harmlose und auch lustlose Kommentierung einiger Lebenssta-dien wirkt. Analytiker lesen gerade daraus, daß die Krise, in der er steckte, tiefgründig war. Der Bruch in seiner künstlerischen Pro-duktion (das Ende der Bildergeschichten) lief offenbar parallel zu einem geistig-existentiellen Bruch, der sich lange vorbereitete und erst in dem Zweiundfünfzigjährigen evident wurde.

Anzeichen für die Krisis: der (vorläufige) Abbruch der Beziehun-gen zum Keßlerschen Haus in Frankfurt, die Flucht aus München, begleitet von der Erkenntnis, abermals als Maler gescheitert zu sein, das Gefühl des Ausgebranntseins, der Verlorenheit, die Rück-zugsmentalität, die sich in diversen Briefen verdeutlicht, körper-liche Schwächen und Reduzierungen. Die ihn näher kennen, wol-len auch im *Bählamm* und im *Klecksel* Abnutzungserscheinungen, Ermüdung und bloße Routine ausgemacht haben.

Busch steckte in einer Identitätskrise, hatte aber das für sich großartig wirkende Heilmittel bereits gefunden: die Einsiedelei in Wiedensahl. Andere hätten sich, nach einiger Zeit, nach Selbstfin-dung und Überwindung der Krisis, zu neuen Abenteuern aufge-macht, wären zur Eroberung eines anderen Gesellschaftskreises aufgebrochen oder hätten mit höchster Intensität versucht, durch Rechtfertigung den Selbstklärungsprozeß herbeizuführen. Nicht so Busch. Er verkriecht sich, wehrt alle Kontakte, alte wie neue, ab, verdrängt und denkt gar nicht daran, seine Erlebniswelt zu reflek-tieren.

Wo andere geradezu nach Selbstentblößung und Sinnstiftung lechzen, verstummt er völlig. Niemand hat sich mit seinem Ego zu befassen. Wer glaubt, daß er in seinen autobiographischen Essays die Vergangenheit aufarbeitet, sieht sich getäuscht. Nur das Dürf-tigste teilt er seinen Lesern mit, und man ist dadurch kaum infor-miert. Knapp, aber nicht präzise streift er Geschehnisse aus seinem Leben, die er für wichtig erachtet. Doch weder zum Kern seiner Persönlichkeit noch zum Wesentlichen dringt er vor. Auch darin liegt Ironie, daß er seine Vita so gründlich durchfiltert, daß eigent-lich kein genießbares Kondensat mehr übrigbleibt.

Das allzu geringe Selbstbewußtsein verblüfft. Hat der Dichter kaum Vertrauen zu sich selber? Richard Dehmel, der ihn zeitlebens (kritisch) bekämpfte, nennt ihn einen »Infantilisten«. Manchmal, vor allem in seinen autobiographischen Studien, hat man den Eindruck, als sei Busch in seinem kaum entwickelten Bemühen um reflexive Suche nach Identität auf niederer Stufe stehengeblieben, nicht damit fertig geworden, einer konsequenten Selbstprüfung standzuhalten.

Busch beschreibt in *Was mich betrifft* lediglich die ersten siebenundzwanzig Jahre seines Lebens, kommt also bis 1859. Warum geht er nicht weiter? Was bewegt ihn, der Beschreibung persönlicher Enttäuschungen und Rückschläge auszuweichen?

Seine Jugend idyllisiert er; auch hier spart er das Tückische und Persönlichkeitsprägende aus. Ein »hartes«, fast liebesunfähiges Elternhaus. Er leugnet es, schämt sich vor der Wahrheit. Da er sich schon rigoros der Aufklärung seiner Adoleszenz verweigert, ist natürlich auch nicht zu erwarten, auch nur andeutungsweise etwas über die Niederlagen in seinen Liebesbeziehungen zu erfahren. Von all dem schottet er sich steril und streng ab. Aber auch von einer Schopenhauer- oder Nietzsche-Rezeption kann nicht die Rede sein. Er läßt niemanden an sich heran. Und so ist das gefilterte, fast oberflächliche »Parlando« seiner autobiographischen Skizzen nahezu wertlos.

1893 und 1894 geht Busch noch einmal daran, so etwas wie eine Vita zu entwerfen. Jetzt ist er noch informationskarger, noch lakonischer und scheuer, als hätte er bis dahin ein Leben ohne die geringsten Probleme, Stufen und Brüche gelebt. Insofern unterscheidet sich der Autobiograph Busch ganz entschieden von den übrigen Selbstdarstellern seiner Zeit und späterer Generationen. Er will nicht Held sein, aber auch nicht Antiheld. Irgendwo schwimmt er im Teich der Belanglosigkeiten, verzichtet auf Legitimation und verspürt nicht einen Hauch von Sehnsucht nach Unsterblichkeit.

Er selber wird am allerwenigsten dazu beitragen, Nachruhm zu erwirken. Dabei verliert er auch den Willen nach Erlangung eines Wahrheitsanspruchs. Er manipuliert seine Vita, indem er wegläßt und verschweigt. Und das begründet er mit seiner Menschenverachtung. »Die bösen Menschen brauchen nicht gleich alles zu wissen«, schreibt er. »Zum Beispiel ich, ich werde mich wohl hüten; ich lasse hier nur ein paar kümmerliche Gestalten heraus.«[8] Und: »Das Geklage über alte Bekannte hab ich schon längst den Basen anheimgestellt, und selbst über manche zu schweigen, die ich liebe und verehre, kam mir hier passend vor.«[9]

Verdrängungsmechanismen sind am Werk, die Freud gewiß auf pubertäre oder frühkindliche Störfaktoren zurückgeführt haben würde. Busch weiß das, und gerade deswegen will er sich nicht dingfest machen lassen. Außerdem: Ihm stehen womöglich noch einige Jahrzehnte bevor. Warum jetzt die Weichen so stellen, daß sie in Hinkunft praktisch unverstellbar sind, wenn man nicht in Gefahr kommen will, auf einen Prellbock aufzulaufen?

Der erste Teil von *Was mich betrifft* ist, bei allen Vorbehalten, noch weithin übersichtlich und verständlich geschrieben. Episoden folgen Anekdoten, hier ein paar keß hingeworfene Aperçus, dort ein notwendiger Kommentar, Idyllisches, Genrebilder. Die Sache ist von der Form her gut komponiert. Ein gewitztes Mosaik ohne stabilen Untergrund, ein Parkett, auf das man ihm mühelos und – warum auch nicht – vergnügt folgt. Ein »unterhaltliches« Stück Arbeit.

Der zweite Teil entbehrt gänzlich irgendwelcher autobiographischer Angaben. Busch verschlüsselt und läßt nur die intimsten Kenner in die »Polterkämmerchen« blicken, in denen er seine Gedanken speichert. Jeder kriegt sein Fett. Wie Johanna Keßlers Bankier: »Der Herr Gemahl, der abends noch Hummer ißt.« Beim Namen genannt wird der Schlemmer nicht.

Und neugierig sucht man nach der Identität jenes Liebespaares, das sich kräftig keilt und rangelt: »Er schlägt sie zu Boden, tritt ihr dreimal hörbar auf die Brust, und fort ist er. – Schnell ging's. – Und was für einen sonderbaren Ton das gibt, so ein Fußtritt auf ein weibliches Herz. Hohl, nicht hell. Nicht Trommel, nicht Pauke. Mehr lederner Handkoffer; voll Lieb und Treu vielleicht.«[10]

Da ist der perfekte Weiberfeind am Werk. Wem hat der enttäuschte Busch – in Gedanken – wohl alles auf die Brust getreten? In solchen Momentaufnahmen dekuvriert sich der Dichter ja doch. Irgendwie ist er an seinen Geschichten beteiligt. Immer.

Auf jeden Fall sind die autobiographischen Abrisse glänzende Einübungen in die noch kommende Prosa Buschs. Meisterhaft wird es ihm gelingen, aus einem Körnlein Realität weitgesponnene fiktive Erzählungen zu entwickeln. Kunstvoll reichert er die Wirklichkeit mit Metaphern, Symbolen und Traumbildern an.

Der Literarhistoriker Florian Vaßen schreibt dazu: »Wirkliche Einsichten in Wilhelm Buschs psychische Verfaßtheit, seine Erfahrungen und Lebensgestaltung erlangt der interessierte Leser jedoch in der Interpretation... der fiktionalen, ›unbewußten Autobiographien‹ *Eduards Traum* und *Der Schmetterling*, in deren poetischen Bildern an Stelle des bewußten Erinnerns die Wahrheit des Unbewußten dominiert und Unbekanntes, Gefühle und Bedürfnisse hinter dem verdeckenden und ordnenden Bewußtsein des Autors hervortreten. Die Fiktionalität dieser Prosa gibt Busch vermeintlich ausreichend Schutz vor der drohend neugierigen Außenwelt, so daß er glaubt, ohne seine Weste auszukommen – er zeigt sein Herz.«[11]

Die soziale Frage

Den Lesern seiner autobiographischen Skizzen hat Busch mitgeteilt, daß er gern in der Bibel blättere und die Schriften des Augustinus konsumiere. Davon, daß er sich den linken *Volkswillen* hält, der in Hannover erscheint, und den sozialdemokratischen *Vorwärts*, teilt er nichts mit. Busch als eingefleischter Sozialdemokrat, das ist zwar schwer vorstellbar, aber nichts schließt aus, daß er nicht doch »links« votiert hätte und Marx und Bebel näherstand, als man in konservativen Forscherkreisen anzunehmen gewillt ist.

Daß er für den Arbeiter einstand, geht aus vielen Dokumenten hervor. Otto Nöldeke überliefert folgenden Kommentar seines Onkels: »Im allgemeinen ist sie [die soziale Frage; Anm. d. Verf.] Haßpasserei, um Geld zu verdienen. Aber gegenüber der Mönchsfaulheit und den besonderen sogenannten guten Werken hat der Luther recht, sie sei ein Gottesdienst. Wenn man so'n alten Handwerksmeister nimmt mit seinen Gesellen, 'nen braven Spießbürger, gewiß, der konnte seine Arbeit so ansehen; aber ein moderner Fabrikarbeiter, der Tag aus Tag ein nur ein und denselben Handgriff machen muß, doch wohl nicht. Da versteht man's, wenn sie besser bezahlt sein und kürzere Arbeitszeit haben wollen, zumal wenn sie sehen, wie die anderen Millionen verdienen. 's ist ein krauses Gewurrl für mich, dies Streiken und Aussperren hin und her. Aber das muß man den Arbeitern lassen, sie wollen mit Energie vorwärts und lassen es sich was kosten. In hundert Jahren wird's ganz anders aussehen. Es ist jetzt ja schon weit besser geworden, und die Unterschiede zwischen den Ständen sind viel mehr abgeschliffen … Almosen wollen sie nicht; denn wer davon lebt, ist kein freier Mann.«[1]

Er bekämpfte die Auswüchse des Kapitalismus und hielt die Latifundienwirtschaft für längst überholt. Als es um die Verstaatlichung der Zechen ging, sagte er: »Wenn die Sache gehen und vorwärts gehen soll, dann muß ein Mensch sie machen, der schlaflose Nächte drum hat. Staatliche Beamte, die ihr Geld kriegen, haben keine schlaflosen Nächte und grübeln nicht. Es muß einer grübeln über neue Maschinen und neue Mittel und Wege der Arbeit, und das kostet schlaflose Nächte. Nur dann wird was draus.«[2] Von

Gewalt, um soziale Probleme zu lösen, hielt er nichts. Auf den Kaiser und Bismarck waren verschiedene Attentate versucht worden. Busch:

Ich sage bloß, die Welt ist böse.
Was soll zum Beispiel das Getöse,
Was jetzt so manche Menschen machen
Mit Knallbonbons und solchen Sachen.
Man wird ja schließlich ganz vertattert,
Wenn's immer überall so knattert.
Das sollte man wirklich solchen Leuten
Mal ernstlich verbieten und zwar beizeiten,
Sonst sprengen uns diese Schwerenöter
Noch kurz und klein bis hoch in den Äther,
Und so als Pulver herumzufliegen,
Das ist grad auch kein Sonntagsvergnügen.[3]

Die »sozialen« Bomben krachen, das Weltgerüst kommt ins Wackeln. Und alles liegt daran, daß es nicht gelingt, die sozialen Unterschiede zu überbrücken. Die Kapitalisten denken gar nicht daran, der Arbeiter ist (noch) ohnmächtig. Im *Nöckergreis* bringt Busch das Problem auf eine sehr einfache Formel:

Der eine fährt Mist, der andre spazieren;
Das kann ja zu nichts Gutem führen . . .[4]

Die liberalen Ansichten Friedrichs III. hatten ihm »einigermaßen« imponiert. Von seinem Nachfolger, Wilhelm II., hielt Busch rein gar nichts. Schon deswegen nicht, weil der dauernd gegen die Sozialdemokraten stänkerte. »Ja, es ist arg, das Recht ist halb und die Gescheitheit ganz auf ihrer [der Sozialdemokraten; Anm. d. Verf.] Seite.«[5] Und außerdem hatte »Willem« den »Eisernen Kanzler« in Pension geschickt. Den bewunderte Busch, weil es dem »alten Haudegen« gelungen war, den Partikularisten Paroli zu bieten und die Deutschen zusammengeführt zu haben. Als Bismarck im März 1890 seinen Hut nehmen mußte, bekannte Busch, wie die Neffen in ihrem Erinnerungsbuch berichten, daß er über Berlin tief enttäuscht sei. Ein Kardinalfehler. Bei allen Schwächen sei Bismarck noch unentbehrlich (trotz der Sozialistengesetze). Man werde bedenklichen Zeiten entgegengehen.

Die Nöldekes: »Bismarck wurde als Mensch und Staatsmann von meinem Onkel hoch verehrt, und tief erregte ihn die Entlassung des Gewaltigen mit ihren Begleiterscheinungen, den vergeblichen Versuchen des Kaisers, den Meister zum Handlanger zu stempeln, und der ganzen Art, wie dann der Riese von den Zwergen und Kümmerlingen behandelt wurde. In *Eduards Traum* schreibt er darüber: ›Vor wenigen Tagen war der größte Mann seines Volkes vom Bocke gestiegen und hatte die Zügel der Welt aus den Händen gelegt. Nun, hätte man meinen sollen, gäb's ein Gerassel und Kopfüberkopfunter. Doch nein! Jeder schimpfte und schacherte und scharwenzelte so weiter und spielte Skat und Klavier oder sein Los bei Kohn und leerte sein Schöppchen, genau wie vorher, und der große Allerweltskarren rollte die Straße entlang, ohne merklich zu knarren, als wär er mit Talg geschmiert. Die Welt ist wie Brei. Zieht man den Löffel heraus, und wär's der größte, gleich klappt die Geschichte wieder zusammen, als wenn gar nichts passiert wäre.‹ Und doch ist mein Onkel niemals zu Bismarck gegangen, obwohl er schon in Frankfurt von ihm einmal eingeladen war und durch seinen Freund Lenbach wiederholt freundliche Einladungen nach Friedrichsruh erhalten hatte. Es war 1905, als einmal wieder das Gespräch auf Bismarck kam, daß ich die Frage riskierte, warum er eigentlich nie nach Friedrichsruh gegangen sei. Fast entrüstet antwortete er: ›... daß ich doch so was nicht getan hätte. Auch nicht die geringste Neigung habe ich dazu gehabt, in das Getu's zu gehen, was sie da um ihn machten. Wer wird sich denn in solchen Zwang begeben?‹ Ich bemerkte, meines Wissens sei es bei Bismarck doch ganz zwanglos zugegangen. Darauf er: ›Und wenn es noch so zwanglos und bummelig war! Da gehört eine andere Natur dazu. Ich habe vor Bismarck eine außerordentlich hohe Achtung und Bewunderung. Aber ich weiß, was er getan hat. Dazu brauchte ich ihn nicht zu sehen. Recht mit ihm reden hätte man doch nicht können. Er war ein ganz anderer Mann mit ganz anderen Interessen.‹«[6]

Ausnahmen bestätigen die Regel: Die Vorbehalte, die er Bismarck gegenüber hegte, machte er bei Richard Wagner nicht geltend. Da verfügte er offenbar noch nicht über die »andere Natur«, die ihn davon absehen ließ, den »Fürsten« von Bayreuth aufzusuchen und mit ihm Kaffee zu trinken und Zwieback zu zerbröseln. Offenbar behandelte Busch Künstler anders als Politiker, und außerdem sah er in Bismarck nicht die »völkische Hyäne«, die der korrupte Komponist für ihn verkörperte.

Der Buschforscher Hans Hellmuth Qualen resümiert: »Bei aller Verehrung Bismarcks sah Busch auch die Schwächen des von ihm geschaffenen Reiches. Er spürte, auf welch schwankend-unsicheren Boden die komfortable und kostspielige Gegenwart der Wilhelminischen Ära gegründet war, mit der er sich nicht befreunden konnte. Gelegentlich spricht er von einer ›militärisch angehauchten Zeit‹... Als der Kaiser in einer Rede gesagt hatte: ›Mir ist mein Kurs vom Himmel vorgeschrieben‹, sann er nach und sagte dann: ›Das ist er jedem. Es kommt nur darauf an, ob ihn einer auch lesen kann.‹ In ganzer Seele zuwider war ihm das Pathos, der Byzantinismus und das Titel-, Ordens-, Jubiläums- und Denkmalswesen seiner Zeit, weil er darin soviel Unwahres und Schwindelhaftes sah. Seinem Spott über Denkmäler und das bewußte ›Endchen Ehr im Knopfloch‹ sowie über alles, was er ›Getue‹ nannte, begegnen wir in Briefen und Werken immer wieder.«[7]

In der wilhelminischen Ära gelangt die Selbstgerechtigkeit der Bourgeoisie zum Höhepunkt. Der klassenkämpferische Sozialismus hält dagegen. Es fällt nicht schwer herauszufinden, auf welcher Seite Busch steht. Ein öffentliches Bekenntnis, um seinen politischen Standort zu untermauern, wird er zwar nie ablegen. Aber in *Eduards Traum* gibt es genügend ebenso entlarvende wie eindrucksvolle Stellen, die beweisen, daß Buschs Sympathien eher den Brandstiftern als den Biedermännern gehören.

Eduards Traum

Prosa von Wilhelm Busch ist den meisten seiner Verskonsumenten nicht bekannt. In gängigen Literaturgeschichten wird darauf nur wenig Rücksicht genommen. Außer der Tatsache, daß er neben seinen weltberühmten Bildergeschichten auch noch die Erzählungen *Eduards Traum* und *Der Schmetterling* veröffentlicht habe, nimmt man wenig Rücksicht und Anteil an den Werken von 1891 und 1895, die als bloßes Pendant zu den Bildergeschichten abgetan werden und manchen als »allegorisch überanstrengt« (Fritz Martini) wirken.

Warum Busch das alte Medium verließ und einen völligen Neuanfang wagte, warum er so kühn wurde, seine Reputation als vielgerühmter Autor von Bildergeschichten aufs Spiel zu setzen, darüber ist viel gerätselt worden, und ganz schlüssige Urteile darüber gibt es nicht.

Hatte er das Zeichnen und das Texten wirklich nur als eine Art von Kompromiß empfunden, weil er sich als Maler nicht durchzusetzen vermochte? Dann wäre ihm alles, was er bisher geschaffen, als minderwertig und zweitrangig erschienen. Doch jetzt, mit zunehmendem Alter, nachdem er die »ökonomische Freiheit« längst gewonnen hatte, sich den Jugendwunschtraum erfüllen und das tun, was er eigentlich habe tun wollen?

Der Busch der späten Jahre wagt keinen Neuansatz als Maler; der Genrewechsel vollzieht sich auf der Schreibebene. Aus dem spitzfindigen Reimer, dem »Großaktionär in Geistesblitzen« (Erich Kästner) wird ein Erzähler, wie es ihn im gesamten Umkreis jener Zeit nicht noch einmal gibt. Er macht – formal und inhaltlich – weder Anleihen bei den Realisten Raabe, C. F. Meyer und Theodor Fontane, noch wendet er sich den Naturalisten Holz, Hauptmann und Sudermann zu. Und auch unter den zukünftigen Literaten läßt sich niemand ausmachen, der stilexperimentell wie Busch vorging und eine epische Ästhetik gleich der seinen entwarf, die man nur als bizarr charakterisieren kann.

Da er es den Literaturforschern und Germanisten so schwer machte, ihm irgendeinen »Ismus« anzuhängen, kümmerten sie sich erst gar nicht um ihn, den plötzlich zum Prosaisten Gewordenen, der von einem sonderbaren Ehrgeiz befallen gewesen sein mußte, weil er seine vor allem materiell so gesicherte Produktion abbrach und sich dem Spekulativen einer ungewohnten Literaturform hingab, von der er nicht wußte, ob sie die Kritik überhaupt ernst nehmen würde.

Busch schien, bevor die Erzählungen herauskamen, festgelegt. Selbst Verleger Bassermann glaubte, es ginge »immer so weiter«. Daß Busch die Leserwelt mit zwei ausgesprochenen Raritäten »erschrecken« wollte, schien ihm abwegig. Er betrachtete beide Produkte mit äußerster Skepsis. Das war doch nichts Halbes und nichts Ganzes. Zu Romanen langte es nicht, Novellen waren es auch nicht, wenn auch die Technik der Rahmenerzählung auf den ersten Blick darauf hindeutete; es gab keine ungewöhnliche Begebenheit, keinen dramaturgischen »Falken« in den Abläufen.

Manches erinnerte an Briefe, an Tagebuchaufzeichnungen, an Reportagen und philosophische Exkurse. Dann wieder schien es, als habe Busch seine Bildergeschichten »auf Prosa« weitergesponnen, Reminiszenzen an längst bekannte Titel. Von allem etwas, und dazwischen so verworrene Gaukelspiele und Ausflüge, daß man sich fragen mußte, was mit Busch geschehen war, mit dem »Weisen von Wiedensahl«, der mit seiner Weisheit Schabernack trieb und die realistisch denkende Gesellschaft zum Narren hielt. Busch auf dem Wege, ein Unikum zu werden, ein literarischer Sonderling, den man am besten außer acht ließ.

Am ehesten wurden die mit den beiden Erzählungen fertig, die glaubten, Busch habe nichts anderes getan, als Bildergeschichten ins Wort gesetzt.

Die Autoren Martin Rector und Ralf Schnell erklären dazu: »Die Entsprechungen sind augenfällig: Beide Erzählungen weisen zyklische Struktur auf, beide sind reihend gebaut, und ihr Inhalt vermittelt gleichermaßen den Sinn der Vergeblichkeit. Sowohl *Eduards Traum* als auch *Der Schmetterling* besitzen einen geschlossenen Rahmen, denn wie Eduard nach dem Ausflug des Traums in den morgendlichen Alltag zurückfindet, so kehrt Peter nach den vielen Stationen, auf die ihn die Jagd nach dem Schmetterling geführt hat, in das heimatliche Dorf und das elterliche Haus zurück. Die Bewegung Heimat – Fremde ist also durchaus vergleichbar jener, die Tobias Knopp durchläuft. Und doch zeigen sich bei genauerem Hinsehen signifikante Unterschiede. Eduards Ausflüge beispielsweise sind geträumt, imaginär, aber nur weil sie für ihn nicht Wirklichkeit sind, wacht er am Morgen nahezu unverändert auf – sein Traum-Ich hingegen, der Punkt, drohte in den Abgrund eines Traumes zu stürzen, der sich von einer sorglosen Weltenfahrt unversehens zum bedrohlichen Alptraum verändert hatte. Und Peter, der in *Der Schmetterling* seine Lebenswirklichkeit auf für ihn sehr reale Weise verläßt – wenn auch in eine oft märchenhafte Welt hinein –, kehrt durchaus nicht unverändert zurück, sondern irreversibel erniedrigt, bestraft, versehrt. Weder wird er wie Max und Moritz als Opfer seiner Unternehmungen bildkräftig ausgelöscht, noch kann er wie Tobias Knopp am Ende wieder dort anfangen, wo er zu Beginn seiner Reise stand. Vielmehr hat seine Fahrt Folgen gezeitigt, die nicht unendlich wiederholbar und variierbar sind, sondern qualitative Veränderungen bewirken.«[1]

Auch im inneren Handlungsablauf gibt es keine Identitäten mit den früheren Bilderfolgen. Dazu Rector/Schnell: »Auch hier scheint auf den ersten Blick dieselbe Episodenstruktur vorzuliegen wie in den Bildergeschichten: in *Eduards Traum* in der übergangslosen Reihung der Stationen seiner Reise, in dem gänzlichen Zurücktreten allen reflexiven oder beschreibenden Erzählens hinter die Protokollierung einer hektischen Wahrnehmung scheinbar sehr äußerlicher Oberflächenbewegungen; in *Der Schmetterling* ganz analog in den Stationen der Schmetterlingsverfolgung und der Suche nach dem Rückweg. Doch auch hier trügt der erste Blick. Eine genauere Analyse zeigt, daß die Handlungsstruktur der Prosaerzählungen keineswegs so eindimensional sukzessiv verläuft wie die der Bildergeschichten und daß auch die zyklische Struktur durchaus nicht mehr in der gleichen Weise konstitutiv für die Sinn-Aussage steht, sondern sich durchaus dysfunktional zu ihr verhält, ja diese gar tendenziell verbirgt.«[2]

Die Literarhistoriker lassen sich etwas einfallen, um Busch auf die Schliche zu kommen. Er selber hielt seinen Leser für so instruiert und gebildet, daß dieser selber darauf kommen würde, was gemeint sei. So teilte er es Lenbach mit, den er auch für hellhörig genug erkannte, das »leichte Säuseln der Probleme« zu begreifen. Doch es war nicht leicht für den in Existenzphilosophie unkundigen Leser, herauszufinden, daß Busch seinen Schopenhauer-Pessimismus in den Erzählungen ad absurdum führte. Er hatte ja keine Erlösungsformel parat (die christliche reichte bei weitem nicht aus), keinen Schlüssel zum »Weltverständnis« gefunden, also auch keinen zum Lebensverständnis. Da sich die Realität als unaufschließbar erweist, muß man sich in Traumregionen versteigen, um seinem Wunschdenken Ausdruck zu verleihen. Das ist »heilsam«, läßt den Menschen die Realität ertragen, versöhnt ihn mit ihr.

»Manche Menschen haben es leider so an sich, daß sie uns gern ihre Träume erzählen, die doch meist weiter nichts sind, als die zweifelhaften Belustigungen in der Kinder- und Bedientenstube des Gehirns, nachdem der Vater und Hausherr zu Bette gegangen.«[3] So beginnt *Eduards Traum*. Jener Eduard ist verehelicht, hat einen Buben Emil. Freunden plaudert er seine Traumerlebnisse, seine Geschichte aus. Damit der Leser immer wieder darauf zurückgebracht wird, daß der Handlungsträger ein Schläfer ist, muß die Gattin ihn wiederholt auffordern, das Schnarchen zu unterlassen, das sie gewaltig stört.

Sobald Eduard eingeschlafen ist, verläßt er sein Ich. Er schwirrt nun durch die Welt als »denkender Punkt«. »Mein Geist, meine Seele, oder wie man's nennen will, kurz so ungefähr alles, was ich im Kopfe hatte, fing an, sich zusammenzuziehen. Mein intellektuelles Ich wurde kleiner und kleiner. Erst wie eine mittelgroße Kartoffel, dann noch kleiner und immer noch kleiner, bis es nicht mehr ging.«[4]

Der Träumer gerät in seltsam mathematisch geformte Regionen, in denen Linien, Zahlen und Figuren recht menschlich reagieren. In der arithmetischen Stadt finden sich »hübsche Landgärtchen und Obstbäume voll goldener Prozentchen«. An papierenen Leitern steigen die Dividenden auf und nieder, einige fallen herunter, reiben sich die Verlustseite und hinken traurig nach Hause. An allen Straßenecken hocken die gebrochenen Zahlen: arme geschwollene Nenner, »die ihre kleinen schmächtigen Zählerchen auf dem Buckel trugen und mich flehentlich ansahen«.[5]

Und dann bricht's satirisch-gegenwärtig aus dem Erzähler heraus, als beschriebe er einen durchaus untraumhaften, realistischen Zustand: »Man schilt hier auch eine gewisse vordringliche Null, die schon manchem redlichem Kerl im Wege gestanden; und wenn einer befördert wurde, der's nicht verdiente, dann steckte gewiß die alte intriguante Null dahinter.« Auf der geometrischen Ebene scheint es zumindest gelegentlich wie in Kleinkleckersdorf vor sich zu gehen. Auf dem Markt treiben die Zahlen ihr geschäftiges Wesen, und beim Zank der Verkäuferinnen ist von der »runden Summe eines empörten Busens« die Rede. In der Stadt muß jeder platt auf dem Bauche rutschen. Die Bewohner des dreidimensionalen Raums sind hohl. »Es scheint Sonne und Mond hindurch, und wer hinter ihnen steht, der kann ihnen mit Leichtigkeit die Knöpfe vorn an der Weste zählen. Einer durchschaut den andern; und doch reden diese Leute, die sich durch und durch kennen, die nicht so viel Eingeweide haben wie ein ausgepustetes Sperlingsei, von dem edlen Drange ihres Innern und sagen sich darüber die schönsten Flattusen. Ja, und einer war da, der wollte behaupten, er hätte einen fünf Pfund schweren Gallenstein, und verfluchte sein Dasein und schnitt Gesichter, und seine Familie sprang nur so, wenn er pfiff, und tat ganz so, als wär's so, und seine Nachbarn machten ihm Kondolenzvisiten unter kläglichem Mienenspiel. Wie heuchlerisch man hier ist und zugleich wie wesenlos, das bewiesen so recht zwei alte Freundinnen, die sich in den Tod nicht ausstehen konnten, und nun, nach langer Trennung, sich wieder begegneten. Sie küßten sich so herzlich und durchdringend, daß ihnen die gegenseitigen Nasen eine Elle lang hinten aus den gegenseitigen Chignons hervorstanden.«[6]

Im zweiten Teil der Traumerzählung gelangt Eduard zu körperlichen Wesen, die sich auf einem Berg als die Gemeinde der »getrennten Körperteile« angesiedelt haben. Ganz oben hausen die Köpfe, in der Mitte »leben« die Hände, unten die Füße. »Ihre Geschicklichkeit ist mitunter nicht unerheblich. Ein Barbier, der mit wenig Seife viel Schaum schlagen konnte, war kürzlich unter die Literaten gegangen. Er hatte großen Erfolg, wie ich hörte, trug bereits drei Brillantringe an jedem Finger und wollte sich demnächst mit einer Köchin verheiraten, die ohne Schwierigkeit ein einziges Eiweiß zu mehr als fünfzig Schaumklößen aufbauschte, also auch noch etwas leisten konnte.«[7]

Es dauert, bis Eduard zu den Menschen kommt, die schwarze Selbstsucht betreiben und ihre Gemeinheiten für gottgefällig halten. Die Bauern sind wie die Städter, die gerade Bismarck vertrieben haben. Der Realität entweicht Eduard dann durch einen Ausflug in den Weltenraum. Wie Jules Verne steigt er mit einem Ballon auf und gelangt in die Nähe der Sternbilder. »Die hübsche ›Jungfrau‹ mit den ›gesunden‹ Zwillingen, auf jedem Arm einen, schielte zärtlich nach dem ›Schützen‹ hinüber, einem schmucken, blonden, krausköpfigen Burschen, dessen Flügel schön, dessen Köcher, Pfeile und Bogen von Gold sind. Nicht weit davon in einer Butike saß der schlaue, krummnasige ›Wassermann‹ und regulierte die ›Waage‹ zu seinen Gunsten.«[8]

Aller romantischen Vorstellungen bar, bezeichnet Eduard – oder sein Traum-Ich – die Weltkugel mit ihren Gestirnen als einen »nicht unbedeutenden Knödel, durchspickt mit Semmelbrocken«, als er die äußerste Kruste der Welt durchstoßen hat und im »leeren unermeßlichen Raum« schwebt. Er will wieder heim, fühlt unter den Sternen etwas Rauhes: »Es war der Schwanz des kleinen Bären. Sofort orientierte ich mich, rutschte ein gutes Stück weiter an der Himmelsachse hinunter und sprang dann, sobald unser kleines Erdel in Sicht kam, nach seitwärts in der Richtung der gemäßigten Zone hinab.«[9]

Futuristisch geht es in dem Gebreit zu, in das Eduard auf Mutter Erde gelangt: »Vermittels sinnreicher Brennglasapparate sammelt man während der guten Jahreszeit nicht bloß soviel Sonnenwärme, als zum Betriebe aller Maschinen, Öfen, Lampen, Töpfe und Wärmflaschen des Landes erforderlich war, sondern auch zu bloßen Belustigungszwecken immer was drüber. Es ist für jeden gesorgt, niemand braucht mehr zu stehlen.«[10]

Damit sich die Dummen und die Gescheiten nicht gegeneinander auszuspielen vermögen und auch in den zwischenmenschlichen Beziehungen alles klappt, läßt der Staat jedem Neugeborenen die »Konkurrenzdrüse ausbohren«.

Nebenerscheinungen sind dabei nicht zu vermeiden: Gleichgültigkeit kennzeichnet die Menschen, und lachen können sie auch nicht mehr. Der Naturphilosoph erklärt dem Träumer an einem automatischen Kunstwerk den Kreislauf der Dinge. Er besitzt auch das »Ding an sich«, eine kleine Mühle, deren Flügel sich in verschiedenen Geschwindigkeiten zu drehen vermögen. Sie überträgt Sinnesempfindungen, denn alles basiert ja nur »auf der Wellenbewegung der Luft und des Äthers«. Die »Gedankenmühle« erregt Eduard.[11]

Doch auf die Frage: »Was muß der Mensch tun, damit es ihm schließlich und ein für allemal gut geht?« hat der Weise keine Antwort und kehrt sich ab.

Eduard tut sich im Ballsaal, auf dem Markt, im Kunstverein und in der Universität um, und dann will er einen »wahrhaft guten Menschen« antreffen, findet auch einen, den er dafür hält, da er Notleidende in sein Haus bringt, aber von diesen bald aus jenem vertrieben wird. Eduard: »Daraus sah ich nur zu deutlich, daß er kein recht guter Mensch war.« Der Besitzer einer eleganten Villa spendet eine Mark für die äußere Mission und fünfzig Pfennige für die innere. Nachdem er das getan, verfällt er in Schwermut und ruft aus: »Ich bin zu gut! Ich bin viel zu gut!« Er war so gerührt über sich selber wegen seiner fast strafbaren Herzensgüte. Nun war Eduard befriedigt, und er stellte fest: »Ich hatte sogar einen mehr als guten Menschen gesehn.«[12]

Durch ein schönes Tal gelangt Eduard zu einem Haus, das »Zum lustigen Hinterfuß« benannt wird. Wirt, Großmutter und sieben Töchter (»die sieben Todsünden«) bewirten die Gäste, die, wenn sie »abgefallen« sind, von einer Art Charon hinweggekarrt werden. Auf dem Weg ins Gebirge begegnet Eduard vier munteren Wanderburschen, den »guten Vorsätzen«, die auf die Namen »Will ich«, »Wollt ich«, »Wenn aber« und »Wohl gemut« hören, doch die haben keine Lust, den steinigen, heißen Pfad hinaufzuklettern, und rutschen lieber den Abhang hinab ins Wirtshaus.

Im Gebirge haust (wie im *Knopp* der Krökel) auch ein Eremit: der »unglückliche Mensch«, der schon mehr als zehntausendmal wiedergeboren ist und dennoch von den draußen geschehenen Dingen nichts weiter erkennt »als ihre Schatten, die sie vor ihm auf die Wand werfen«.[13]

Weiter das Gebirge hinan erhebt sich ein Schloß mit schwarzen Teufelchen, doch Eduard will die »Stadt auf dem Berge« suchen, findet einen schmalen Pfad dorthin. »... stille Pilger, jeder sein Päckchen tragend, zogen hinauf.« – »Nur langsam, Freundchen! Ich will auch noch mit!« ruft Eduard einem der Wanderer zu. Doch der spricht: »Armer Fremdling! Du hast kein Herz!« Er sieht, wie sie über einen Steg hinter einer Mauer verschwinden.

Der Blick durchs Schlüsselloch zeigt ihm eine aus Edelsteinen erbaute Tempelstadt, durchleuchtet von wunderbarem Licht, schö-

ner als der Sonnenschein. Eduards Versuche, in die Stadt hinein-
zugelangen, scheitern, die kristallenen Mauern halten ihn zurück.
Und ein Wiesenteufelchen jagt ihn fort, direkt in das Maul eines
schlafenden Riesen. Er sieht noch, wie seine Frau auf goldenem
Thron sitzt...

Doch dann wird er abrupt ins Diesseits zurückgeholt: Die noch
eben im Gralslicht erstrahlende Hausfrau weckt ihn mit dem banalen Ausruf: »Eduard, steh auf, der Kaffee ist fertig!« Er erwacht.
Und was sieht er? »Meine gute Elise, unsern Emil auf dem Arm,
stand vor meinem Bette. Wer war froher als ich. Ich hatte mein
Herz wieder und Elise ihrs und Emil seins, und, Spaß beiseite,
meine Freunde, nur wer ein Herz hat, kann so recht fühlen und
sagen, und zwar von Herzen, daß er nichts taugt. Das Weitere
findet sich.«[14]

So ruhig und gelassen, wie Wilhelm Busch seine Traumgeschichte
präsentiert, hat es nur Jonathan Swift verstanden, in *Gullivers
Reisen* alle Wunderlichkeiten dieser und anderer Welten zu beschreiben. Mit dem sah sich Busch gern »in einem Topf«, und wenn
ihn die Freunde auf gewisse Identitäten in beiden Werken hinwie-
sen, pflegte er verschmitzt zu sagen: »Von nichts kommt nichts!«

Viele begriffen es nicht, daß sich Busch so tief in meditative und
suggestive Probleme hineinwühlte. Er war aber längst zu der Erkenntnis vorgedrungen, daß es etwas »hinter der Welt« gab, und
das galt es zu entdecken. Nicht durch den in der damaligen Gesellschaft viel geübten Spiritismus. Nein, da müsse man sich schon genauer instruieren. »Die neuen Mythologen suchen den Volksglau-
ben psychologisch zu erklären; sie gehen aus von der Tatsache des
Träumens, besonders des Alpdrückens. Ist auch, soviel ich sehe,
die Begründung noch nicht klar und tief genug, so scheint mir der
neue Weg doch viel besser zu sein als der alte.«[15]

Freud ante portas! *Eduards Traum* endet so, wie es sich die
Psychoanalyse für die Lösung aller Persönlichkeitskonflikte
wünscht: Hie die Sünde, dort die Erlösung, doch wesentlich allein
ist die Bewußtseinsfindung; das Alter ego muß in das existentielle
Ich zurückfinden (der Teufel jagt Eduard ins Maul des Riesen).

Und diese Zurückverwandlung schafft Befriedigung. Im Hinblick auf Buschs Anlehnungen an Schopenhauer könnte man auch
formulieren: Er versöhnt sich mit seinem Pessimismus.

»Der Schmetterling«, Faksimile der letzten Seite

Der Schmetterling

Busch ist zweiundsechzig Jahre alt, als er den *Schmetterling* schreibt, der vier Jahre nach *Eduards Traum* erscheint. Im selben Jahr hört er auf zu malen. Nicht allein deswegen, weil die Sehkraft nachgelassen hat. Er war auch mit diesem Kapitel »fertig«. Lange genug hatte er sich bildnerisch mit der Umwelt auseinandergesetzt. Schon seit *Eduards Traum* ging es ihm allein darum, über die eigene Existenz nachzudenken und einen Sinn »hinter dem Ganzen« zu finden.

Nicht ohne Grund haben Forscher immer wieder nach autobiographischen Anhaltspunkten in den beiden Erzählungen gesucht, vor allem im *Schmetterling*, der – was grundlos überzogen zu sein scheint – von Busch-Freunden sogar mit Kellers *Grünem Heinrich* und dem *Parsifal* verglichen wird. Gewiß, es geht um einen »tumben Toren«, Peter, und Busch hat, nach eigenen Aussagen, sich gelegentlich selber »abgekupfert« (wie schon in *Eduards Traum*), aber eine »selbstanklägerische« Darstellung seines eigenen Lebensschicksals (wie Christian Dettweiler schreibt) ist aus der Erzählung doch wohl nicht herauszufiltern, auch wenn es Passus gibt, die voll und ganz mit Buschs Vita übereinstimmen. Was hätte ihn wohl veranlassen sollen, sich wie folgt zu porträtieren: »Kopf kahl, Nase rot, Hals krumm, Bart struppig; ein halber Frack, ein halbes Bein; summasummarum ein gräßlicher Mensch. Und das war ich…«?[1]

Das ist der Narrator in der Geschichte, und nicht einmal das »andere Ich« wie in *Eduards Traum*. Hier vollzieht sich keine spirituelle Verwandlung, hier wird nicht Transzendenz belebt wie in einem futuristischen, aber dennoch romantischen Sommernachtstraum.

Busch ist einen Schritt weitergekommen: Er hat die Traumwelt als absurdes Spiegelbild der realen Welt begriffen und sie als gegenwärtig angenommen. Damit ist er seiner Generation im Denken um Meilen voraus. Kein anderer Autor im Jahrzehnt vor der Wende zum 20. Jahrhundert hat sonst die Absurdität als existentielles Element begriffen. Was im *Schmetterling* in dieser Hinsicht zutage tritt, verblüfft derartig, daß man fast nicht mehr gewillt ist, demselben Autor die simplen Bildergeschichten abzunehmen.

Der Handlungsträger Peter ist auf einem Bauerngut geboren. Das liegt nahe der »großen Stadt Geckelbeck«. Er berichtet: »Meine Mutter starb früh. Der Vater und der brave Knecht Gottlieb bestellten fleißig die Felder. Mein hübsches Bäschen Katharine führte die häusliche Wirtschaft.«[2]

Peter weiß nicht so recht, wo er hingehört und was er tun soll. Er ist ein ausgemachter Träumer und ist selbst dafür zu »tumb«, dem Kathrinchen die Liebe einzugestehen, die er für sie hegt. In seinem Giebelstübchen liest er alte Legenden bis tief in die Winternacht hinein. Sommers jagt er den Schmetterlingen nach. Dann der Sonntagmorgen, an dem ihn ein Falter aus den gewohnten Gefilden fortlockt. Er findet den Weg nicht zurück, wandert weiter, immer dem Schmetterling hinterher, der ihn jeweils dann in fremde Regionen führt, wenn ihn das Heimweh überkommt.

Die Welt ist voller ungewöhnlicher Probleme. Peter trifft Blinde und Taube, läßt sich, leichtgläubig wie er ist, verführen und ausnutzen. Seine Ehrlichkeit macht sich nicht bezahlt; aber er läßt sich nicht aus der Ruhe bringen, wenn ihn auch alle Welt zum Prügelknaben stempelt, weil er allen kindlich vertraut.

Der Schmetterling führt ihn zum Hexchen Lucinde. Weiße Zähne hat sie und Goldmünzen im Haar. Gleich hat sie ihm doch das goldene Medaillon vom Hals gerissen, um damit jede Erinnerung an die Vergangenheit aus seinem Gedächtnis zu tilgen. Am Schluß, wenn er die Zauberin verläßt, hat er das Medaillon wieder und damit auch die Erinnerung an das Früher. Abends badet sie im Waldwasser, hat die Goldmünzen aus dem Haar genommen. Peter steckt den Schmuck in die Tasche. Im selben Augenblick fühlt er den Reiserbesen des Hexchens zwischen den Beinen – und hui trägt ihn dieser durch die Lüfte zu einem uralten Mütterchen, das ihn in einen bunten Pudel verwandelt. Peter: »Die sämtlichen alten Bestandteile meiner Natur hatten sich nur verschoben und etwas anders gelagert als zuvor, und während der untergeordnete Teil meines Verstandes zur Herrschaft gelangte, war mein höheres Denkvermögen gewissermaßen auf die Leibzucht gezogen, ins Hinterstübel, von wo aus es immer noch zusah, wie die neue Wirtschaft sich machte, wenn es auch selbst nichts mehr zu sagen hatte.«[3]

Der jungen Hexe gegenüber empfindet er nicht mehr Liebe, sondern »hundsmäßige Unterwürfigkeit«. Eifersucht quält ihn, daß andere bei der Herrin Erfolg haben. So brennt der Pudel durch und wird in einem Städtchen von einer Jungfer akzeptiert. »Hier lebte ich im Überfluß«, konstatiert er. Doch das gute Leben währt nicht lange, denn ein Milchmann fängt ihn als Zughund ein. Der Fron kann er entweichen, kehrt zu der Jungfer zurück, die ihm mit glühenden Zangen den Schweif kupiert, woraus sie ihr goldenes Haarband wiedergewinnt.

Sogleich wird der Pudel in den Menschen Peter zurückverwandelt, der nun einem Geist begegnet. Dieser hat in seinem Testament fünfhundert Gulden ausgesetzt, um dafür ein Denkmal von seinen Erben erbaut zu bekommen. Doch die haben die Summe längst verjubelt. Wütend reißt das Gespenst Peter in die Lüfte und läßt ihn fallen. Er wird bewußtlos. Nach sieben Jahren erwacht er, und der Schmetterling fliegt noch einmal vor ihm auf und weist ihm den Weg zum Schloß, in dem Lucinde mit ihren Verehrern zu Tische sitzt. Recht lustig geht es zu.

Als ein Wagen vorfährt, in dem Lucinde mit »Seiner Durchlaucht, dem Fürsten dieser Welt« Platz nimmt und Peter aufspringen will, verbrennt er sich den Fuß am glühenden Gold des teuflischen Gefährts. Liebe und Reichtum, so muß er erfahren, unterjochen den Menschen bis zur Verblendung.

Er klagt: »Was hatt' ich gefunden heraußen in dieser verlockenden Welt als Schmerz und Enttäuschung; wie tief, durch meine unsteten Begierden, war ich gesunken! Ein Streuner war ich geworden, ein Faulenzer, ein Gauner beinah und schließlich ein Pudel, ein kriechender Hund mit dem Pelz voller Flöhe, der verächtliche Sklav einer geldgierigen, ruchlosen Hexe.«[4]

Als er durchs Fenster nach Lucinde blicken will, wird er zerstochen und zusammengeschlagen, und die Dame gibt ihm einen Hexenschuß mit auf den Weg, wovon ihm »heute noch der Kopf so schief steht, daß Leute, die mich nicht kennen, oft schon gemeint haben, ich müßte ein rechter Scheinheiliger und Heuchler sein«. Zu allem Übel sägt ihm ein Arzt den am »Höllenbrand« erkrankten Fuß ab. Aus ist's mit dem Wandern, heim will er.

Was er zum Leben braucht, muß er sich erbetteln. Schließlich kommt er nach Geckelbeck zurück. Die Verwandten erkennen ihn nicht wieder, nehmen den Fremden aber freundlich auf. Nie sollen sie erfahren, wer er in Wirklichkeit ist. Zugute kommen ihm seine Schneiderkünste. »Durch reichhaltige Übung steigert sich meine Geschicklichkeit nicht bloß in der Wiederherstellung des Alten und Verfallenen, sondern ich schuf auch Neues nach eigener Maßnahme aus dem Vollen und Ganzen heraus.«[5]

Er nennt sich nun Peter Fröhlich, doch die Leute sagen Humpelfritze zu ihm. »Und so leb' ich denn allhier als ein stilles, geduldetes Haustier. Schmetterlinge beachte ich nicht mehr. – Oben im alten Giebelstübchen habe ich mir eine gemütliche Werkstatt eingerichtet.«

Nach dem Tod des Humpelfritzen findet ein Sommerfrischler das Büchlein mit seinen Aufzeichnungen, und man findet auch sein Medaillon, wodurch er identifiziert werden kann. Der Narrator endet: »Sein ungekünstelter harmloser Stil, seine rücksichtslose Mitteilung selbst solcher Erlebnisse, die für ihn äußerst beschämend gewesen, drücken seinem Berichte den Stempel der Wahrheit auf, und nur der Halbgebildete, dem natürlich die neueren Resultate der induktiven Wissenschaft auf dem Gebiet des Wunderbaren nicht bekannt sind, wird Anstoß nehmen an diesem und dem, was man früher unmöglich nannte.«[6]

Der Schmetterling ist – wie *Eduards Traum* – ein Lehrstück, ein Werk der angewandten Philosophie. 1892 hatte eine Briefschreiberin Busch ausgefragt, und er antwortete ihr, daß seine hervorstechendste Eigenschaft »die Reiselust nach der Grenze des Unfaßbaren« sei. In seinen Erzählungen hat er diese Lust verdeutlicht und zu erkennen gegeben. Sein Forschertrieb wird evident. Man erfährt, daß er vertraut mit den Erkenntnissen der neuesten Naturwissenschaft ist, sich Gedanken über den dreidimensionalen Raum hinaus macht und Erfahrungen mit der nichteuklidischen Existenz gesammelt hat.

Doch er berichtet nicht akademisch-unterkühlt, sondern als Humorist, als Mensch, »der drüber steht«. Bei aller pessimistischen Grundhaltung macht es ihm Vergnügen, den Intellekt spielen zu lassen, Faust und Eulenspiegel gleichzeitig zu sein. Doch anders als Faust reißt er die Realität nicht ins Geistige, sondern macht sie mit Geist transparent, verdichtet sie. Nicht in der Studierstube vollzieht sich Peters Schicksal, sondern in Dachkammer und Hundehütte, und es wird uns in einfachen Symbolen erzählt. Symbol heißt Verschlüsselung. Doch wenn Busch Symbole benutzt, die jeder kennt, entschlüsseln sie sich wie von selbst. Er handelt seine Philosophie am kleinen und einfachen Leben ab, und dennoch erfährt man, gleichsam wie auf einer Nebenschiene, auch was Sinn und Widersinn des »gehöhten« Lebens ausmachen.

Die einfache Welt, in der ein Humpelfritze am Ende fast sorglos und problemlos existieren kann, steht jener gegenüber, die voll ist von aussaugender, sexuell-triebhafter Attraktivität und destruktiver Gewalt und deren Sendbote der schillernde Falter ist als Lockbote der verderbten Welt des Sexus und des schnöden Mammons. Wer sich ihr ausliefert, muß – logischerweise – verstümmelt und verschandelt werden, um dann wieder für das einfache Leben, und sei's auf primitivster Ebene, tauglich zu sein. Das ist vorweggenommene, pure Existenzphilosophie, ein früher Beitrag zur Diskussion um Desillusionierung und Tiefenstruktur.

Die neunziger Jahre

Im Mai 1888 war Bruder Gustav in Wolfenbüttel gestorben. Knapp zwei Jahre lang hatte er sich in seiner neuen Villa erfreuen können, in der auch der Dichter »seine Ecke« hatte und in der es »recht ergötzlich und mannigfaltig« zuging. Doch dann löschte plötzlich ein Gehirnschlag das Leben des Konservenfabrikanten aus, und Busch schrieb an seinen Onkel Kleine, nun sehe die Stadt »auch nicht mehr so aus, wie ehedem«.

Einem Münchner Bekannten gegenüber äußerte er sich, daß sich »ein wirkliches Trauergeschäft nur ganz inwendig, unter vier Augen« erledigen lasse. »Mancher kriegt sein Brennholz geliefert; mancher stiehlt es; mancher muß es mühsam erwerben. – Oft, wenn ein Wald gefällt ist, werden die hartnäckig sitzengebliebenen Wurzelstöcke, genannt ›Stuken‹, derartig vergeben, daß sie Einer umsonst kriegt – für die Mühewaltung des Ausrodens. Der Kerl wurzelt und wurzelt, der sommerliche Schweiß rinnt ihm vom Buckel herab, der kühle Herbstwind saust ihm hinter die röthlichverglasten Ohren; aber immer schwebt ihm ermunternd vor das winterliche Zukunftsbild der behaglichen Ofenbank. Eine ›Erkältung‹ war natürlich nicht zu vermeiden. Der Winter kommt, und ehe der Ofen noch warm geworden, streckt sich der Mann aus und ist todt und kälter als je. – Das Leben, wie die Stuken, kriegt man für's Ausroden. – Was daraus zu schließen, ist verschieden, je nachdem man seine Gedanken auf den Spielplatz der allgemein beliebten Ergötzlichkeiten richtet, oder ernsthaft über die Mauer schaut.«[1]

Busch trauert aufrichtig um seinen »enteilten« Bruder. Im August des Jahres reist er mit Lenbach und dessen Frau nach Holland. Und Lenbach ist es auch, der von der »Frankfurter Seite« eingespannt wird, um die Beziehungen zu Busch wiederherzustellen. So von heute auf morgen aber will der Dichter an Johanna Keßler nicht herantreten; sie müsse auch ein wenig Reue zeigen, meint er, und zugeben, daß sie allein die Schuld an dem Zerwürfnis trage. Er ist ein ausgemachter Dickkopf. Lenbach versucht es immer wieder, bis Busch – inzwischen schreiben wir August 1891 – endlich nachgibt und sich bei »Tante Johanna« meldet.

»Meine liebe Frau Keßler!

Von Lenbach hör ich, es hätten ihn neulich zwei Damen besucht, aus Frankfurt, beide sehr hübsch und ungemein liebenswürdig. – Das hat mich ermuntert. – Und wirklich, schon tausend Jahre sind's her, daß ich nicht mehr geschrieben. Schnell glitscht die Zeit. Der Sommer ist hin – die Sensen rauschen durchs Korn – und – ja, was wollte ich doch sagen? – Kurzum: Es sollte mich freuen, erhielte ich mal wieder so ein, zwei Zeilen von meinen anmutigen Tanten, wie ehedem. Ich würde z. B. auch nicht die gewöhnliche Brille nehmen zum Lesen, sondern den goldenen Zwicker, den ich bloß dann aufsetze, wenn ich's mit Leuten zu tun habe, an deren Hochachtung mir besonders gelegen ist. Mit herzlichen Grüßen

Ihr alter Wilh. Busch.«[2]

Der Bann ist gelöst, Johanna Keßler beschließt, den »Onkel Wilhelm« in Wiedensahl zu überfallen. Sie reist mit den Töchtern und mit Sack und Pack an, doch die Dichterklause ist leer, der Vogel entflogen. Was tun? Erst einmal im Harz pausieren. Inzwischen hat Busch von der »Anreise« der Keßlers erfahren, reist ihnen hinterher. In Bad Rehburg ist ein großes Treffen. Die Reunion geht turbulent vonstatten. Man beäugt sich und stellt im stillen fest, daß der eine wie der andere ziemlich gealtert ist. Johanna hat stattliche Rundungen aufzuweisen, Letty und Nanda sind schmucke »Deerns« geworden, erstere rank und schlank und sehr ätherisch, die »Lütte« eher etwas pummelig, aber mit grallen Augen, kokett und wendig. Und wenn den Onkel nicht alles trügt, so wirft sie ihm feurige, vielsagende, fordernde Blicke über den Tisch zu. Man verabredet sich für den November nach Frankfurt.

In der Villa hat sich mancherlei verändert. Bankier Keßler ist in Gott verschieden und hat den Seinen ein beachtliches Vermögen hinterlassen. Madame will den wiedergefundenen Freund sogleich für eine Florenz-Reise interessieren, doch der winkt ab. Einerseits ist ihm die »Zuckelei« nach dorthin zu beschwerlich, andererseits hat Johanna beträchtlich an Reiz verloren, ist eine ziemlich schneckige Matrone geworden.

Gern unterhält er sich mit ihr über Obstanbau und Klettergurken, über Winterspinat und Endivien, aber ganz entschieden weicht er ihr aus, wenn sie plötzlich auf Buhlschaft macht und dem »Guten« allzu deutlich zeigt, daß er jetzt unbedingt Chancen hätte. Sie, eine vermögende Witwe, er, ein berühmter Künstler... Da macht ihm Nanda einen Heiratsantrag!

Busch »erwacht«, reist schleunigst ab, damit es kein »Gewurrl« gibt und das gerade erst wieder gekittete Verhältnis nicht abermals auseinanderbröckelt.

Der Kontakt bleibt schön gesittet. Er freut sich, daß Nanda von ihm eine Madonna gemalt haben will, doch er weist den Auftrag »dankend« zurück, denn solch ein Thema sei einfach »zu erhaben« für ihn. Nanda läßt nicht nach. Er nennt sie »goldiger Schmetterling«, und sie möge sich doch ein »ideales Fädchen ans zierliche Beinchen« binden, damit sie nicht so unstet herumflattere und nicht »so sehnsüchtig«. Natürlich kitzelt es ihn, daß dieses hübsche Wesen ihm derartig nachstellt. Und manchmal kann auch er sich nicht zurückhalten. »Diese Malefizliebesglut ist das Hauptfeuer unter dem brodelnden Hexenkessel der Welt!«[3] Sie sei ihm zu wild. »Einen ungemein festen Käfig müßt der schon haben, der es finge, das neckische Vöglein, und sicher behalten möcht. Der Schnabel! Die Krallen!«[4]

Da er nicht hören will, spielt sie die Verruchte. Sie schreibt ihm, daß sie die *Kameliendame* von Dumas des Abends im Bett lese und im übrigen Schnürkorsetts und hohe Absätze trage… Er reagiert darauf, indem er ihr Boccaccios *Decamerone* schenkt. Wenn das die Mama wüßte!

Die kam natürlich eines Tages dahinter und »steckte« die kokettierende Tochter in eine sie bändigende Ehe. Aber Nanda vergaß den Onkel Wilhelm nicht, überschüttete ihn auch weiterhin mit Köstlichkeiten aus den teuersten Konfiserien und kam immer dann zu ihm, wenn sie bitterste seelische Nöte bedrängten, so noch drei Jahre vor seinem Tod, als ihr Sohn Hugo bei einer Bootsfahrt ums Leben gekommen war und sie wahrlich des Trostes bedurfte. Da schrieb er ihr: »Du möchtest etwas hören über schlichte Frömmigkeit; ich will, wenn auch mit einigem Widerstreben, Dir zu sagen versuchen, was ich denke darüber. – Gott, genannt Vater als Urquell alles Lebens, der grundgute Wille im Gegensatz zum Eigenwillen; der Unbegreifliche, von dem sich kein Bild machen läßt, ist begreiflich erschienen in Christo, der die armen leidenden Menschenkinder brüderlich zu sich ruft und über Kreuz und Tod hinaus ihnen nah ist mit seinem Geiste. Ihm, dem höchsten Vorbild der Liebe, suchen sie nachzufolgen in Demut und Gebet, ohne die Freud an der Welt zu verlieren, und gehen so der Ewigkeit entgegen in der festen Zuversicht, dort ihr Teuerstes wiederzufinden, das ihnen vorangegangen. Nicht durch Lustbarkeiten, nicht durch Weihrauch und äußere Zeremonien suchen sie sich zu betäuben in ihrem Schmerz, sondern inwendig, wissen sie, kommt das Reich Gottes… Und gewiß, nur in der Tiefe der Seele, mit Hilfe jener Kraft, die stärker ist als alle Vernünftigkeit, kann Trost und Ruhe gefunden werden. Mehr mag ich nicht reden darüber.«[5]

Da redet der liberale, aufgeklärte Protestant, der sich nicht der trügerischen Hoffnung auf einen »blauen Sessel« neben Gottvater in der Ewigkeit hingibt und nichts von romantischen Vorstellungen körperlicher Wiederauferstehung hält. Keine pietistische Sentimentalität hat Busch je erreicht; er war der gläubige Skeptiker, der Rationalist, der dem Jesus von Nazareth keineswegs abschwor, ihn aber eher als Vorbild und als Ausnahme akzeptierte. Es fiel Busch schwer, die Idee der göttlichen Dreieinigkeit nachzuvollziehen. Immer nur redet er von Gottvater, als der »letzten Instanz«, so als müßten jenem Christus und der Heilige Geist wie Helfershelfer – erst in zweiter Linie – folgen.

Während Busch mit Nanda flirtet und korrespondiert, gewinnt noch ein anderes junges Mädchen Zugang zu seinem Herzen. Der Onkel Kleine hat eine Großtochter: Margarete Meyer, fünfzehn Jahre alt. Grete entwickelt eine geradezu plagegeisterische Neugier in Sachen »Onkel Wilhelm«. Kaum eine Woche vergeht, in der sie ihm nicht ellenlange Briefe schreibt, und ihn auf Herz und Nieren ausfragt.

Busch findet Gefallen an der kleinen Grete, mit der er bis zu seinem Ableben lustige, manchmal sogar recht windige Briefe wechselt. Nichts, das sie ihm nicht mitteilte. Ob er was dagegen habe, daß Frauen Fahrrad führen. »Nee!« meint er, aber besonders weiblich sei das nicht. Und die Gymnastik solle sie man lieber lassen, dieses »Affenplaisier«. Wem könne man schon das Rauchen verbieten! Er brauche ja nur an sich zu denken. Was dem Manne recht, sei dem Weibe billig.

Hoffentlich bekomme sie keinen Ärger, wenn sie sich mit einem unbetuchten Philologiestudiosus verlobe. Sie bekam ihn, den Ärger. Die »Konkurrenz« schnappte den jungen Herrn weg, und Grete heiratete einen schon in Ehren ergrauten Professor.

Je älter Busch wurde, desto lieber tauschte er sich mit dem »jungen Gemüse« aus. Das erhielt ihn frisch. Und so erfuhr er manches vom »modernen Leben«, das ihm sonst in seiner Einsiedelei verborgen geblieben wäre.

Daß ihn Besucher überfallen, hat er nicht gern. Schwester Fanny muß sie allesamt abwimmeln. Einmal kommen die Offiziere einer Einquartierung und klopfen bei ihm an. Nein, hereintreten dürften sie nicht. Er geht auf die Straße, wo man ihm die Hände schüttelt, und als Fanny einen Trunk servieren will, winkt er entrüstet ab.

Schon immer mal wollte Verleger Bassermann hereinschauen, das alte Vertrauensverhältnis wiederherstellen. Busch läßt ihn jahrelang zappeln, dann sagt er ein Zusammentreffen in Hannover zu.

Bassermann in seinen Erinnerungen: »Im Jahre 1896 hatten wir ein Rendezvous in Hannover. Dort machte mir Busch – nicht ich

Wilhelm Busch in der Laube vor dem Haltorfer Pfarrhaus

ihm – den Vorschlag, ich solle ihn durch eine größere Summe ein für alle Mal abfinden. Er sagte dabei, ich würde dann der lästigen Abrechnerei enthoben, seine Werke würden mein freies Eigenthum, mit dem ich thun könnte, was ich wollte, und ich würde mit den Sachen wohl noch ein gutes Geschäft machen. Über die Abfindungssumme, wenn ich auf den Vorschlag eingehen wolle, erwarte er mein Angebot. Den Vorschlag nahm ich an, und er die von mir gebotene Summe von 50,000 Mk., zahlbar in drei Jahresraten… Der Abfindungs-Vertrag bildet den Abschluß unseres geschäftlichen Verhältnisses. Was er nachher noch publicirte, *Zu guter Letzt* (1904) u. das Geleitgedicht zur Festausgabe der Helene (1902), habe ich ihm auf seinen Wunsch ein für allemal abgekauft, indem ich ihm die von ihm verlangten Beträge baar zahlte.«[6]

Bassermann hatte zuvor noch versucht, Busch zu überreden, eine humoristische Zeitschrift mit seinem Namen herauszugeben. Bassermann: »Als ich einmal einen solchen Plan mit ihm besprach, sagte er etwa: ›Eine solche Zeitschrift ist wie ein gefräßiges Ungeheuer, das immer u. regelmäßig gefüttert sein will. Erst gibt man ihm die besten nahrhaftesten Speisen, ja Delicatessen, nach u. nach zwingt einen das nimmersatte Vieh dazu, in den zugeworfenen Brocken immer weniger wählerisch zu werden, bis man zu faulem stinkigen Fleisch u. leeren Wursthäuten kommt. – Die Bücher kann ich machen, wenn ich Lust habe u. mir etwas einfällt, u. wir stehen uns beide gut dabei.«[7]

Für ein solches Objekt fühlt sich Busch auch schon zu alt. Er betrachtet alles durch die Brille der Gelassenheit. Warum sich noch so ereifern? Die Possenspiele der »aufgeregten Zeit« seien zu Ende. Er fühlt sehr stark, daß er nun in die Phase des Alters gekommen ist und daß sich der Kreis allmählich schließt.

An Nanda Keßler: »Die Zeit, gleich einem Raubvogel, wie's mal so geht in der Welt, hat auch mich beim Kragen und trägt mich hinweg. Meist kaum merklich – aber mitunter, wenn sie mir mal einen aparten Klapps giebt an die Ohren mit ihren Flügeln, und ich besinne mich und beseh mich genauer, dann find ich jedesmal, daß ich wieder um tausend Jahre älter geworden.«[8]

Johanna Keßler erfährt dergleichen etwas mehr durch die Blume: »Die Zeit, die alt Urschel, ist für ihre Jahre recht rüstig. Hinterrucks immer geschäftig, huscht sie geräuschlos vorüber in ihren Filzschuhen, den Haarbesen in der Hand. Ich dreh mich um – sieh da! – ein ganzer Winter voll Schnee, ein Frühling sammt Veilchen und Nachtigallen, ein Sommer mit seinen Gemüsekörben und Rosensträußen – es ist alles fein sauber beiseite gekehrt an den Ort, wo geschrieben steht: ›Vergangenheit! – Hier wird Schutt abgeladen!‹…«[9]

Die »Malefizzeit, so wesenlos« hielt und zog ihn, wie er sagte, beständig am Frack. Ohne große Emotion erlebt Busch das Älterwerden und daß sich seine Unruhe legt. Häufig taucht in seinen Briefen das Wort Gelassenheit auf. Und einmal betont er ganz positivistisch: »Das War, als Mutter des Ist, wirkt unsterblich in Ewigkeit.«[10] Er las Hegel, als er das schrieb.

Seine »Fans« wollen es nicht glauben, daß von dem »Weisen aus Wiedensahl« nichts mehr zu erwarten sei. An Grete Röber schreibt er deswegen 1896: »Was den andern Punkt betrifft, daß ich mich gänzlich zur Ruh gesetzt hätte, so wär mir's wirklich lieb, wenn ich so verständig und schlau wär, es zu thun. Bekanntlich hat das Schreiber- und Künstlervölkchen und überhaupt Alles, was dem lieben Publikum etwas vormacht, viel zu viel Eitelkeit, um zur rechten Zeit, im rechten Lebensalter mit Maul, Hand oder Fuß sich fein still zu verhalten. Da werden sie denn noch obendrein ermuntert, als dürften sie nicht nachlassen in ihren alten Tagen, steigen immer wieder auf's Seil, glauben drauf tanzen zu können, wie ehedem, und purzeln natürlich herunter. Dann stehen jene zuerst ermunternden Leute daneben und sprechen: ›Geschieht dem alten Narren ganz recht! Haben's uns gleich gedacht!‹…«[11]

Das Gedächtnis funktioniert, aber mit der Inspiration hapert's. An Nanda Keßler: »Ich weiß nicht, die Verse wollen nicht kommen, so sehr ich sie eingeladen habe.«[12]

Jetzt sitze er da und flöte in sanfter Gelassenheit vor sich hin. Gelassenheit braucht er auch, die Umwelt zu begreifen, die ihm immer obskurer und dreister zu werden scheint. »Die Welt hat Fieber… Unruhig, wie der Fieberkranke, wirft sie sich von einer Seite auf die andere, bis ihr auch hier wieder der Kopf zu heiß wird. So geht's in Kunst, Politik, Philosophie und sonstigen Dingen, und so wird's wohl weiter gehen, solange der Patient noch lebendig ist.«[13]

Aus der Perspektive des Wiedensahler Pfarrwitwenhauses nimmt sich manches politische Ereignis gravierender aus, als es ist.

»Detonationen in allen Ecken«, stellt Busch fest. »Ein Dynamitäter blinzelt dem andern zu… Kann man noch mit ruhiger Würde seinen Thron besteigen? Wen wird's wundern, wenn's demnächst gar im Nachtstuhl des Heiligen Vaters kracht?«[14]

Die Wiedensahler Tage sind gezählt. Neffe Otto Nöldeke ist in Mechtshausen Pfarrer geworden. Er bittet Mutter Fanny und den Onkel Wilhelm, bei ihm zu leben. Busch: »Der kleine Ort liegt hübsch in der Nähe des Harzes… Meine Schwester, die natürlich gern bei ihren Kindern und Großkindern sein will, zieht auch dahin; und – wo meine Schwester bleibt, da bleibe ich auch. So denken wir denn anfangs November unser altes Wiedensahl mit Mechtshausen zu vertauschen.«[15]

Als man übersiedelt, trägt Busch in seinen Mappen bereits viele Gedichte für die Bände *Schein und Sein* und *Zu guter Letzt* bei sich.

Mechtshausen

Das war nun seine neue (und letzte) Heimstatt: das Pfarrhaus in Mechtshausen mit dem schönen Garten voller Kirschbäume, in dem – wie der Neffe Otto geschrieben hatte – der Onkel nach Belieben schalten und walten durfte. Der Ort am Westrand des Harzes lag abseits, dreieinhalb Kilometer waren es bis zur nächsten Bahnstation. Und die »machte« Busch in einer dreiviertel Stunde; er war immer noch gut zu Fuß.

Sein Arbeitszimmer nahm sich so karg aus wie das in Wiedensahl: Schreibtisch, Sofa mit darüberhängenden Fotografien, Kachelofen und Lehnstuhl. Das reichte ihm aus. Meist hockte er sowieso bei Fanny, die sich während des Umzugs eine Blutvergiftung zugezogen hatte und wiederholt geschnitten werden mußte. Die Keßlers und die Freunde in München erfahren en détail, wie es um die geliebte Schwester steht und daß sie – Gott sei Dank – doch bald »reconvalescirt«.

Wilhelm Busch vor dem Pfarrhaus Mechtshausen

Lange verschwieg Busch der Außenwelt seine neue Adresse, und auch die Leute im Ort hatten keine Ahnung, wer der würdige Herr im Pfarrhaus war, der so sonderbar nachdenklich durch die Fluren wanderte und so gediegen angezogen war. Er ließ sich die Post von Wiedensahl nachschicken und hatte den dortigen Posthalter verpflichtet, »keineinem« zu sagen, wo er stecke.

Das ging eine Weile gut, bis der siebzigste Geburtstag vor der Tür stand. Da ließ sich die Übersiedlung nach Mechtshausen nicht mehr geheimhalten, denn nun sollte der »große Dichter« ordentlich gefeiert werden. Journalisten reisten von weit an, Fotografen umschwärmten das Pfarrhaus. Die Dorfoberen wurden eingeweiht, große Festlichkeiten sollten für den berühmten Mitbewohner veranstaltet werden. Und dem wurde der Kragen immer enger.

»Als es soweit war«, machte er sich frühmorgens nach Hattorf zum Neffen Hermann Nöldeke auf, um dem ganzen Rummel zu entfliehen. Krieger- und Schützenvereine zogen umsonst auf, der Jubilar war verschwunden, Pastor Otto hatte alle Hände voll zu tun, die enttäuschten Gratulanten zu beschwichtigen.

Spätabends sagte Busch zum Hattorfer Neffen: »Na, nun kann wohl nichts mehr passieren« und machte sich auf den Rückweg nach Mechtshausen. Dort kam er fast nicht durch die Diele, denn bis zur Balkendecke türmten sich die Liebesgaben aus allen Ecken Deutschlands: riesige Gebinde, Schachteln, Körbe, Pakete. Im Wohnzimmer häuften sich weit mehr als tausend Gratulationen, körbeweise Telegramme, darunter eines vom Kaiser, das Busch mit verächtlichem Schulterzucken beiseite gelegt haben soll. Der Kanzler gratulierte, Verleger Bassermann hatte siebzig Flaschen Pfälzer Wein geschickt. Sogar der »längst abgeschriebene« *Max-und-Moritz*-Verleger Braun hatte sich nicht lumpen lassen: Zwanzigtausend Mark lagen dem Gratulationsschreiben bei, die Busch schon in den nächsten Tagen an die beiden evangelischen Stifte in Hannover weitergab.

Natürlich stimmte auch die literarische Welt in den Geburtstagskanon mit ein. Hauptmann, Sudermann, Liliencron, Wolzogen, Raabe und Wedekind gratulierten und priesen den Jubilar in höchsten Tönen, der sich vor allem darüber freute, daß ihm der Münchner *Simplicissimus* eine Extranummer von sechzigtausend Exemplaren spendiert hatte. Ludwig Thoma war für den Versteil verant-

An Wilhelm Busch

den aufgehörten Dichter

Zeichnung von Olaf Gulbransson

wortlich, die Zeichnungen stammten von Th. Th. Heine, die Busch beide sehr schätzte. Max und Moritz, nun schon etwas älter geworden, treiben ihren Schabernack mit dem Kanonenkönig Krupp, mit Staatsanwalt und geistlichem Herrn, die ganze »Knechtseligkeit« des deutschen Spießer- und Muckertums feiert fröhliche Urständ.

Fünf Jahre später, zu Buschs fünfundsiebzigstem Wiegenfest, erscheint abermals eine *Simpl*-Sondernummer von Thoma und Heine. Diesmal ist auch Olaf Gulbransson mit von der Partie. Thoma hat das Jubelgedicht verfaßt; überschrieben ist es: »An Wilhelm Busch den aufgehörten Dichter«.

Erst dreimal Hoch und dann ein Tusch
Dem hochverehrten Meister Busch!…
Fast jeder nimmt ins kühle Grab
Ein angefangnes Werk hinab.
Dann schreibt der Kritiker: ›Wie schade!
Dies war sein bestes ja gerade!
Es ist wahrhaftig ungeschickt,
Daß hier die Parze abgezwickt.‹
Was aber hat man denn posthum
Auch von dem schönsten Dichterruhm?
Du, Meister Busch, hast dies begriffen,
Du hast vergnügt so lang gepfiffen,
Als es dich selber noch erfreute.
Dann sagtest du: ›Ihr lieben Leute,
Ich dächte nun, es sei genug,
Wer früher aufhört, handelt klug.
Man wird so mit vergnügtem Sinne
Der Epiloge Schönheit inne
Und liest noch selbst den ganzen Mist
Indessen man am Leben ist.‹[1]

In den letzten Lebensjahren betreibt Busch die Redaktion seiner noch geplanten Gedichtsammlungen. 1904 wird *Zu guter Letzt* ausgeliefert, die letzte Veröffentlichung zu Lebzeiten. Ein Jahr später übergibt der Dichter dem Neffen Otto das versiegelte Manuskript *Hernach*; es darf erst erscheinen, wenn die Parze den Faden abgeschnitten hat, also nach seinem Tod. Die Zurückgezogenheit wird

Aus: »Zu guter Letzt« (1904)

zur Manie. Dreizehnmal hat er die Keßlers in Frankfurt nach der »Reunion« besucht; aber das hört nun auch auf. Er apostrophiert sich selber als den Einsamen vom Dienst und reimt: »Wer einsam ist, der hat es gut/Weil keiner da, der ihm was tut.«[2]

An Marie Hesse 1906: »Mehr als mein Deputat an Jahren hab ich erhalten. So lang ich mich leidlich befinde dabei, will ich die Zulage dankbar entgegen nehmen, ob ich gleich mit Walter von der Vogelweide mich oftmals frage: Ist mir mein Leben getroumet oder ist es wahr?«[3]

Die Einsamkeit umgibt ihn wie ein Schutzwall, sie reißt ihn nicht zu larmoyanten Gemütsbewegungen hin. Im Gegenteil: Da er sich selbst genug ist, kann er »sich Gott lassen«, wie er sagt. Er ist beruhigt: »Endlich baut ich eine Hütte./Still nun zwischen ihren Wänden/Sitz ich in der Welten Mitte,/Unbekümmert um die Enden.«[4]

Nichts anderes hat er mehr zu tun, als sich »den Schlüssel holen und die Türe öffnen zur inwendigen Welt«. An Kaulbach 1906: »Die Rosen blühen. Die Erdbeeren hängen voll saftiger Früchte. Freilich die Singvöglein schweigen, nachdem sie ihre Liebesangelegenheiten für diesmal erledigt haben. Nur die Amsel flötet noch früh und spät im Wipfel des Birnbaums ihre gebrochenen Strophen, als besänne sie sich vergebens auf Lieder eines früheren Lebens. All dergleichen beachte ich noch gern – aber mehr rückwärts gekehrt – die Hand auf dem Drücker der bekannten eisernen Thür, durch die man in die unbekannte Hinterwelt geht…«[5]

Hinterwelt, nicht Unterwelt! Busch weiß, daß sein Weg bald zu Ende sein wird. Und so läßt er das, was ihm das Schicksal »angetan« hat, noch einmal Revue passieren.

Mein Lebenslauf ist bald erzählt. –
In stiller Ewigkeit verloren
Schlief ich, und nichts hat mir gefehlt,
Bis daß ich sichtbar ward geboren.

Was aber nun? – Auf schwachen Krücken,
Ein leichtes Bündel auf dem Rücken,
Bin ich getrost dahingestolpert,
Mitunter grad, mitunter krumm,
Und schließlich mußt ich mich verschnaufen.

Bedenklich rieb ich meine Glatze
Und sah mich in der Gegend um.

Oweh! Ich war im Kreis gelaufen,
Stand wiederum am alten Platze,
Und vor mir dehnt sich lang und breit,
Wie ehedem, die Ewigkeit.[6]

Einsamkeit in Busch auch dadurch, daß die Gefährten der Jugend und des Mannesalters längst »den Weg alles Irdischen« genommen haben. Am 15. August 1907 stirbt Müller Bachmann, der »liebste« Freund. Busch an dessen Sohn: »Der plötzliche Tod Deines Vaters hat mich tief schmerzlich ergriffen. Damit ist eine treue Freundschaft zu Ende gegangen, die seit dem Herbst 1842 ununterbrochen bestanden hat. Und wie viele in Ebergötzen glücklich verlebte Stunden fallen mir wieder ein!«[7]

Die Lebensuhr Buschs läuft ab. An Kaulbach schreibt er: »Ich selbst versuche zu leben nach dem Grundsatz des berühmten Schusters zu Görlitz: ›Wem ist Zeit wie Ewigkeit‹ – aber es geht man nicht recht.«[8] Am 23. Dezember 1907 an Grete Meyer: »Ich stehe auf der Grenze von Hier und Dort, und fast kommt es mir vor, als ob beides dasselbe wäre.«[9]

Am 7. Januar 1908 will Busch nach Hannover zum »Couponschneiden« zur Bank fahren, doch er läßt die Reise ausfallen, weil er in der Nacht zuvor üble Schmerzen in der Brust verspürt hat und weil ihm sehr elend ist. Ein Arzt kommt und stellt Herzschwäche fest. Neffe Otto und Frau Else sind rührend um ihn besorgt und wissen, daß die von Busch so oft beschworene Parze vor der Tür steht. Am Morgen des 9. Januar 1908 schläft der Dichter ein. Ruhig, gelassen.

Drei Tage später wird er auf dem Friedhof von Mechtshausen begraben.

An Nachrufen in den europäischen Zeitungen mangelt es nicht. Doch die meisten Spruchsprecher sind ziemlich ratlos und wissen nicht so recht, wie sie das Phänomen Wilhelm Busch einordnen sollen. Man rühmt den »Vater« von *Max und Moritz*, erinnert sich der *Frommen Helene* und all der hübschen Bildergeschichten; vom Maler Busch spricht kaum jemand, der Zeichner wird dem Dichter

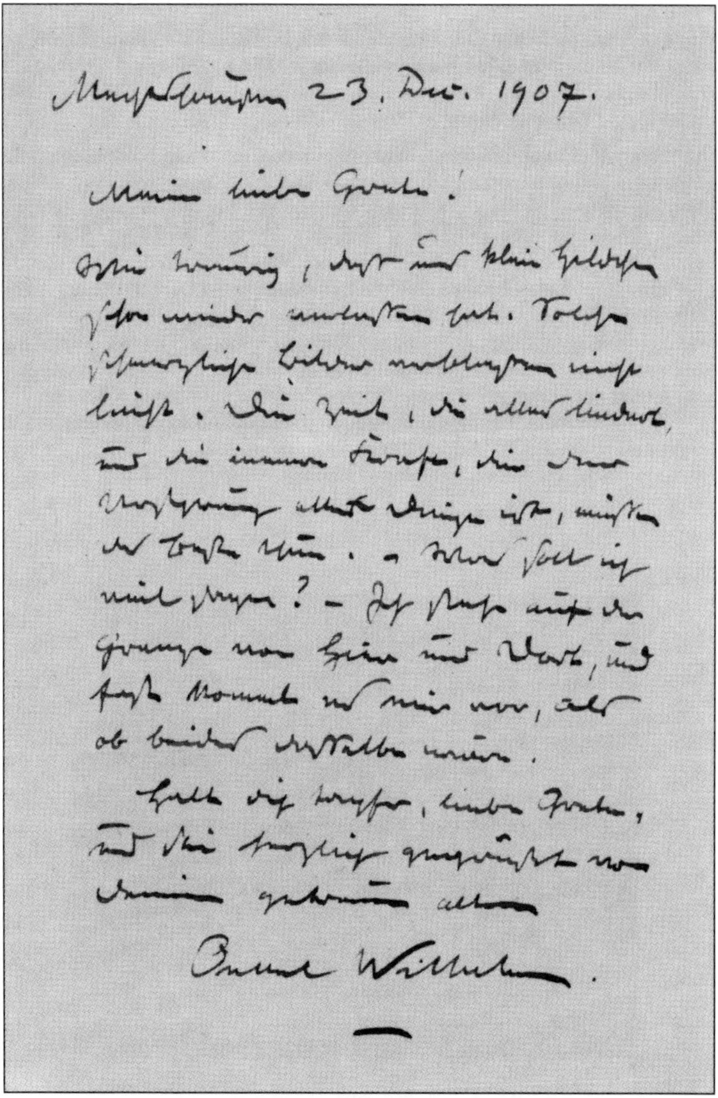

Mechtshausen 23. Dec. 1907.

Meine liebe Grete!

Sehr traurig, daß euer klein Bildchen schon wieder verlassen hat. Solche schmerzliche Bilder verblassen nicht leicht. Die Zeit, die alles lindert, und die innere Einsicht, die den [illegible] aller Dinge ist, müssen das Beste thun. — Aber soll ich viel sagen? — Ich stehe auf der Grenze von Hier und Dort, und fast kommt es mir vor, als ob beides dasselbe wäre.

Halt dich tapfer, liebe Grete, und sei herzlich gegrüßt von deinem getreuen alten

Onkel Wilhelm.

Wilhelm Buschs letzter Brief an seine Nichte Grete Thomsen

(Statt besonderer Anzeige.)

Mechtshausen a. Harz, den 9. Januar 1908.

Heute früh 8½ Uhr ist nach kurzer Krankheit

Wilhelm Busch

im 76. Lebensjahre sanft entschlafen.

Im Namen der trauernden Angehörigen:

50828 [0 **Fanny Nöldeke,** geb. Busch.

Ein grüner Kranz auf ein frisches Grab.

Schlaf wohl, Du lieber Freund, Einsiedelmann von Mechtshausen. Ein Grosser warst Du in Deiner Kunst· Und in dieser Kunst warst Du unser Erzieher. Du hast uns gelehrt, dass des Kindes Heiterkeit und Humor eine Edelblüte der Kindesseele ist, die wir nicht rauh anfassen dürfen, die wir sollen leuchten lassen als wie ein Sonnenblick im Jugendland, und Du hast uns erleben lassen, dass das Kindesherz dankbar jauchzt, wenn ihm echte Kunst vor die Augen tritt. Schlaf wohl, Du Dichter des „Max und Moritz" und aller anderen Kinderschnurren. Den Maximiliansorden für Kunst und Wissenschaft hat man Dir verweigert; deswegen haben Dich die Bayern doch lieb. Die „Freie Bayerische Schulzeitung" steht in stillem Weh an Deinem Grabe und legt darauf den vollen Kranz immergrünen dankbaren Gedenkens.

J. B.

untergeordnet. Vom Erzähler ist ohnehin nicht die Rede. Die meisten verschanzen sich hinter der Formel des »Weisen von Wiedensahl«.

Daß er viel mehr als das war, was ihm in den Nachrufen zugebilligt wird, geht erst späteren Generationen auf. Egon Friedell hat es auf den Punkt gebracht: »Man wird Busch vielleicht noch am ehesten gerecht werden, wenn man ihn einen großen Philosophen nennt. Sein frommer naturnaher Panpsychismus erinnert an Andersen. In der Beseelung aller Wesen und Dinge erreicht er das Äußerste. Gibt es eine rührendere und intimere Tierbiographie als *Hans Huckebein* oder *Fipps der Affe*? Neben ihnen schrumpft der dicke Brehm zum dürren Nachschlagewerk zusammen... Zudem besitzen Buschs Porträts ... auch einen außerordentlichen kulturhistorischen Wert. Da steht er vor uns, der deutsche Philister, mit seinen Konventionen und Schrullen, seinen täglichen Wünschen und Meinungen, seiner Art zu gehen, zu stehen, zu essen, zu trinken, zu lieben, zu leben und zu sterben. Karikiert, und merkwürdigerweise: doch nicht im geringsten verzerrt, ein Gesamtbild, an dem die verstehende Güte ebenso mitgearbeitet hat wie die scharfe Kritik. Denn der Künstler kann nicht polemisieren, befeinden, er ist ein Verklärer und Rechtfertiger des Daseins, und wenn die Menschen und Dinge durch sein Herz hindurchgegangen sind, so kommen sie schöner wieder ans Tageslicht, als sie jemals vorher gewesen sind.«[10]

Sorglos

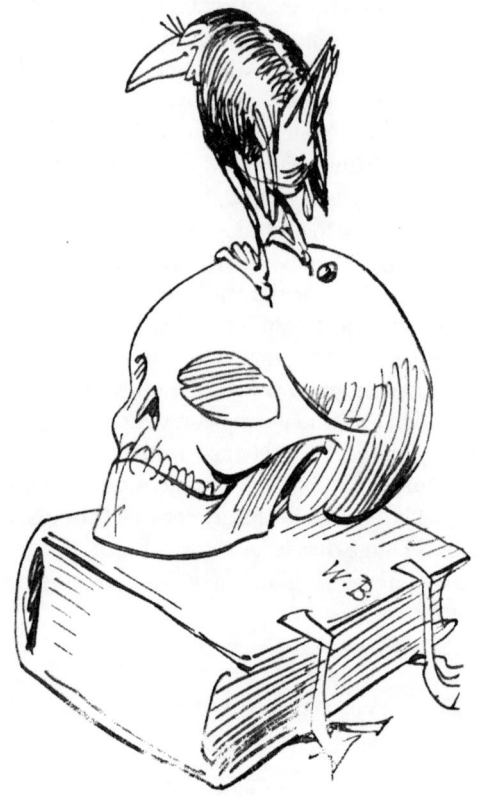

Selbst mancher Weise
Besieht ein leeres Denkgehäuse
Mit Ernst und Bangen. —
Der Rabe ist ganz unbefangen.

(Hernach)

Zeittafel

1832 Heinrich Christian Wilhelm Busch wird am 15. April in Wiedensahl geboren. Vater: Johann Friedrich Wilhelm Busch, Kaufmann. Mutter: Henriette Dorothee Charlotte geb. Kleine. Die Geschwister: Fanny (*1834), Gustav (*1836), Adolf (*1838), Otto (*1841), Anna (*1843) und Hermann (*1845).

1841 Busch wird nach dreijähriger Dorfschulzeit dem Onkel Georg Kleine, Pastor zu Ebergötzen bei Göttingen, zur Privaterziehung übergeben. Freundschaft mit dem Müllersohn Erich Bachmann.

1844 Erster Besuch der Heimat nach dreijähriger Abwesenheit.

1846 Übersiedlung mit dem Onkel in das Pfarrhaus zu Lüthorst.

1847 Konfirmation. Busch kommt an die Polytechnische Hochschule in Hannover.

1851 Busch verläßt aus eigenem Entschluß die Schule, um Maler zu werden. Studium an der Akademie in Düsseldorf.

1852 Reise nach Antwerpen.

1853 Typhuserkrankung. Rückkehr nach Wiedensahl. Busch sammelt Märchen und Sagen.

1854 Übersiedlung nach München. Studium an der Königlichen Akademie der Künste. Beitritt zum Künstlerverein *Jung-München*.

1856 Busch hält sich meist in Wiedensahl auf.

1858 In Lüthorst. Mitwirkung beim Liebhabertheater. Komödie *Einer hat gebimmelt und alle haben gebummelt*. Im Mai in München. Schwester Anna stirbt. Caspar Braun verpflichtet ihn als Zeichner für die *Fliegenden Blätter* und die *Münchner Bilderbogen* (bis 1870).

1860 Operette *Liebestreu und Grausamkeit*. Im Herbst Nikotinvergiftung.

1861 Texte zu den Singspielen *Hänsel und Gretel* und *Der Vetter auf Besuch*.

1865 *Max und Moritz* erscheint in Buchform.

1867 Erster Besuch im Hause Keßler zu Frankfurt. *Hans Huckebein, der Unglücksrabe*, entsteht.

1868 Tod des Vaters.

1869   *Schnurrdiburr oder die Bienen.* Hauptwohnsitz in Frankfurt.

1870   Tod der Mutter. *Der heilige Antonius von Padua* wird ausgeliefert. Staatsanwaltschaftliche Ermittlungen gegen das Werk.

1872   *Die fromme Helene* erscheint. Wohnsitz in Frankfurt aufgegeben. *Bilder zur Jobsiade* und *Pater Filucius* erscheinen.

1873   Reise zur Weltausstellung nach Wien. Freundschaft mit Friedrich August von Kaulbach, Franz von Lenbach und Lorenz Gedon. *Der Geburtstag oder die Particularisten* erscheint. Reise nach Holland.

1874   *Dideldum!* wird ausgeliefert. Abermalige Nikotinvergiftung. Im Herbst erscheint *Kritik des Herzens.*

1875   Begegnung mit Maria Anderson. *Die Abenteuer eines Junggesellen* erscheinen.

1876   *Herr und Frau Knopp.*

1877   *Julchen.* Freundschaft mit Paul Lindau. Die Beziehungen zum Hause Keßler brechen ab (bis 1891).

1878   *Haarbeutel* ausgeliefert. Auf Borkum Bekanntschaft mit Marie Hesse. Schwager Hermann Nöldeke stirbt.

1879   Übersiedlung mit Schwester Fanny ins Pfarrwitwenhaus von Wiedensahl. Bruder Otto stirbt. *Fipps der Affe* erscheint.

1880   Freundschaft mit Hermann Levi. *Stippstörchen.*

1881   Letzter Aufenthalt in München.

1882   Bäderkur in Wolfenbüttel. *Plisch und Plum.*

1883   *Balduin Bählamm* erscheint.

1884   *Maler Klecksel.* Der *Humoristische Hausschatz* wird ausgeliefert.

1886   Reise nach Rom. Eduard Daelens Schrift *Über Wilhelm Busch und seine Bedeutung* erscheint. Busch veröffentlicht *Was mich betrifft* in der *Frankfurter Zeitung.*

1888   Bruder Gustav stirbt. Mit Lenbach in Holland.

1891   *Eduards Traum* ausgeliefert. Versöhnung mit den Keßlers in Frankfurt.

1895   *Der Schmetterling.*

1896   Abfindungsvertrag mit Bassermann. Briefwechsel mit Grete Meyer.

1898   Übersiedlung mit Schwester Fanny nach Mechtshausen.

1899   Neunzig Gedichte für *Zu guter Letzt* und *Schein und Sein* entstehen.

1903   Redaktionsarbeit an *Zu guter Letzt*.
1904   *Zu guter Letzt* erscheint.
1905   Busch übergibt das Manuskript *Hernach* an seinen Neffen Otto Nöldeke.
1907   *An Helene* für die Festausgabe. Letzter Besuch in Frankfurt. Freund Erich Bachmann stirbt.
1908   Busch stirbt in den Morgenstunden des 9. Januar.

Bildnachweis

Archiv für Kunst und Geschichte
   Seite 13, 33, 129

Interfoto-Pressebild-Agentur, München
   Seite 60

Quellen

Die wesentlichsten Quellen zu dieser Biographie hat der Autor den Jahrbüchern der Wilhelm-Busch-Gesellschaft zu Hannover entnommen. Die bekannten und die anonymen Autoren dieser Kompendien haben grundlegende Detailarbeit geleistet, ohne die eine Vita nicht zu erstellen gewesen wäre. Ihnen sei herzlichst gedankt!

Abkürzungen:

BW = Wilhelm Busch Werke. Band I–IV. Historisch-kritische Gesamtausgabe, herausgegeben von Friedrich Bohne, Hamburg 1959

SW = Wilhelm Busch. Sämtliche Werke, Band I–VIII, herausgegeben von Otto Nöldeke, München 1943

Die Briefe wurden größtenteils zitiert nach der Ausgabe *Wilhelm Busch. Sämtliche Briefe*, Hannover 1968/69.

Anmerkungen

Vorbemerkungen

1   Josef Kraus, Wilhelm Busch, Reinbeck 1970, Seite 171
2   Briefe, Band 1, Seite 96ff.
3   zitiert in: Karl Krolow, *Deutschland deine Niedersachsen*, Hamburg 1972, Seite 120
4   ebenda, Seite 121
5   ebenda, Seite 116f.
6   zitiert in: *Düsseldorfer Nachrichten*, April 1932, zum 100. Geburtstag Buschs
7   Jahrbuch 1952, Seite 32
8   wie unter 7

Kindheit und Jugend

1   BW IV, Seite 147
2   BW IV, Seite 205
3   BW IV, Seite 147
4   BW IV, Seite 147
5   Jahrbuch 1950/51, Seite 10f.
6   BW IV, Seite 148
7   Jahrbuch 1950/51, Seite 19
8   ebenda, Seite 22f.
9   BW IV, Seite 148
10 Briefe, Weihnachten 1841
11 SW VII, Seite 429
12 BW II, Seite 526
13 Jahrbuch 1976, Seite 13
14 BW IV, Seite 545
15 Jahrbuch 1976, Seite 12
16 BW IV, Seite 208
17 Jahrbuch 1950/51, Seite 12

Hannover

1 BW IV, Seite 149
2 Jahrbuch 1964/65, Seite 9
3 BW IV, Seite 149
4 Jahrbuch 1964/65, Seite 10f.
5 BW IV, Seite 208
6 Josef Kraus, *Wilhelm Busch*, Reinbek 1970, Seite 25

Düsseldorf und Antwerpen

1 BB, Seite 22
2 Jahrbuch 1983, Seite 30
3 ebenda
4 ebenda, Seite 31
5 ebenda, Seite 32
6 BW IV, Seite 150
7 Jahresgabe der Wilhelm Busch-Gesellschaft 1979, Seite 31
8 Briefe: an die Eltern, 1852

Via München

1 WB IV, Seite 209
2 Jahrbuch 1978, Seite 56
3 WB IV, Seite 150
4 Jahrbuch 1976, Seite 14

Jung-München

1 BW IV, Seite 151
2 Jahrbuch 1964/65, Seite 15
3 ebenda
4 BW IV, Seite 151
5 ebenda
6 Theodor Heuss, *Wilhelm Busch*, Hannover o. J., Seite 39

7 Jahrbuch 1978, Seite 8f.
8 ebenda
9 ebenda, Seite 10
10 ebenda, Seite 10f.
11 ebenda, Seite 11
12 ebenda, Seite 11f.
13 Ludwig Kusche, *Auf musikalischen Schleichwegen*, München 1968, Seite 98ff.
14 Jahrbuch 1961/62, Seite 66
15 ebenda, Seite 11
16 Briefe: an Otto Bassermann, 20.11.1860
17 Jahrbuch 1974, Seite 35
18 Jahrbuch 1974, Seite 42
19 BW IV, an Maria Anderson v. 26.4.1875
20 Jahrbuch 1974, Seite 37
21 Jahrbuch 1975, Seite 24
22 Briefe: an Caspar Braun, 26.2.1865

Max und Moritz

1 Jahrbuch 1959/60, Seite 21
2 ebenda, Seite 25f.
3 Joseph Kraus, Seite 47
4 ebenda
5 Gert Sautermeister, zitiert in: Jahrbuch 1970, Seite 26
6 ebenda
7 ebenda, Seite 27f.
8 Jahrbuch 1975, Seite 28

Die Keßlers

1 Jahrbuch 1978, Seite 12
2 Jahrbuch 1955, Seite 55
3 cbenda, Seite 58
4 Briefe: an Maria Anderson, 26.4.1875
5 Briefe: an Maria Anderson, 25.7.1875

6   Briefe: an Maria Anderson, 12.9.1875
7   Briefe: an Maria Anderson, 28.9.1875
8   Jahrbuch 1978, Seite 12

Der heilige Antonius

1   Jahrbuch 1954, Seite 10ff.
2   ebenda, Seite 15

Die fromme Helene

1   Jahrbuch 1972, Seite 13
2   ebenda
3   Jahrbuch 1978, Seite 13f.
4   ebenda, Seite 14
5   Jahrbuch 1972, Seite 8
6   ebenda
7   ebenda
8   ebenda, Seite 10
9   ebenda
10 ebenda
11 ebenda, Seite 11
12 ebenda
13 ebenda
14 Jahrbuch 1972, Seite 14f.
15 ebenda
16 BW II, Seite 206
17 BW II, Seite 293

Jobsiade und Pater Filucius

1   Jahrbuch 1968, Seite 32f.
2   ebenda, Seite 33
3   ebenda
4   ebenda

5   ebenda
6   ebenda, Seite 38
7   ebenda
8   ebenda, Seite 39
9   Briefe: an Otto Bassermann, 3.6.1872
10 Briefe: an Otto Bassermann, 7.8.1872
11 Joseph Kraus, Seite 66f.
12 Jahrbuch 1964/65, Seite 20f.
13 ebenda, Seite 21
14 ebenda, Seite 21f.
15 Jahrbuch 1977, Seite 6f.
16 ebenda, Seite 7
17 ebenda
18 ebenda, Seite 8
19 ebenda, Seite 9
20 ebenda
21 ebenda
22 ebenda

Kritik des Herzens

1   BW IV, Seite 415
2   BW II, Seite 502
3   BW II, Seite 513
4   BW IV, Seite 554f.
5   BW IV, Seite 292
6   BW II, Seite 513

Münchner Freunde

1   Jahrbuch 1974, Seite 40
2   ebenda, Seite 38
3   ebenda
4   ebenda, Seite 40f.
5   Jahrbuch 1977, Seite 10
6   ebenda
7   ebenda, Seite 11

8   ebenda
9   Briefe: an Johanna Keßler, 8.2.1877
10 Jahrbuch 1962/63, Seite 26f.
11 ebenda, Seite 28
12 ebenda, Seite 29
13 ebenda, Seite 35
14 ebenda, Seite 36
15 ebenda
16 Briefe: an Hermann Levi, 6.1.1886
17 Jahrbuch 1949, Seite 6ff.

Die Knopp-Trilogie

1   BW III, Seite 10
2   BW III, Seite 13
3   BW III, Seite 98
4   BW II, Seite 100
5   BW III, Seite 204
6   Jahrbuch 1977, Seite 14
7   ebenda
8   ebenda
9   ebenda, Seite 15
10 ebenda
11 ebenda, Seite 23
12 ebenda

Vom Transzendenten

1   Jahrbuch 1977, Seite 15
2   ebenda, Seite 23
3   ebenda, Seite 24
4   ebenda
5   ebenda, Seite 25f.
6   ebenda, Seite 29
7   ebenda, Seite 30
8   ebenda, Seite 30

9   ebenda, Seite 31
10 BW IV, Seite 223
11 Jahrbuch 1977, Seite 32

Bählamm und Klecksel

1   Jahrbuch 1974, Seite 48
2   ebenda
3   ebenda
4   Jahrbuch 1979/80, Seite 42f.
5   BW IV, Seite 17
6   BW IV, Seite 7f.
7   ebenda
8   BW IV, Seite 8
9   ebenda, Seite 9
10 ebenda, Seite 11
11 ebenda, Seite 11ff.
12 ebenda, Seite 76f.
13 ebenda, Seite 80
14 ebenda, Seite 83
15 ebenda
16 ebenda
17 ebenda, Seite 109f.
18 ebenda, Seite 135

Die Biographien

1   Jahrbuch 1974, Seite 56f.
2   Briefe: an Eduard Daelen, 21.9.1885
3   Briefe: an Friedrich August von Kaulbach, 1.11.1885
4   Briefe: an Eduard Daelen, 16.1.1886
5   Briefe: an Hermann Levi, 26.1.1886
6   Briefe: an Eduard Daelen, 29.7.1886
7   Wilhelm Busch, »Prosa«, Zürich 1974, Seite 9
8   BW IV, Seite 151
9   ebenda

10 BW IV, Seite 154
11 Jahrbuch 1982, Seite 70

Die soziale Frage

1   Jahrbuch 1964/65, Seite 28
2   ebenda
3   ebenda, Seite 27
4   ebenda
5   ebenda, Seite 30
6   ebenda, Seite 22
7   Jahrbuch 1984, Seite 58f.

Eduards Traum

1   Jahrbuch 1982, Seite 76f.
2   ebenda, Seite 76f.
3   BW IV, Seite 159
4   ebenda, Seite 160f.
5   ebenda
6   ebenda, Seite 164f.
7   ebenda, Seite 169f.
8   ebenda, Seite 170f.
9   ebenda
10 ebenda
11 ebenda, Seite 171
12 ebenda
13 ebenda, Seite 173
14 ebenda, Seite 175f.
15 Briefe: an Grete Meyer, 15.1.1900

Der Schmetterling

1   BW IV, Seite 213
2   ebenda, Seite 214

3   ebenda, Seite 215
4   ebenda, Seite 221f.
5   ebenda, Seite 222
6   ebenda

Die neunziger Jahre

1   Jahrbuch 1974, Seite 49f.
2   Briefe: an Johanna Keßler, 9.8.1891
3   Jahrbuch 1955, Seite 61f.
4   ebenda
5   Briefe: an Nanda Keßler, 14.12.1905
6   Jahrbuch 1978, Seite 18ff.
7   ebenda
8   Jahrbuch 1983, Seite 9
9   ebenda
10 ebenda, Seite 12
11 ebenda, Seite 13
12 ebenda, Seite 15
13 Jahrbuch 1984, Seite 60
14 ebenda
15 Joseph Kraus, Seite 153

Mechtshausen

1   Jahrbuch 1961/62, Seite 28
2   Jahrbuch 1979/80, Seite 44
3   Jahrbuch 1983, Seite 26
4   ebenda, Seite 17
5   ebenda, Seite 25
6   ebenda, Seite 7f.
7   ebenda, Seite 27
8   ebenda, Seite 26
9   ebenda, Seite 27
10 Jahrbuch 1962/63, Seite 42

Bibliographie

Werke

Sämtliche Werke. Band I–VIII. Herausgegeben von Otto Nöldeke, München 1943

Werke. Band I–IV. Historisch-kritische Gesamtausgabe. Herausgegeben von Friedrich Bohne, Hamburg 1959

Sämtliche Werke und eine Auswahl der Skizzen und Gemälde in zwei Bänden. Herausgegeben von Rolf Hochhuth, Gütersloh 1959

Das Gesamtwerk des Zeichners und Dichters. Band I–IV. Herausgegeben von Hugo Werner, Stuttgart 1959

Narrheiten und Wahrheiten. Mit einer Einleitung von Friedrich Bohne, Frankfurt 1959

Wilhelm Busch Album – Humoristischer Hausschatz. Mit 1700 Bildern, Stuttgart 1964

Wilhelm Busch. Sämtliche Briefe. Kommentierte Ausgabe in zwei Bänden. Herausgegeben von Friedrich Bohne unter Mitarbeit von Paul Meskemper und Ingrid Haberland, Hannover 1968/69

Darstellungen

Bohne, Friedrich, *Wilhelm Busch. Leben – Mensch – Schicksal*, Zürich 1958

Dangers, Robert, *Wilhelm Busch. Sein Leben und sein Werk*, Berlin 1930

Dangers, Robert, *Wilhelm Busch, der Künstler und der Weise. Einblick in sein Schaffen*, Zürich 1956

Döring, Maria, *Humor und Pessimismus bei Wilhelm Busch*, München 1948

Ehrlich, Joseph, *Wilhelm Busch der Pessimist. Sein Verhältnis zu Arthur Schopenhauer*, Bern 1962

Flügge, Gerhard, *Wilhelm Busch*, Leipzig 1967

Haage, Peter, *Wilhelm Busch. Ein weises Leben*, Wien 1980

Kraus, Joseph, *Wilhelm Busch in Selbstzeugnissen und Bilddokumenten*, Reinbek 1970

Nöldeke, Hermann, Adolf und Otto, *Wilhelm Busch*, München 1909

Personenregister